乐嘉 著

写给单身的你

如何通往自己想要的幸福

长江出版传媒 | 长江文艺出版社

目　录

C O N T E N T S

下　部
写给享受单身的你

跋

乐活单身女子自白

序

好 运 正 在

你的身上降临

缘起

这本书的起源可以追溯到2005年。那时，还没有APP，在性格色彩的BBS论坛上，我发表了一篇文章《大龄单身女性的性格分析》。原本只想作为一个小话题写着玩，写着写着，一连三天，不吃不喝，回忆起自己和前女友们的恩怨情仇，意气风发血脉贲张，下笔有神势如破竹，没想到，无心插柳，越写越多，弄出个五万字左右的中篇。在一番自鸣得意，被自己引为经典后，文章被打印出，置于库房，压在箱底，视为珍宝，存放了很久。心情好的时候，我就像葛朗台一样轻轻把它取出来，啜口小酒，反复翻阅，然后，自慰几句"作者怎么会这么有才华呢？太没有天理啦"，再悄悄放回原处。我决心把这份了不起的研究成果传给子孙后代，这大概和我那时的小农心态脱不了干系，生活全部的追求就是美酒和黄金，总觉得好文章就像美酒，藏得越久，越香；好文章就像黄金，放得越长，越禁得起考验。那时的我，压根儿不懂，有价值的思想是需要传播才能增值的。

现在，已经很难想起自己当时能有激情一气呵成那篇文章到底是受了什么刺激，依稀记得，朋友鼓捣了一个交友婚恋网站，请我给他们团队做了个长期培训项目——如何用性格色彩对不同性格的会员做好差异化服务。在这个过程中，我听了很多故事，G点经常被触动。

事实上，那时的我完全不知大龄的标准是什么，我只觉得那篇文章对35岁以上的单身女性会有帮助，故而，并不希望读者是群年轻的没啥恋爱经验的女孩，认为过嫩的小朋友即便看了，也品不出滋味，只会暴殄天物。结果，我上网一搜，众说纷纭，女人28就是大龄，当场我就认定这种定义纯属屁中之屁。对那时处于而立之年的我而言，潜意识里，觉得一个女人如果 35 岁以上没结婚，才可算大龄，这个标准比网上的平均标准提高了 7 岁，我心里还沾沾自喜于自己的进步性；可今天，再回头看看那时的想法，深深为自己那时对生活、对女性、对婚姻的肤浅认知而羞耻不已。

也难怪，对当时那样一个见识少、眼光短、视野有限的光头男人，没见过几个优雅到让他忘却岁月痕迹的女人，自然而然，难免会受到传统腐朽观点的影响。想到这儿，我要庆幸当年的这篇文章未被出版，避免了被广博之士贻笑大方的厄运。想起明人张岱在《夜航船序》中提到，有个和尚与书生同船，书生高谈阔论，显得自己很有文化，和尚自卑胆怯，勾起脚，蜷缩在角落，只有听的份儿，听着听着，觉得书生的言语好多破绽，就斗胆问书生，澹台灭明是一个人还是两个人，书生答两个，又问他，尧舜是一个人还是两个人，书生答当然是一个喽，于是，和尚松了口气，喜道“这样说起来，且待小僧伸伸脚”。我现在并不担心自己的这本书被人读完，有僧人伸脚的讽刺，倒是担心书中某些观点未必会被受封建观念包围日久的人们所理解，而我又是那么希望让人们尽早明白。好在，你说任何话，世上都不可能人人认同，只求认同者当下共鸣，至于不同者，嘿嘿，那就不同吧！

在我自认为这个“举世无双”的研究成果诞生之后没多久，“剩女”一词横空出世，遍布大江南北，愈演愈烈，且呈江湖泛滥、举国关注之势。这些年来，我的确一直想把它出版，但由于以前的篇幅不尴不尬，独立成书，嫌稍短；收录进其他集子，又不情愿，索性一直拖延。

变化

几年前，因为性格色彩方面的专业著作快速发展，我把更多精力放在专业研究上，类似像剩女这样的话题，更没时间去搭理了。某日，有高度市场嗅觉的书商找到我，说全中国的爹娘都疯了，每逢周末，到处都聚集着一片黑压压的老人，在大小公园里高举各式大字报，像菜场交易一样，怀揣五花八门的证书，划着只有他们自己能看得懂的暗号，为自己的儿女谈条件，找下家，这种盛况百年难遇，乐老师您老人家想当年也不就是因为相亲节目才红遍大江南北的吗？你不能见死不救啊，你要能为解救剩女这个问题出点绵薄之力的话，你功德无量啊。书商从宏观到微观一忽悠，让我的虚荣心爆棚，激荡起昔日的豪迈，想起手边刚好存有这绝世珍宝，稍事修改，用不着多少精力，便可付梓，于是欣然允诺，却不知，这一承诺，是给自己下了个“巨套”，可把我害惨了。

照我原来的想法，当年我的宝贝里，已把剩女性格分析得淋漓尽致，每种性格为啥会单身，为啥不结婚，她们想的啥，要的啥，早就像剥皮洋葱一样，鞭辟入里，可当我重新拾掇准备开工的时候，才发现事情比我想象的远远要复杂艰巨得多。

首先，观点变更。

十年前，我对性格色彩的理解还处在DOS版本，而今，已进入WINDOWS 10时代。由于当年功力所限，在一些问题的判断上有偏差。比如，我一直觉得在外抛头露面的女强人多数是黄色性格，其实真相并非如此。真正内心强硬的女性，并不愿让别人以为自己是“女汉子”，巴不得随时以柔弱的扮相示人；而生怕别人不知道自己是女强人，行走江湖到处标榜“老娘我是女汉子”的女性，其实多是外强中干的“纸老虎”。这些在职场上不易察觉，看上去差不太多，但是面对情感问题，心狠与心软，高下立见。而更重要的是，这两种不同性格的女人，表面上相似，实际上，和男人之间的冲突模式和解决方法完全不同。

再比如，我一度认为强硬的黄色性格在所有单身女性中占的比例最高，但这些年的研究成果表明，最多的其实是“红＋黄”。原因是，黄色性格是现实主义，而红色性格是理想主义，在情感中注重“感觉”超过“现实”，现实主义的人会为了达成目标而妥协，而理想主义的人犹如堂吉诃德，不知妥协。这些规律，你现在看起来可能有点云里雾里，很快，读完本书，你就知道这些是你在情感危难之时的保心丸。

这些都是近十年慢慢体悟出的，而过去我还不具备这样的功力。有了这样的专业功力，就知道活在单相思中无法自拔的人也分为两种不同的性格，而帮助她们的方法也是因人而异，如此种种，不一而足。

其次，体裁颠覆。

在写作体裁上，原来那篇长文，就是一二三四，直接开聊四种性格的人单身的动机和需求，但当我给周围不懂性格色彩的朋友看了后，他们认为我该戴副眼镜，火速前往国际心理学会做个学术报告。对他们而言，读起来，感觉前戏太长，撩拨半天，也到不了高潮，让他们烦躁不堪。我当然可以义正词严地批判我的朋友，“不要那么肤浅，有点耐心，不要总是阅读那些不动脑子写出的读物……”但我闭着眼，用脚指头都可想得出来，任凭我唾沫飞舞，依旧无法改变人性内心深处的欲望，人家只会回我一句话，“你说的都对，但我没兴趣知道自己啥颜色，我只想搞定我现在的问题”。既然如此，我就将本书化解成一本可直接对照解决问题的工具书，将那些希望告别单身走入婚姻的人，分为受伤、梦幻、耽误、相处四大类，任何人，只要按图索骥，就可追本溯源，对症下药。

我知道，当下的世界，不少女子时兴“修行”二字，脆弱无助的人们，喜欢用柔软的文字和温润的故事当作自己的暖宝宝，习惯于嘴边流淌着玄而又玄、虚幻缥缈的概念来武装自己，显然，我的文字毫不具备这样的功能。可我坚信，无论哪个世界，无论什么时代，即便你内心再脆弱，给你再多的拥抱，最终，你还是要解决自己的困惑和问题。不少打着心灵疗愈招牌的文字，总是安慰，很少缓解，从不治愈；而当头棒喝相比如沐春风，少了瞬间的热气，可如果在“授人以渔”和“授人以鱼”两者中，只能择一，我会毫不犹豫地选择前者。

再次，内容补缺。

一直以来，我很悲凉“剩女”这个对单身女性不友好且带有歧视的词在媒体上横冲直撞，大行其道。在我和朋友聊到本书时，我发现很多有文化有一定社会地位的女性，居然对“单身”这个词，也会有超乎寻常的敏感和反弹，听都听不得，似乎一听到别人说她“单身”，就拉下面孔，生怕外界觉得自己是没人要的姑娘。积极心理学里有个小测验，在你面前放上这样一个图片（**耂 虍**），问你首先想到的是哪两个字？首先想到“老虎”的，证明你更多积极思维；首先想到“考虑”的，证明你更多消极思维。我希望有朝一日，这些过度紧张的朋友，听到“单身”二字，能立即联想起英国皇室贵族在林荫密布的草坪上遛马高贵感爆棚的画面，而非像刺猬一般立即进入到防御状态。

原本，我的文章只探讨了单身如何脱单，而这个写作方向会让人们有巨大误会——只要是单身，就该脱单，而事实上，很多人的单身生活过得很愉快，并且享受着她们认为最佳的生活状态。遗憾的是，我们这个社会对价值观的多样性，包容得远远不够；我们这个民族和社会，有些人习惯于恣意评价他人，并且试图将那些少数人拥有的，和多数人不一样的价值观视同于异端。不得不承认，一个不能尊重彼此差异的社会，距离和谐和文明的距离还相当遥远。

是否进入婚姻，那是每个人自己的选择，本当尊重，何况，单身生活本自具有无数精彩缤纷的活法，相比貌合神离的婚姻生活，那简直是自由的天堂。我说这些，只是想讲，甭管你是打算结婚还是打算不婚，那都是你自己的人生选择，只要你快乐并为自己的人生负责就好。为了本书能全面照顾到这两部分的读者，我耗费了巨大的口舌，去搜集整理不同性格对婚姻和单身的看法，而这些在过去，思考得远远不够。

以上这三个原因，让我动心起念，逼我推倒重来。于是，你现在看到的这本书，整个相当于另起炉灶，与十年前我写的东西，早没了关联。我原以为可以偷个懒，捡现成的便宜，结果，贪小便宜吃大亏，耗费了超过原计划百倍的时间和精力完成本书。为了完成本书的写作，我在世界上换了几个不同的地方，从中国各个不同的山脉乡间野居游走，到英国剑桥徐志摩写情书的长廊，从朝拜挪威奥斯陆维斯坦公园中各种人类婚姻家庭模式的雕塑中获取灵感，到欧洲教堂中聆听管风琴传来上帝的声音，我把自己装扮成牛人，暗示自己，嗯，这书特有厚重感和国际范儿，而其实，我知道，自己只是在地球另一端换了好几张不同的桌子写作而已。我说这些，其实就是为了和你说，这本书；耗时久，折腾大，看完以后，如果你还能有收获和共鸣，不要吝啬和我分享你的感受。

期望

本书砸掉我最多时间的，当属单身性格色彩测试，从时间投入的文字产出率来讲，是最低的，我把每个我能遇见的单身，无论男人还是女人，只要抓住，就从头到尾都测一遍。即便不是单身，我也会请他回归想象自己是单身的情景。有个剑桥国王学院的副教授不懂中文，我拿着字典比画着手势，耗了三个半小时，终于用我蹩脚到极点的英文让他在测试后不停地追着我屁股问，到底他这样的颜色适合什么样的女孩。这套测试，未必能如你所愿，只要做完测试，就立马彻底搞清自己是谁，no! 恐怕让你失望了，做不到！但我必须得说，这套测试配合你对本书的阅读，可以帮你全景对照，即便没有高人给你一针见血的诤言，也可立体多维地观省你自己的各个角落，如果你需要一面对自己毫不留情的铜镜，就是它了。

在本书的书名上，我纠结了很久，最终在《情色》和《写给单身的你》这两个书名中做出了终极选择。《写给单身的你》，长得像郭靖，听上去朴实敦厚，乡土气息浓厚，没有丝毫华彩，一点都没有语不惊人死不休的大牌风范，可最终还是决定用这个，是因为我笃信：越简单的，活得越久。如果你的内容会说话，再土的名字，终有一日，也能散发天使的光芒。

这本书，我希望服务的读者是五类人：

第一，所有想找对象的女子，用此书找到心仪的另一半。

第二，不想结婚的姑娘，从本书中找到力量和滋养。

第三，正在恋爱的男女，用本书可对照你们自己的矛盾，取得恋爱相处之道，我不敢说本书是恋爱秘籍，太大的帽子容易被人砸死，可实事求是地说，这本书剖析了太多恋爱不能修成正果的秘密。

第四，身在婚姻的朋友，在我另一本写给夫妻的专著《你们的性格合不合》动笔还遥遥无期之前，本书是迄今分析男女性格搭配和碰撞最深入的。

第五，想知道怎样追女孩的男人，要想迅速进入你喜欢的姑娘的内心，你需要知道她们是谁，她们在想些什么，这本书就是你不用自宫的《葵花宝典》。

我希望，我那些以后到寺内捐功德的土豪朋友，除了用烧纸念咒、吃斋念佛的方式消灾除孽外，还可考虑捐上千本此书给清凉庵的净月师太，下次若有为情所困的姑娘向师太申请削发为尼时，师太不须耗费自己的法力开示，只须让小师太先分发她们人手一本，令她们仔细研读思量后，再行决定是否出家。天下情伤者，多数可在家中向佛，不必万念俱灰，我那些捐书的朋友，也可因此而指人一路，给人福祉，给己功德。

我希望，天下整天在家跳脚，担心女儿嫁不出去的父母们，看完本书后能恍然大悟，原来很多人婚姻的不幸和一生的痛苦，全拜父母逼婚所赐。这的确是滑天下之大稽，原本父母一片苦心，毫无索求之心地期盼儿女幸福，但正是由于他们自己天天操心，随时横插几杠，以威胁上吊、偷泣不孝、唐僧碎念的种种手法狂施重压，使得简单问题复杂化，但愿长辈可以理解，一代人有一代人的思维模式，只要最终过得幸福就好，何必强求一致？

我更希望，有一天，大家口中不再有“剩女”一说，单身和非单身彼此见面，互道早安，各享其乐，互不羡慕，和谐相处，而那时，天下不想单身的人依旧用此书比翼双飞，享受单身的人仍可用此书修身养性，那将是我最大的荣幸。

对我个人而言，此书可起到正本清源、驱魔降妖的功效。从我做《非诚勿扰》开始，世人就给我贴了“情感专家”的标签，随后，网上就出现了无数打着我的名义流传的狗屁鸡汤，诸如，乐嘉送给所有女人的肺腑之言……遗憾的是，这些话，没一句是我说的，并且观点与我内心所想完全背道而驰，毁我清誉。在2011年的《微勃症》和2013年的《本色》情爱篇中，我早已郑重声明过多次，可惜，李鬼火力实在太猛，而现代人被信息炸蒙了后，任何事情都是只看标题，从来没有动脑思考的习惯，所以，朋友圈中一些对我并不了解的朋友，依旧奉若至宝，看到就转，还以为是在帮我传播福音，让我哭笑不得。本书出版后，我可以光明正大地说，“是的，我是写过给女人的信，但不是20句，而是很多句，都在《写给单身的你》里”。与其我自己在这儿哭丧着脸呐喊“那些都不是我说的啊”，还不如我笑眯眯地轻声细语地承认，“不好意思，那是我儿时所说，已经过时太久，你 out 了。”

好了，现在，你可以继续往下读了，我预感到，好运正在你的身上降临。

上部

了解单身的你自己

第一章

单身性格色彩测试

CHAPTER ONE

这套FPA（Four——colors Personality Analysis）性格色彩测试题目是专为单身人士而设计的。对已婚者，只需将自己的心境还原到单身状态，进行测试即可。

在以下30道题目中，每道题目请做出你的一个选择。切记，并非选择你觉得最正确的或最应该的反应，而是你最可能的反应。每个选项都不存在对错和好坏，只代表不同性格的人对同一件事情的不同反应。注意：当你做选择有困难时，以你更早、更年轻时的反应为准。

本测试并非FPA性格色彩专业版测试（在性格色彩官网和“色友会”APP上有专业版提供），只是为了帮助你在阅读本书前，对自己有个快速的了解。本测试的结果，与你在阅读本书时的内心感受相结合，最终，将有助于你了解——是否你真的认识那个真正的你！

1. **你刚谈了个自己很喜欢的对象，家人连见都没见过，仅仅只听你说了一点，就强烈反对，你会怎么做?**

   A. 自己决定，毫不理会，当他们没说。

   B. 绝不冲突，暂时拖着吧，如果父母态度很坚决，就听父母的。

   C. 很不高兴，据理力争，告诉他们不要干涉自己的恋爱自由，强烈要求他们理解自己。

   D. 觉得家人武断，不悦，但事后会仔细探查对象，看看是否家人说得有理。

2. **很痛的失恋后没几天，刚好过节，大街上到处是情侣依偎的情景，你会:**

   A. 平时怎样还怎样，一切依旧。

   B. 失恋已是过去式，节日的氛围影响不到我，我努力工作。

   C. 不想和人说话，自己一个人沉浸在痛苦中。

   D. 心里失落寂寞，实在不想独处，想找朋友说说话，一起过。

3. **你对微信朋友圈的态度是?**

   A. 是个不错的工具，通常只发工作日志或转发与工作相关的文章。

   B. 朋友圈是公共区域，对和个人有关的一切信息小心翼翼，几乎很少发。

   C. 看看呗，不过似乎也没啥好说的。

   D. 喜欢分享自己的心情、感受和照片，乐意和朋友们互动。

4. 一个人在外租房，隔壁半夜大声吵闹，搞得自己无法入睡，你会怎么做?

A. 不要紧，戴耳机睡呗，没事的，习惯就好啦!

B. 和房东谈，告诉他如果不出面解决，就报警。

C. 强忍一段时间，搞清楚原因，然后设法暗示，要解决，但避免和隔壁正面交锋。

D. 很生气，当他们吵时，弄出更响的声音压过他们，或直接找隔壁讲理。

5. 平时跟朋友一起看感人的影片，朋友哭得死去活来，你当时?

A. 自己也容易受剧情感动，也常常动情流泪，哭过就好了。

B. 电影拍得不错，但不过是部电影，没必要那么伤心。

C. 表面上极力抑制自己的情绪，但内心波动巨大，而且情绪持续时间很久。

D. 自己还好，但朋友那么伤心，会安慰陪伴她。

6. 结束一段刻骨铭心的情感时，你通常会怎样?

A. 悲哀，在漫长的时间里都会很难再接受新的人。

B. 平静地接受，外人觉得我好像没什么反应，其实我只是不知道我能怎样。

C. 向后看无意义，无论多痛，快速重新开始，向前看。

D. 痛不欲生，需要宣泄情绪或找人倾诉。

7. 你和异性好友很清白，但你听说他（她）的伴侣误会你和好友有一腿，你会怎样？

A. 感到冤枉和委屈，希望好友证实你的清白。

B. 提醒好友要教育好自己的另一半，以免再次发生误会。

C. 本无越线，不需理会，对给好友造成的麻烦表示歉意，并询问好友希望自己怎样。

D. 不做反应，好友的事情他（她）自己会解决。

8. 你给一个彼此都有感觉的人发信息，每次对方都告诉你很忙，你会怎么反应？

A. 或难过或生气或疑惑，不打算再理他了，又想试探确认，整个过程中心情摇摆不定。

B. 对方对我没兴趣，以后不再联系。

C. 如果喜欢得很强烈，就思考怎样吸引他；如果喜欢的程度一般，那就有事再找，没事拉倒。

D. 既然忙，那就等对方不忙再联系我呗。

9. 参加陌生聚会，大家的职位和经历都差不多，你通常：

A. 很被动，永远都是听别人说。

B. 愿意认识、交往很多不同的新朋友，聚会最重要的就是开心。

C. 和生人保持距离，遇见个别和自己心有灵犀的，就深度交流。

D. 看聚会是否有助于自己成长，如果有，就主动；如果没有，不愿参与。

10. 在出门旅游这件事上，你最有可能：

A. 去哪儿玩，取决于去那里会收获什么，是否有我想要的收获。

B. 从不临时决定旅游目的地，一旦定好，必然详细规划，而且非常讨厌变化，所有计划严格执行。

C. 常看到一张图片或一篇美文就会有心动，有想去的欲望，旅游行程有时会随心情变化而调整。

D. 去哪儿都一样，听从别人的安排，跟着去即可。

11. 好友被甩了。好友受伤很重，痛不欲生，你会怎么做?

A. 警醒告知，哭没用，直接帮好友解决问题。

B. 诉说自己曾经的情感之痛，与好友共情绪、同共鸣，以安慰好友。

C. 长时间的陪伴，一直默默地听好友宣泄。

D. 冷静地分析失恋原因和蛛丝马迹，极力引导，帮助减轻好友的痛苦。

12. 如果你相亲多次还没成，你会如何看待相亲这事?

A. 到底是谁的原因呢？是自己的原因，就反思；是别人的原因，就继续坚守原则。

B. 沮丧，不喜欢这个方法，但依然心怀美好愿望，经常会相信，那个人总会出现的吧。

C. 只是个找对象的方法而已，这方法不行，就换新方法。

D. 很正常啊，有人安排就继续，没人介绍也无所谓。

13. 你穿了套新衣服去公司，几个同事都说你看起来比较老气，你会怎么想?

A. 心情受到影响，想把衣服换掉。

B. 这些人的品位有问题，欣赏不了我。

C. 也许大家说得有道理，不过已经买了，就穿呗，无所谓老气不老气。

D. 检视一下这套衣服是否适合自己，思考到底谁是对的。

14. 朋友推荐你去参加一个非常热门的相亲交友节目，你的态度是?

A. 权衡上节目是否对自己有价值，有自己要的，则去；没有实际价值，不去。

B. 自己没啥主动的意愿，但如果朋友全部安排好了，就去一下吧。

C. 绝不参加，从不希望成为众人瞩目的焦点。

D. 是场有趣的人生体验，可以去玩玩。

15. 你能力强，为公司做出很多贡献，老板提拔你，但公司里纷纷传谣言，说你是因为和老板关系暧昧才上位，你内心的反应是?

A. 毫无影响，继续专注地干事，把自己做强。

B. 不要紧，时间过去了，谣言就会淡的。

C. 心情波动，感到委屈或生气，天下怎么那么多在背后只会嚼舌头的人?

D. 被人误解很痛苦，想尽一切方法证明这不是事实，让人们不再误会。

16. 收入不高时的你，应对经济压力的心态是？

A. 我开销不大，也没花钱的欲望，大家能行，我也可以。

B. 想方设法努力赚钱。

C. 心情不好时，会沮丧；心情好时，钱肯定会有的。

D. 合理安排好每一分钱，为将来做各种准备。

17. 你很爱对方，但他（她）居然和你的死党好了很久，你的反应是？

A. 很愤怒，也许会忍不住质问，也许会希望他们后悔。总之，和这两个人一刀两断，发誓永不相见，不过也许时间久了，说不定还会原谅。

B. 也许他们真的更合适吧。

C. 很愤怒，长久难以走出阴影，不再来往。

D. 不想再见到，自己很快就走出，永不原谅，他们是否愧疚或认错都与我无关，不必再有交集就好。

18. 参加高中同学聚会，人家过得美满幸福，自己是唯一单着的，你怎么想？

A. 同学都变大爷大妈了，有啥好的，自己还有更重要的事要做。

B. 一声叹息，又被刺激了一回。

C. 依之前的择偶要求继续坚守，永不妥协。

D. 同学都还不错啊，我慢慢等着呗，我也会有的。

19. 给情人选送礼物时，你通常：

A. 也不知道送啥，看朋友们平时都送些什么吧。

B. 不喜欢送虚的没啥用的，要送就送实用的或派头大的，尽量买贵的。

C. 想到了就送，礼物大小无所谓，喜欢特别的，关键是浪漫和情意。

D. 希望找到有特别意义的，而且在品质和精致方面也不妥协。

20. 某人对你很喜欢，托你的好友盛情邀你，三人一起晚餐，但你完全不喜欢此人，你会怎么做?

A. 即便是好友也要拒绝，感谢并推辞。

B. 照顾好友面子，去应付一下，但保持距离。

C. 去吧，吃个饭应该没关系。

D. 搞清楚自己从这段关系中可以得到什么，看看能不能把某人变成工作伙伴。

21. 两个人相处一段时间后，对方各方面你都挺喜欢，可对方怕你看重他（她）的钱，反复试探，你会怎么做?

A. 不知如何解释，等对方自己明白吧。

B. 当下不做回应，此后不再来往。

C. 直接告诉对方自己的价值观，或告诉对方自己能赚钱，让对方不用担心。

D. 生气，心里不舒服，好感度会下降。

22. 你和对象热恋中，突然对方告诉你，公司提拔他（她）去外地工作两年，而你客观上又必须一直待在本地，你的本能反应是?

A. 问更多细节以判断是否一定要去，如果有可能留下，暗示对方，希望不要去。

B. 热恋中就要走，很沮丧难过，不去多好啊！钱可以少赚，两个人一起最重要，担心以后异地恋的维系问题。

C. 这事让对方自己决定就好，听他（她）的。

D. 取决于是否能把控这段情感，如果这个机会对两个人发展大有好处，自己又能掌控这段情感，则支持；否则，会反对。

23. 被两个条件相似但性格迥异的人同时喜欢，自己对这两个人有相同的好感，你该怎么办?

A. 需要长时间考虑，先和两个人保持距离，想清楚后，和自己没选的那个最好少来往。

B. 纠结，选择困难，只能先都接触着，有更多了解后做决定，说不定当中有人先退了呢！

C. 可快速判断哪个是自己真正要的，另一个没选的，设法保持朋友关系。

D. 谁对我更主动，就跟谁。

24. 朋友的对象长相好又能干，还每天做饭给他（她）吃，朋友总拿照片给你看，你的反应是?

A. 羡慕、赞美和憧憬，还不知道自己的对象在哪儿呢；可如果对方总是秀，就会有些烦。

B. 每次都耐心地任凭朋友诉说，过得挺好的，很不错呀！

C. 口中礼节性地客气回应，心里觉得，现在对你好，未必等于一直这么好。

D. 做饭算不上啥事，我找的对象会更好。

25. **当别人夸奖你的单身生活精彩时，你的内心怎么想?**

A. 精彩那是当然的，只要我愿意，随便怎样，都能很棒。

B. 被夸奖心里高兴，看来自己的努力很有效，可依旧希望能遇到对的人。

C. 怀疑对方说话的动机，不喜欢别人提这个话题，不愿被人关注。

D. 还好吧，有啥精彩?

26. **当初你爱的前任和你主动分手，一年后突然又回来找你，你此时单身，会继续吗?**

A. 取决于感觉，如果仍有感觉，可能会心动；如果没了感觉，活该前任后悔，绝不会。

B. 取决于和此人的未来是不是自己要的。

C. 也许会吧。

D. 心里原谅，嘴上绝不原谅，要让此人也先尝尝痛苦的滋味，考验一段时间再说。

27. **热恋时，在对象陪自己这事上，你的态度是:**

A. 很想对方陪自己，做什么其实不重要，重要的是喜欢两个人黏在一起的感觉；如果对方不能陪，至少也该表示想陪的态度吧。

B. 一直都是我陪别人的，有没有人陪我，我都没关系。

C. 忙的时候，不要黏我，有问候和关心即可；闲的时候，对方的时间能全部属于我。

D. 我自己非常独立，不喜欢黏人，有事在一起交流即可。

28. 有一天，你突然发现正在热恋的对象和一个客户非常亲昵，你会怎么办?

A. 当作没发生。

B. 如果是工作需要，可以理解；如果是我，也许也会这样，我会把握分寸的。

C. 不做表示，静观其变，暗自搜集更多情况，再做打算。

D. 流露出醋意和不满，告诉他，钱可以不赚，但你不想他和别人这么亲热。

29. 你生活很规律，平时每天自己遛狗，最近需要临时出差，没办法遛狗，而你必须找到人帮你遛狗，可你周围又找不到这样的人。这时，一个对你超级痴迷，疯狂追你的异性（你只当作一般朋友）主动表示替你遛狗，你会如何应对?

A. 不想引发误会，必须婉拒。

B. 很好，刚好可以解决问题，以后会有其他办法还人情。

C. 不知怎么拒绝，那就答应吧。

D. 有人帮忙最好，很想答应，可又担心欠了对方情债，内心会犹豫纠结。

30. 逢年过节，亲戚纷纷问自己“有没有对象，啥时结婚……”，你会怎么办?

A. 直截了当地告诉大家，自己会搞定的，请大家以后不要再提此事。

B. 耐心听着呗，一耳进一耳出，他们说多久就听多久。

C. 心里烦，想法打岔回避，实在避不过，就设法逃。

D. 早就做好各方面的心理准备，耐心地按事先想好的答案回应众人。

计分方法：下面的表格是计分表，请在你的选择上打钩，每题 1 分，对照你的答题结果，分别加总得出测试分数，然后详细阅读测试分数解读说明。

单身性格色彩测试计分表

1	C	D	A	B
2	D	C	B	A
3	D	B	A	C
4	D	C	B	A
5	A	C	B	D
6	D	A	C	B
7	A	C	B	D
8	A	B	C	D
9	B	C	D	A
10	C	B	A	D
11	B	D	A	C
12	B	A	C	D
13	A	D	B	C
14	D	C	A	B
15	C	D	A	B

16	C	D	B	A
17	A	C	D	B
18	B	C	A	D
19	C	D	B	A
20	B	A	D	C
21	D	B	C	A
22	B	A	D	C
23	B	A	C	D
24	A	C	D	B
25	B	C	A	D
26	A	D	B	C
27	A	C	D	B
28	D	C	B	A
29	D	A	B	C
30	C	D	A	B
总分				

单身性格色彩测试分数解读

特别提醒：对你来讲，FPA® 性格色彩测试，并非仅仅只是得到一个分数就万事大吉。请务必耐心详细读完以下分数解读的说明，这将影响到你的自我认知和自我判断。

在你读懂你的分数前，需了解性格色彩两个至关重要的专业词语，一个是“性格”，一个是“个性”。在性格色彩中，“性格”是指天生的你，“个性”是指现在的你。你对一件事情为何会有这样或那样的反应，你和这人为何一见钟情，你和那人为何水火不容。你此生在情感中犯的所有错误和付出的所有代价，都是你天生的“性格”造成的，与你后天的“个性”没有直接关联。

如果你有非常精准的自我认知，应该可以从分数中看到你的性格，然而遗憾的是，很多人的自我认知都有不同程度的偏差，严重的，甚至南辕北辙。也可以说，绝大多数的人并不知道自己的问题在哪里。

FPA® 性格色彩标准分类

你天生的性格色彩可能是一种，也可能是两种组合。在性格色彩中，性格分类只有以下 12 种，分为 4 种单色和 8 种双色组合。（关于性格分类的理论基础，可参阅《色眼识人》。）

分别是：

红　色	蓝　色	黄　色	绿　色
红 + 黄	红 + 绿	蓝 + 黄	蓝 + 绿
黄 + 红	黄 + 蓝	绿 + 红	绿 + 蓝

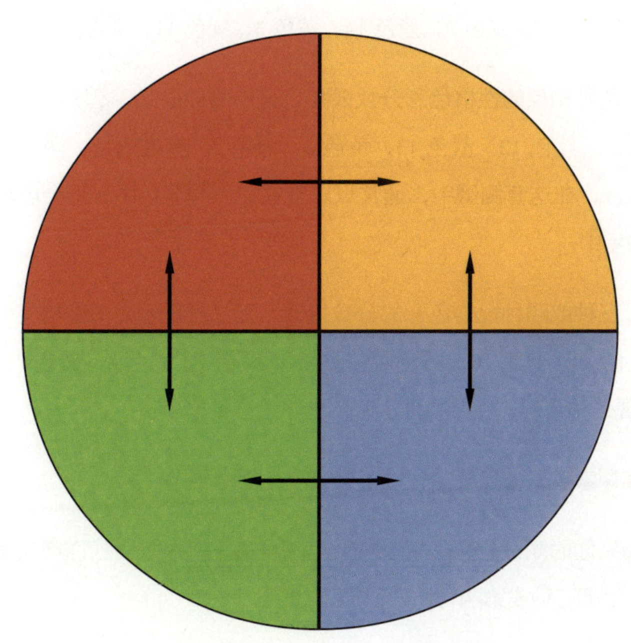

由于红色和蓝色、黄色和绿色，是两对完全相反的色彩，故在FPA®性格色彩中，这种矛盾的性格组合，只有一种是真实的，另外一种是表象的；也可以说，一种是真正的本色，一种是后天的染色。而如果你无法区分哪个是本色，哪个是染色，你自己的一生必会充满无数迷茫、纠结与困惑。

测试分数解读

1. 单一颜色分数高，其他三种分数低，是明显的单一性格色彩。例如：红色 15，蓝色 5，黄色 5，绿色 5，几乎毫无疑问，是典型的红色性格。

2. 两种性格色彩分数明显而且接近，同时远超另外两种，是明显的性格组合。例如：红色 2，蓝色 14，黄色 3，绿色 11，则是蓝 + 绿性格。

3. 两种相反的性格色彩分数很高，另外两种很低，是明显的矛盾组合。例如，红色 12，蓝色 13，黄色 3，绿色 2。有趣的是，两个相反的性格组合，在这套测试中，通常只出现在红色和蓝色中，不会出现在黄色和绿色中。

4. 三种或四种性格色彩的分数接近，无法呈现明显的性格类型。例如：红色 10，蓝色 10，黄色 9，绿色 1；红色 7，蓝色 8，黄色 7，绿色 8。出现这种情况，你要特别小心后天带给你的影响。

在探索真正的自我上，你还有很漫长的路要走。

如果你的测试分数是第三种或第四种情况，可能会让你产生诸多困惑，产生第三种或第四种情况的原因如下。

测试分数产生困惑的原因

1. 每个人对问题的文字理解有所不同，在每道题有限的字数中，无法描述面对一个情况所有的举止。

2. 有些人做选择时，会觉得某些选择是英明的，某些是愚蠢的，潜意识里，不愿意成为一个自己觉得很傻的人，所以会情不自禁地选择那个自己认为高级的英明的选项。

3. 想象空间受限。这套测试题目中的某些情景，对不同的人而言，有时需要想象。比如长期在国外生活的华人，可能从来没有相亲的经历，从来没有被逼婚过的经验，所以，遇见类似的场景会思维停滞。另外，由于个体感情经历的丰富指数不同，形象思维和抽象思维的能力不同，所以，家人反对、爱人出轨、对象和闺密相好等，自己无法想象，只能想当然地随便一答，也许真实情况发生时，反应并非如此。

4. 对年龄或经历比较成熟的单身人士而言，自己对情感的态度，随着时间推移，已经发生了变化。做题目时，是拿自己现在的态度，还是过去的态度，自己会混淆。对已婚读者或成熟的读者，不像情感青涩的小菜鸟，有些问题还得使劲回想自己单身时或刚出道时的心境，难免有偏差。

5. 这套大众普及版的情感测试题目，并非专业版的性格色彩测试，所有的测试情景都集中在情感。当你深入了解性格色彩后，你会发现有个奥秘，那就是：红色和蓝色这两种高度情感发达的性格，其行为经常流动和交叉，单凭简单的测试中的几句话，很难诠释两者细腻的差别。

重要建议

FPA® 性格色彩不是星座，知道一个生日，就可瞬间得出相应的星座，然后根据一套公式就可谈论自己的人生。

性格色彩最核心的内涵，对单身来讲，有四个作用。用俗语来讲，可以这么理解：洞见（看清自己是谁，自己到底要什么，发现一些自己存在的未知问题）、洞察（读懂所有你不能理解的那个人，那些让你郁闷和生气的事）、修炼（如何自我完善，让你自己更快乐、更美好）、影响（怎样和那些你在乎的人相处得友好、舒服）。如果你觉得这四点中的任何一个，对你还有点用处的话，那就请千万不要停留在对分数的痴迷上。

当你做完这套测试题目后，有以下两个重要建议给你。

第一，做官方专业版的性格色彩测试

如果你的分数呈现的性格并不明晰，你可进入性格色彩官网或色友会的 APP，做性格色彩专业版的测试，再拿两套测试题目的结果做对比。在本书中这套简版的入门测试，主要是针对单身情感的题目；而在专业版中，情景的涵盖面更广泛，计算方式更细致。

对比你的专业版测试结果，如果你两套测试题目的分数基本一致，证明你的情感和工作相对比较一致。如果你发现自己的四种性格色彩在比例分布上有明显差别，意味着，你自己呈现显著的两面性，分数比例差别越大，你的两面性越显著。思考这种变量背后的含义，对你梳理你每一段的情感的影响，你的情感观的形成，以及你的情感走向，堪称一生情感生涯中最重要的事了。

第二，仔细阅读本书的每一个角落

做测试的目的，是希望让你在阅读本书时，有个可以参考的结果，随时进行自我观省。仅仅通过测试，你只能得到一个标签。这个标签，到底有啥意义？这个颜色的标签，对你到底说明了什么？每种色彩的分数多少，对你到底能有啥用？能帮你解决什么问题？这才是最珍贵最值得你去探究的。毕竟，每个人最关心的，是我怎么解决我的困惑和问题。

遗憾的是，过去这些年，我耳闻目睹世上无数人买椟还珠，只因做了个测试就沾沾自喜，还以为自己很了解性格色彩，从而错过了一个重新全面认识自己的机会，此后又因为自己的性格摔了很多不必要的跟头，令人叹息，而这些，原本都是可以避免的。在你阅读本书的过程中，从书中不同的人的故事和案例中，你会找到自己的缩影的，到那时，再回来重新审视一下你自己。

最后，需要告诉你——我的朋友，如果你真正学会性格色彩分析，你不需对他人做任何测试，就可看透别人真正的性格，并且知道与不同性格的人如何相处。

愿你从此刻起，享受自己这一趟情感探索之旅。

第二章

单身性格色彩素描

CHAPTER TWO

第一节
红色单身女子素描

红色单身女整体上是最拥有孩童心态的一群人。这种心态表现在以下几个方面：

1. 心情和表情都富于变化，很容易因为很小的事情不开心，也容易因为很小的事情开心得像个孩子。在多数时候，红色是活泼快乐的，这源于她们的乐观，偶尔当被说到自己的年龄时，可能会有短暂的不开心，但很快会遗忘掉，尤其她们擅长发现生活中的乐趣，一家新开的超市，一份意外的生日礼物，都可让她们从烦恼中迅速解脱。因为情绪多变，她们是最容易换社交媒体头像和网络签名的，她们的心情需要通过变换的方式来表达。“秀恩爱”和“晒工资”多是藏不住自己的红色干出来的事，“剁手族”和“拖延症”患者也是红色性格居多，万般变化，皆因情绪起伏和内心求关注。

2. 渴望拥有不受限制的完全自由，最好没有任何压力，想去哪儿去哪儿，也不用为其他人负任何责任。有钱且有闲的红色，是最容易成为早上在办公室上班，下午就飞到伦敦喂鸽子的那种人。工作收入还不错但比较忙碌的红色，几乎都有过“开咖啡馆或花店”的梦想。之所以红色渴望成为小店主，其实只是为了享受那份自由和闲适。之所以有些红色不愿脱离单身生活，也是因为离不开那份不羁和自由，不想受到家庭生活的束缚所致，这在红色女人中出现的概率，绝不会因为性别原因而低于红色男人。

3. 容易接受新鲜事物，兴趣和爱好广泛，却难免有三天打鱼两天晒网之嫌。红色是各类流行用品商家广告投放的主力人群。因为单身，经济压力相对较小，又因为是红色，所以容易成为第一个吃螃蟹的女人。无论是最新流行的贵得吓人的美容仪器，还是异域流传过来的奇特美食，红色女人勇于尝试，而且喜欢拉帮结派成群前往。红色女人喜欢分享，当她们品尝到一道美味，或买了件称心如意的衣服，其他性格的人可能就自己满意就算了，但红色女人忍不住要把它拍照发到网上，或者赶紧告诉自己的好友："快来买吧"，其实其他人买不买，对红色女人而言没有任何实质的意义，但她们是那么具有分享精神，喜欢把好东西分享给别人。

沟通特点

红色女人善于用语言引起别人的关注，无论撒娇发嗲，还是绘声绘色讲故事，都是她们的特长，而且她们乐于这么表达。当然，由于职业、年龄、阅历的不同，有些红色在工作场合的语言表达会相当内敛和控制，但一旦在非工作场合，当她确定自己是被人喜欢的和受到欢迎的，天性中丰富的表现力就很容易被激活，语言也会变得生动和夸张起来。

1. 主动——红色不喜欢冷场，无论是聚在一起聊办公室绯闻，还是谈论新买的衣服和鞋子、刚去过的一家 SPA 馆、对婚姻法的看法等，红色往往是主动发起话题的一方，她们更愿意把自己的看法毫无保留地表达出来，如果对方是一个忠实的倾听者，认真地聆听，不断点头认可，她会感到相当享受。

2. 跳跃——跟红色聊天，她的话题会不断跳跃，极为发散。比如煲电话粥这种现象，在其他性格身上很少出现，基本上会主动打电话给别人煲电话粥的都是红色，无论是打给恋人还是打给好友。一方面，红色乐于表达，另一方面，红色思维跳跃，所以她们往往从最近上映的一部电影说到多年以前自己的一段经历，又突然跳到最近工作压力好大，吐槽一下老板。正因为她们善于并乐于从一个话题跳到另一个话题，无主题无中心思想地滔滔不绝地聊天，所以才能一煲就是好几个小时。从话题的快速转换的过程中，红色享受到极大的快感。

3. 情绪——红色的话语中蕴含了丰富的情绪，同样她们更喜欢听到的也是富有情感的表达。所谓“女人很好哄”，其实精确一点说，是“红色女人很好哄”。沉醉于另一半甜言蜜语中的是红色，最擅长用说话示爱的也是红色。一对红色的单身男女在对彼此尚不了解的情况下，情感能迅速升温，往往是因为他们一见如故，滔滔不绝地聊了几个小时，彼此用言语极尽挑逗后的结果，这对内敛的蓝色和果决的黄色而言，既不能接受，也不能理解。

作为朋友

1. 红色不喜欢寂寞，她们对友情的需求很强烈，而且希望拥有很多好朋友，但并不代表友情可以替代爱情。这里不得不谈到红色的倾诉欲很强，假如她心情不好想找人倾诉，打开手机通讯录，发现找不到可以倾诉的人，那会是件让她无比悲哀和沮丧的事情。同样，当她开心的时候，也需要朋友来分享她的快乐，这会让她更加快乐。

2. 红色乐于结交新朋友，她们崇尚倾盖如故的人际关系，从第一次见面起，只要有投缘的感觉，友情便会火速升温，她们追求一种形影不离、无话不谈的关系，经常做出诸如手拉着手一起上厕所这样看似幼稚的举动，其实，她们只是太害怕寂寞了，所以总想跟人黏在一起。

红色喜欢把朋友分成很多种类，起上不同的名字，如：

闺密——可以一起对男人评头论足，也可以失恋时一起抱头痛哭的朋友。

男闺密——既能像女人一样体谅她的想法，又能像男人一样照顾她。

蓝颜——对她有隐约的喜爱，却又始终不表明态度的男人，这种似恋爱又非恋爱的暧昧，对红色而言是莫大的享受。

备胎——摆明了爱她，却甘愿以朋友的身份陪在她身边，从不索取默默付出的男人。假如红色遇到极大的挫折或情感上的挫败，备胎或许有可能转正。

对待工作和事业

假如红色热爱工作，那多半是因为她们从工作中得到了极大的认可。假如得不到认可，即使为了生计或为了获得更多的财富而工作，她们的幸福感也乏善可陈。

1. 择业——红色内心总是希望选择自己感兴趣的事情作为职业，但一旦真的实现，有时却会兴趣转移。比如起初看起来无比好玩的工作，其实也是需要日复一日地重复和坚持的，于是又变得不好玩了，红色可能因此而转换工作。

2. 升职——红色因为没有家庭的牵绊，假如所从事的工作是自己擅长且容易得到认可的，很可能会取得比已婚女人更好的成绩。但这同时也意味着有更少的恋爱时间，找到合适的另一半也就更难了。

3. 离职——有一定工作能力和成绩的红色容易出现莫名离职的状况，因为当财务相对自由时，她对工作压力的不堪忍受、对枯燥而重复的工作形式的厌倦，以及对不受公司规矩约束的自由生活的向往，就变得越发强烈了。

4. 创业——如果说择业时，红色因为没有太多筹码，还有可能选择自己不喜欢的工作，那么在创业时，红色以兴趣和好玩为导向的特征就明显呈现，虽然最后未必取得宏伟的业绩，但对红色而言，过程快乐永远是第一位的。

恋爱观与婚姻观

红色在生命中一直寻求跃动和变化，因为对变化的强烈向往和对新鲜的追求，红色常在二人世界中制造浪漫，时不时制造出意想不到的小插曲，并且以此为乐，对红色女人而言，把生活和爱情弄得有趣，搞到激动，否则生命毫无意义。

红色女人是花蝴蝶，也是水仙花，当感到自己被异性欣赏时，她是最幸福的。她像海绵，而赞美是水分，当海绵吸饱水时，她是快乐的膨胀的，而当水被放掉，或长时间处于渴水、缺水状态，她是干瘪的海绵，失去了神采，变得丧气且没有自信。

最典型的红色单身女是玛丽莲·梦露，她始终只有一个梦想，就是颠倒众生，结果死于飞蛾扑火般的斗争。红色单身女的小说和电影是《卡门》，卡门是典型的红色女人，享受爱情却又无休止地追逐爱情，最后她对爱人说“你可以杀死我，但卡门永远是自由的”。

红色女人从与自己相似的人身上，可以看到自己的影子，当对方取得成就时，她感到双倍的幸福和自豪。恋爱中的红色女人，觉得自己找到了全世界最了不起的伴侣，发自内心地感到巨大的兴奋和波荡。但只要对方流露出对她的不欣赏或不信任，她立刻就跌到了谷底，怀疑自己的眼光，甚至暗自给对方扣上一顶“罪大恶极”的帽子。

总的来说，红色女人不记恨，她们是最容易在分手后和另一半成为朋友的，因为一旦对方不再具有主宰她情绪的能力，对对方的看法就不那么极端了，加上她们的性格本身不是一定要战胜别人，也不是无法从仇恨中走出，正是得益于自己心态的开放，故典型红色女人也是分手后最容易原谅对方的。

红色女人内心强烈期望她们的婚姻是有激情的，而非两条死鱼一潭死水，当婚姻生活没有悸动，只有着左手摸右手的麻木时，她们对此沮丧、不安和恐惧，无论传统文化再怎么强调从一而终的美德，都不能阻挡红色女人内心深处对情感互动的强烈渴望，这是红色与生俱来的需求。故而，因婚姻生活不满而红杏出墙的女子中，以红色女人居首。在这个问题上，蓝色女人会因规则和道德牢牢束缚自己，黄色女人会视出轨最终付出的代价是否值得而定，绿色女人本身就享受着平静和一丝不变，唯独红色女人，内心无法忍受没有生命力的婚姻。

有一种红色女人可能除外，因为曾经沧海，婚前早有无数次折腾，实在累得动不了，有心无力，于是开始向往宁静的诸般美好，也只有这时，她们才可能体会到绿色男人的无限好处，除此之外，她们宁可和其他性格的男人持续发生冲突，也无法想象自己和一个没有任何激情的绿色生活，会是多么恐怖。这句话，没经历什么波浪，也没有体验过什么生活磨炼的女性，很难理解。

第二节

蓝色单身女子素描

蓝色单身女性符合中国传统女性的审美标准——含蓄、内敛、古典美。在大多数时候，她们是这样的。

1. 拥有一丝不苟的精致外表和理智的情感表达方式，生活在自己的世界里，外人很难走进她们的内心。无论年龄大小，蓝色都有一份超乎同龄人的沉静，她们极少会出现肥胖或邋遢的现象，这与她们的自我要求极高有关。由于对己和对人的要求都很高，她们常常不易为人所理解，她们内心深处极其渴望灵魂的共鸣和相处的默契，可却始终难以达到。

2. 注重逻辑、道理和规则，认为凡事都有"应该"，内心坚守原则与底线不动摇。蓝色女人打破了大众以为"女人都是不讲道理的"的误区，她们比某些男人更注重道理和规则，这点在她们与男人相处时，往往会让男人们感到惊讶。要改变蓝色女人的想法极为困难，因为她们不会在不经考虑的情况下贸然提议，当她们提出时，已经是一个不可撼动的决定了。假如受到伤害，并且没有得到合理的解释，她们会记很久。

3. 追求完美，对她们，不仅仅是口头上说说而已，她们是实际的践行者，考虑既仔细且周全，也容易产生消极的负面思维。蓝色容易放大隐患和风险，在涉足任何事情之前，会做最坏的打算和全面的考虑。

4. 她们的生活圈子比较固定，遇见新的择偶对象的概率较小，加上容易沉溺于对往事的追忆和追思之中，情感容易走向负面，消沉，不易将自己从旧爱中拔出迎接新生。

沟通特点

如果有需要，蓝色女人也可做到侃侃而谈，但她们内心更享受不用语言只用意识交流，这会给她们带来一种“只可意会、不可言传”的舒畅感。她们内心最深处认为，假如我要了解一个人，我会观其行，假如我希望传达一种意思给别人，也会用行动来让对方明白，别人看到了自然就明白了，无须多说什么。

她们与男人之间的一切沟通可能产生的障碍，皆源自这样的观念——当男人是其他性格时，往往会一头雾水，觉得跟她们沟通无比困难，以为她们什么都放在心里，不愿意说出来，而她们则会很郁闷：“我不是已经表示得很明显了吗？难道你不会用心看吗？”

1. 含蓄——蓝色女人不擅长直接说出自己的需求，她们习惯于婉转地表达，并认为对方一定心知肚明，还有很多时候，她们干脆不表达。过生日的时候，她们会给重视的人送一件早就留意到的对方喜欢的礼物，也许是路过橱窗时多看的几秒，也许是邮件中提过的一笔。总之，她们认为，假如你认真聆听一个人，就一定会参透她话语中委婉的玄机，所以，当对方没有理解她的意思时，她会失望并把负面的情绪深埋在心底。有个蓝色女人送给男友一条围巾，那是男友曾经很喜欢的一款，但悲剧的是，男友是红色性格，喜好容易变化，收到围巾的当下，他已经不喜欢这款了，但他不想打击女友，所以啥也没说，只是好好地把围巾收了起来。尽管如此，蓝色女人还是领悟到男友不喜欢这条围巾，从此以后，再也不送任何礼物给男友了。

2. 逻辑——蓝色女人在表达上具有极强的逻辑性，这种逻辑性并非来自刻意的后天训练，而是与生俱来。这种逻辑推理也会让蓝色女人看起来比较难对付，比如，当两个人约会时，假如男人迟到了，在与对方关系不很亲近的情况下，蓝色女人不会轻易把自己的情绪展现出来，多会低头生闷气，让对方自己去想哪里出了问题；而当结婚以后，如果男人约会迟到，则可能问很多问题，为什么迟到，之前为何没有预留出堵车或路上耽搁的时间……其实她的本意是只想通过逻辑来搞清事实，以免日后继续空等，但男人却可能视之为“质疑”。在逻辑的背后，蓝色女人认为凡事都有理由，她们本能地探寻事件背后的真相 ，在爱情中，这也许会成为一种阻碍——毕竟没几个男人愿意把女版“福尔摩斯”娶回家。

3. 细腻——当你与蓝色女人缔结了某种亲密关系之后，蓝色女人的细腻关怀是让人如沐春风的，她的细腻温情不会对大多数人开放，但对至亲至爱，她可以做到让人难以想象地体贴。口渴时，她会恰到好处地递上一杯水，温度适宜。但当你对蓝色女人的细腻没有回应或否定回应时，蓝色女人是很受伤害的。一对刚离婚的朋友，男人说他每次给孩子冲奶粉，女人经常觉得奶烫了或凉了，男人认为“我每次都试过，你让我觉得自己连奶都不会冲，一无是处”，而女人得知后无比惊讶，觉得自己只是认为温度不合适而已，与否定毫无关系。

作为朋友

蓝色女人的朋友不多，但凡能被她列入“朋友”名单的，都是极其知心和信任的人。她们宁可少一些朋友，也不愿拥有很多朋友。蓝色女人往往为维护一段“完美”的友情，不惜牺牲小的利益或对一些小事表面不计较，但当你伤害到蓝色女人的大利益的时候，蓝色女人通常会不计后果地与你绝交。蓝色女人不会跟某个人特别亲近，也不会跟某个人特别疏远。对人际交往，她们更多看到的是风险，而不像红色女人那样恣意地享受其乐趣。

蓝色交友的四大原则：

1. 谨慎——蓝色把“朋友”这两个字看得很重，对轻率示好的人，她首先感到的是怀疑：“为何他对我这么好？是否我身上有东西可以满足他？如果我不能同等回报，宁可不要欠下这样的人情。”经过多次的观察、试探和侧面了解，她才能逐渐确认这个人是她的朋友。

2. 深度——一旦为友，她会将内心比较深层的东西一点一点掏出来，与对方交流，期望得到共识和共鸣，但依然不是全部，内心最底部的东西她永远也不会示人。她不像红色女人那样，享受跟人掏心掏肺的感觉。蓝色女人与对方越熟，关系会越好，话也会相应越多，喜欢把自己的想法按照条框表达，但是不熟的人会觉得蓝色女人是闷葫芦，活在自己的世界里。所以，请不要说你走不进蓝色女人的内心，其实只是你和她没有那么熟而已。

3. 持久——蓝色女人相信时间可以证明一切，假如暂时无法确定对方的真诚，那就用时间作为最好的判别方法，在漫长的岁月里去慢慢地体会和观察好了。假如已经成为相互信任的好友，那这份友情也是禁得起岁月考验的。

4. 忠诚——对朋友忠诚对蓝色而言容易做到，原因是，她不是一个图新鲜的人，对自我的戒律很强，不易受到外界的诱惑。背叛对她而言，既意味着自我原则的毁灭，也是一种极大的风险。

对待工作和事业

蓝色愿意长期有规律地处于工作状态，工作对她们而言不仅仅是一份稳定的收入，也意味着保持一种规律的生活状态。提早退休、四处游荡、无节制地享乐，这些对其他性格的人可能很诱惑的事情，对她们而言是一种动荡不安的折磨。

1. 择业——出于对风险的规避，蓝色一般会选择自己熟悉且擅长的工作，而且会长期服务于一家机构，在同一行业中累积较多经验。在工作场合谈恋爱，对红色而言不是一个问题，但蓝色却较难接受，原因是她会担心两者相互牵扯，影响到她信奉的对事不对人的准则。

2. 升职——蓝色对升职并没有那么多渴望，她们只是希望自己所付出的努力得到应有的认可及回报 ，至于升职所带来的可炫耀的头衔或被更多人关注的附加值，蓝色其实是唯恐避之不及的。

3. 离职——蓝色女人不会轻易离开现有的工作岗位，对人生中的任何变动，她们倾向于思考负面的可能性，以及由此带来的一系列不好的影响。即使对工作或者对上司不满，蓝色女人也会将之隐藏在内心深处，不表露出来，除非经过反复的权衡，这份工作已经无法再继续了，下家已经找好，并且是值得信任的，蓝色女人才会谨慎地迈出离职的步伐。

4. 创业——蓝色独自创业的情形不常见，与知交好友搭档创业的倒是有一些。在婚姻问题没有解决，对未来没有经济上的保障和安全感的前提下，要蓝色勇闯自由竞争市场不太容易。

恋爱观与婚姻观

蓝色女人的爱情代表作是《天鹅之死》。纯洁的天鹅公主看着心上人被黑天鹅抢走，发出痛苦的哀鸣。中了魔法的天鹅公主，无法口吐人言说出真相，只能痛苦地舞着舞着舞着舞着，旋转着进入死亡。这个故事暗示着蓝色在爱情出现问题时，最容易面临的不幸是——我无法说出我内心的痛苦，希望你能够了解我，如果你不了解，那我只有痛苦地缄默着。

当蓝色女人失去所爱之后，她会长时间沉浸在这种悲伤的回忆中，甚至无法接受一个新的恋爱对象，她们也会在心目中虚化和幻化那个已经不可能回来的昔日的爱人，将之视为自己的理想择偶对象，从而降低了缔结新欢的可能性。

蓝色女人是最有可能接受柏拉图式的恋爱及婚姻的，因为对她们而言，精神的默契和合拍无比重要，有时甚至可以取代肉体的快感。因为情感的专一和近乎洁癖的要求，一旦在恋爱或婚姻中遭遇背叛，或发现对方有可能背叛自己的迹象，在她们心中都无法忽略。所谓“好女人该对男人外面的事睁一眼闭一眼 ”，因为蓝色女人有强烈的公平对等的需求，认为我受到了巨大的伤害，这对我是不公平的，所以，相比其他性格的女人，她们通常更不可能释怀。但要想轻易地舍去一段感情，或放弃婚姻，对她们而言也非常难，故此，蓝色女人在情感中，痛苦总比快乐要多很多。

蓝色单身女子之所以单身，大多数是抱着“宁缺毋滥”的想法，她们拒绝将婚姻视为一种等价交易的市场，骨子里的清高让她们很难像红色那样游戏人间，也很难像黄色那样目标明确，更难像绿色那样彻底地放下和无所谓，所以只能与孤独为伴 ，等待着那个“唯一”的出现。孤芳自赏往往说的就是蓝色女子，殊不知就像歌词里唱的那样：孤芳自赏最心痛！

第三节

黄色单身女子素描

有一种女人，她们的人生是一场只准赢不许输的竞赛，不畏战斗，不惧败绩，不怨天尤人，不以弱者和伤者自居，强是应该的，赢是必需的，输是努力不够，从头再来，永不言败。这就是黄色性格的女人。

拥有成就才算收获生命的意义，黄色单身女又因感情迟迟未定，常常被贴上“女强人”的标签，而她并没有觉得“强”会成为她择偶的绊脚石，反而会认为只有自己优秀，才能遇到更优秀的男人，所谓“你是谁，才能遇见谁”。当你认为黄色女人整日整夜加班很苦逼的时候，她本人却乐在其中。

速度与激情，时间与效率，都是她的兴奋点。黄色女人雷厉风行，思维清晰，如果有捷径，绝不绕路。她们明明知道盘山公路的风景会更美，却无心观赏，争分夺秒飞驰在通往目的地的高速公路上。在快节奏的生活中，她们不知道寂寞是什么味道，因为她们连感受寂寞的时间都没有，上班闲不住，下班闲不住，非要安排得满满当当才安心，恨不得把一分钟当两分钟用。为工作，她们可以时刻调动激情，工作的成就本身就足以让她高潮。

你休想掌控她们，她们更想掌控你。她们骨子里有着改造和影响他人的欲望，黄色女人大多会以自己的观点来作为评判事实对错的唯一标准。

沟通特点

黄色女人习惯的交流方式比较生硬，“有事启奏，无事退朝”，她很难意识到自己不经意间已经把自己摆放在高高在上的位置，让人心生距离感。

直接——黄色女人说话做事最大的特点就是直截了当，无论是她要表达，还是她在倾听，她都希望直达重点内容，省去中间庞杂的过程，她只关心结果是好是坏。即使遇到跳跃思维的红色，黄色女人也不忘把话题拉回重点，始终关注对自己重要的内容。若谁做事讲话需要铺垫很久，她不会觉得此人含蓄有方，反而会认为此人能力不足。时间、效率于她而言胜似金钱，也让她显得有些急功近利。

批判——若你一把鼻涕一把泪地跟黄色女人倾诉你的苦恼和悲痛，黄色女人一定会命令你收起你的眼泪，告诉你哭解决不了任何问题，她认为哭是最为无能的表现，然后会告诉你让自己更强大才是解决问题的根本办法。即使安慰朋友，她也是略带批评教育的语气。即使某件事情让她很受伤，她的讲述口吻也是强者自强，往前看。

圆滑——黄色女人的圆滑当然不是她的真面目，而是为了达成目标的交流技巧而已。她可以临摹蓝色女人的精益求精，也可以修炼红色女人的八面玲珑，更可以扮相为绿色女人的懵懵懂懂，黄色女人为了达成目标，会卑躬屈膝，她不怕牺牲，不怕付出，不怕得罪谁，更不在意外界的流言蜚语。

作为朋友

看似高冷的黄色女人也有很多朋友，不过大多都是和她一样有抱负的男男女女，他们共进晚餐时谈论的话题是当今世界经济与政治格局，喝下午茶时也不忘对接项目共同谋利，就连逛街时也会留意最新商机。

黄色女人喜欢沟通交流，不过都是以能够有所收获为前提的。不闲聊，不八卦，她很少说无关紧要的话，连聊天也不轻松，聊天内容从生活到工作，几乎都是乘风破浪勇往直前，除非是为了达到某种人际关系的熟络而故意说的客套恭维话。

不像红色女人那样什么朋友都愿意交，黄色女人会有意无意地交一些比自己优秀的朋友，即学习的榜样，极力奉行“近朱者赤”的千古精髓。

黄色女人没有家庭的牵绊，走得更快，那些跟不上她的成长速度的朋友，由于她忙于事业无暇顾及，渐渐淡出她的生活。黄色女人独自生活久了，更容易忽略他人的感受，等她觉察到朋友在她的光环之下只剩下自卑和距离时，朋友已跟她少有来往。即使被孤立，也不能阻挡她在追逐成功的道路上加快步伐，继续孤军奋战，同时告诉自己，成功的人都是孤独的。

对待工作和事业

毋庸置疑，黄色女人对工作的热爱是与生俱来的，远超养家糊口的概念，重在生命价值，勇攀新巅峰。

择业——当其他性格的人还在人生的十字路口徘徊犹豫时，黄色女人早就踏上人生的新征程。黄色女人内心追求功成名就，所以什么样的工作能让她更快速、更直接地完成人生目标，她便会选择。没有上升空间的工作、几十年如一日的工作、只能原地踏步的工作，自己不喜欢又无法达成目标的工作，绝非黄色女人的选择。

升职——升职对红色女人来说是莫大的鼓励，对黄色女人而言就是更高的挑战，她会及时调整自己的目标：近期目标、中期目标、远期目标，逐一击破。她很享受这种大功告成的满足感，征服一个个难缠的客户和征服一个个难搞的男人有同样的快感。

离职——黄色女人离职就像红色女人离婚一样，眼前的境况让她没有任何可突破的期许了，这份工作不能带给她更大的发展空间了，恰逢此时又出现了另一个新目标，那么继续折腾吧，黄色女人的生命就在于不断挑战，只要能够天天向上年年向前，她乐此不疲。

创业——黄色的创业成绩当之无愧排四种性格之首。她们是在各领域中勇于与男性一争高下的领袖，休怪男人对她们闻风丧胆，首先她们就没把自己当女人看，她们会为传统思想里的男尊女卑而愤愤不平，谁说女子不如男。

恋爱观与婚姻观

黄色女人如何衡量一段感情的好坏？最好的恋爱是可以让彼此成长出色的，最好的婚姻是能够让彼此发展强大的。不能同利，岂能同行？

黄色女人大多持有“只有成为更好的自己，才配拥有更好的伴侣”这样的观念，于是花很多时间和精力投资自己，她要成就事业，也想成就婚姻，婚姻也是黄色女人追求的另一番事业，但她的安全感不依附于某段婚姻或某个男人，则是完完全全来源于自我成就感。她会拒绝所有“不合适”的男人，不屑于玩暧昧，和这些无法带动她提升自我的男人玩暧昧，实在是浪费时间。她的独立让男人感到自己很无用，她的老练让男人感到自己很生嫩。但，各花入各眼，与黄色女人谈恋爱落落大方，直白简单，不矫情不做作，不用绞尽脑汁玩猜心，也不至于哄她哄到声嘶力竭。

如果黄色女人被分手，才不会低声下气去苦苦挽留，而是果断决绝昂起高傲的头转身就走，暗暗发誓，从今往后一定要活得更漂亮，非要让那个抛弃她的男人高攀不起，她们不屑于让男人后悔，因为“后悔”代表内心还希望对方还想念和追求自己，只是自己不答应而已；而让那些当初和自己分手的男人高攀不起，代表你在老娘的生命里面已经消失，谁还在乎你？

难道就没人能驯服得了这匹脱缰的骏马？骏马需要能驾驭她的强人，何为强人？即她可以从他身上吸取更多养分的人，让她心悦诚服。若是遇到绿色男人对生活随遇而安得过且过，遇到红色男人对事业朝三暮四东张西望，她必定嗤之以鼻。

《乱世佳人》中的斯佳丽正是这样的黄色，而白瑞德的性格是“红 + 黄”，他们的分歧在小说最后显露无遗。黄色女人斯佳丽之所以爱上卫希礼，小说里已经交代，那是因为黄色女人把征服男人作为一种有成就的表现，偏偏碰到了卫希礼这样一个无视她魅力的男人，于是便无法自拔地爱上了，从根本上讲，还是出于黄色女人的情感控制。而一个既美丽又讨人喜欢的情敌——媚兰的出现，更加深了她试图超越对手和赢得比赛的意念。虽然，后来她一再发现卫希礼的懦弱，但黄色女人对目标的执着，让她继续盲目地爱下去，而白瑞德在危境中一再帮助她，反而让她自己有一种被比下去的感觉，这种好强的心态，让她一次次否认对方的优点，否认自己对对方的欣赏。直到最后，白瑞德的放弃和离去的失落感，反而让她认清了自己真正爱的是谁，更挑起了她的征服欲，所以，最后她对自己说：“我一定要把他追回来。”

正因为黄色女人的择偶高度和自身强度，拖到不能再拖时，黄色女人要么以现实条件理性地选择婚姻，要么干脆嫁给事业。当武则天还是一棵小小草的时候，她顺着王者的脚印落地生根发芽，不断吸氧茁壮成长，当她长成参天大树之时，她便有了养后宫三千男宠的霸气，正如一条范姑娘的名言所说：毋需嫁豪门，我就是豪门。

第四节

绿色单身女子素描

绿色单身女可以用“温良恭俭让”来形容，她们秉承低调的原则，绝不会穿富有时尚前沿的衣服，她们的主色调肯定是大众色，永不过时的式样和经典款，她们没有回头率，也不会标新立异，她们只喜欢做一个平凡的路人。与其他三种性格不同，由于她们性格中的核心动机是稳定，她们拥有以下特点：

1. 她们从不与人吵架和发生冲突，争风吃醋的事情更与她们绝缘。绿色女人给人一种温柔、让人愿意接近的感觉。她们有自己稳定的生活模式，无论钱多钱少，无论相貌出众还是普通，她们向来满足于自己所拥有的，无欲无求，从不羡慕别人，因为从不与别人比较，自然也就不会嫉妒和抓狂。

2. 她们不会成为“女强人”，也不会成为众所瞩目的“花蝴蝶”，容易配合和顺从。绿色女人在女人堆里最不引人注目，从穿着打扮到为人处世，她们从不离经叛道，从不夸张地表现自己，连自己的主见都毫不坚持，是存在感偏低的一类人。尽管如此，她们的幸福感并不低，因为在她们的心中，本来就没有争强好胜的欲望，活在当下已经是最佳选择。

3. 对所有美好的事物，她们愿意拥有，但假如没有，也不会造成任何影响。绿色女人在没有外力推动下，几乎不会更换没有坏掉的个人物品，尽管新的流行一茬儿接着一茬儿，但绿色始终觉得“旧的东西只要还能用，就没必要换新”。同样，当别人都在谈论着出国旅行时，绿色并不挑剔去哪里，她们自己对去哪里并没有很强烈的愿望，只要是朋友们推荐的都可以，有时可能也会提一两个方案，但是只要朋友否决了，绿色女人也就不再争辩了，反正去哪儿对她们都一样。

沟通特点

绿色擅长被动沟通。所谓“被动沟通”，就是她可以一直倾听而不打断你，等待你主动诉说而不去打探你不想说的事情。假如反过来，要求绿色女人在公众场合侃侃而谈，或者让她去为大家争取权益，她就死机了，因为她在天性中很难做到这些。

绿色的常用言语：

1. 嗯（啊、哦）——绿色常用“嗯、啊、哦”来回应别人说的话，假如你一定要问这几个字代表什么，很遗憾地告诉你，它们不代表任何意思。假如你以为绿色女人的“嗯”代表她们听懂了、会去做，那你就死定了，因为这样一来，你的期待很有可能会落空。绿色女人不知道该怎么拒绝别人，所以就用不带任何倾向的词语来表示回应，其实她们根本没想要去做。

2. 随便（无所谓）——绿色女人的另外两个高频词语是“随便”和“无所谓”。当她们这样说的时候，代表真的没关系，你怎么决定都行，你怎么决定，她们都不会不开心。这点跟红色有所区别，红色女人口中的“随便”和“无所谓”只代表她们当下的情绪，随口说说，当情绪发生变化后，对待同一件事情，她们立刻就变成“有所谓”了。

3. 挺好的（还不错）——绿色女人几乎从不给出负面评价，当别人一定要求绿色女人从两个东西中挑一个、做出反馈时，绿色会说“都挺好的”，实际上她们心里是有好恶的，只是没那么强烈，她们也不愿把倾向性表露出来，让别人为难，所以宁可采用含糊其词的说法。

作为朋友

绿色女人是其他性格女人的百搭伙伴，不论是想一出是一出的红色女人，还是沉默寡言的蓝色女人，甚至是孤家寡人的黄色女人，都会在某些时候需要绿色女人这样既省心又没有任何要求的陪伴者。绿色女人自己在生活中愿意被领导、被别人决定和引导，但假如没有人陪，她们也可以很好地自生自灭，沿着熟悉的路径，过着两点一线或三点一线的生活。

绿色女人对朋友而言，可起到如下作用：

1. 超级免洗垃圾桶——朋友失恋时，可以找到绿色女人痛哭一场，大大地倾诉一番。绿色女人边听边排毒，听完了就像没事发生一样，绝对没有负能量残留。

2. 陪衬——一起去酒吧或热闹场所，假如带着一个打扮朴素的绿色女人，往往能突出女主的潇洒靓丽，这样做未免有点不厚道，但绿色女人确实发自内心地不在乎充当别人的背景墙，使自己暗淡，衬托他人。

3. 打发寂寞的良药——无论任何时候，当其他人都因为忙自己的事情而缺席时，绿色女人随叫随到，让孤独的人感到温暖无比，虽然绿色女人不擅长制造快乐，但她绝对不会给你带来痛苦和烦恼，更重要的是耐心一级棒，陪你多长时间都不觉无聊。

4. 替身——上学时，作业做不完，绿色好友可以替你做；工作时，差事应付不来，绿色好友可以帮你查资料、写报告；相亲时，万一看不上对方，发个暗号给绿色好友，她会随时出现，替你抵挡花痴。绿色女人的随和、平和、温和，让她具有了贴心的特质，交上绿色好友，就像拿到一张免死金牌，什么事她都可以替你去做，且毫无怨言。

对待工作和事业

绿色单身女大多对工作没有极大的热情，因为她们天性恬淡，与世无争，很难受到目标的推动和奖金的激励。所有人都会为了生计而工作，但除此之外，其他性格的人还会被荣誉、成就和使命所吸引，而绿色很难，因为欲望本来就比较小。

1. 择业——绿色女人在选择职业方面是被动的，要么接受家人的安排，要么听从师长或朋友的建议，总之她们主见性不强，对任何一种职业都没有非做不可的执着。她们很少有勇气选择像销售这样需要冲劲的工作，而更多地期望通过掌握一门手艺以获得安稳度日的资本。

2. 升职——绿色女人因为亲和力和团队协作精神，会成为忠实执行命令的下属，团队中的黏合剂，随着工作年限的增加，自然而然也能获得升迁。但一旦升级到管理岗位，绿色将面临巨大的压力和挑战，因为她们发自内心地不想领导他人，克服这种心理障碍会比应付实际的差事更加困难。

3. 离职——绿色女人希望求个稳定平安，主动跳槽的可能性极小，除非是当团队任务和中长期目标发生变化、开始加速时，慢悠悠的绿色成员可能会被飞速运转的组织机器甩出去。当然，以绿色女人的乐天知命，她们多半会服从公司的抚恤政策，不作不闹地拿钱走人，反正总会有其他公司需要这样顺从听话的员工的。

4. 创业——绿色跟创业没什么缘分，即使在伙伴的推动下，绿色女人也极难迈出创业的一步，除非扮演被支配者和配合的角色。其实绿色女人内心偶尔也会遐想，假如离开目前奔波劳碌的工作，开一个小小的花店或咖啡馆，优哉游哉度日也蛮好的，但她们想过就算做过了，没有动力去付诸实践。

恋爱观与婚姻观

整体来说，绿色性格在单身女性群体中比例较小，原因如下：

1. 绿色女人什么都可以的心态，使她们在择偶方面不会挑剔和要求。绿色女人年龄增大时，会受到外界环境给予的压力，比如说家庭直接的催促，在这种情况下，绿色女人通常抵抗不了压力，为省掉麻烦和避免听到别人在耳边天天催，为了让自己清静，同时让别人也不至于为了自己的婚事担忧，会做出比较快的决定。

2. 绿色的不挑剔和宽容平和，让她们较少选择离婚。绿色的天性刚好与中国古代对女性的要求——“女子无才便是德”等全部吻合，她们极少主动提出离婚。绿色实在怕麻烦别人，没有天大的事，通常是能过就过，能忍就忍，也不愿把自己的苦事讲给自己的朋友听，一方面，也想通过时间来改善某些事情的发生或延缓。绿色的代表首推《笑傲江湖》中的仪琳，其实还有一个情场遭遇和仪琳相反的例子，是《碧血剑》中的温仪，的确是因为机遇，让金蛇郎君遇到了温仪，而非她自身的性格推动她找到了爱情，可不要忘记，何红药可是一个典型的黄色女人，为了爱情可以奋不顾身地去付出和追求，结果金蛇郎君不但不喜欢她，还跟她反目成仇。

在被逼无奈，不得不离婚时，绿色女人如果学不会坚强和自立，今后的路就会很惨。绿色女性的婚外恋人，鲜有也是绿色。如果这个男人是富有推动力的性格，绿色女性有了可依靠的后盾后，在行动上会增强，反之，必然继续得过且过的生活模式。

中 部

写 给 不 想 单 身 的 你

受伤篇

壹·受伤篇

写给自我保护的你——情不动则心不痛

不婚主义者有两种：其一，是享受着恋爱的种种好处，不愿踏入婚姻这座围城；其二，不但不婚，而且不爱，不需男人，终日枯灯。后一种，有相当一部分，是因为受过感情的伤害，一朝被蛇咬，十年怕井绳，不想再爱。

从性格的角度，可以把因为受感情的伤害而不再爱的单身女子分为两类：

·红色——年轻时没心没肺，不小心上了贼船，爱上了不该爱的人之后，结局悲惨，因而极其懊悔痛苦，此后，一直在怨海纠结，无法再爱，无法再相信男人。

金庸和梁羽生都曾描写过这类女子，以赤练仙子李莫愁和白发魔女为最。李莫愁恨男人，见男人就要杀，其实是由于自己受过感情创伤所致，赤练仙子 =“痴恋”仙子，每次伤口发作，喊打喊杀，说白了是情绪化发作。白发魔女因为婚事受阻，一怒之下杀光卓一航的同门，与卓先生反目后，一夜之间白头，也是情绪波动大到要死要活的主儿。两个人的核心性格都是红色。

·蓝色——天性过于细腻，感情中受过的伤害，每个细节都在她心灵上留下深深的刻痕，矢志难忘，本来就擅长负面思考的她，因此而陷入深深的绝望的谷底，把自己封闭，不让异性接近，断绝一切再次受伤的可能，也断了自己的路。

以武侠小说中的人物而论，《射雕英雄传》中李莫愁的师傅林朝英受情伤以后，独自待在活死人墓，终生不出，对比蓝色性格的林朝英与“红＋黄”性格的李莫愁，即可看到蓝色与红色的明显差别：一个是固守心里的那座坟，从此绝迹江湖，音信不闻；另一个是大开杀戒，在江湖上掀起腥风血雨。一样受情绪所苦，但蓝色是暗自心苦，而红色是要让全天下都知道她的苦。

而另外两种性格，黄色和绿色，不太会发生因受情伤而绝情弃爱的情况。

·黄色——对受伤，黄色的情绪平复能力强，擅长迅速将挫折转为下一行动的目标，她们不愿浪费时间自怨自艾。黄色的绝情不像红色和蓝色，这两种人依然会自觉不自觉地打听前任的消息，潜意识里希望前任如果过得惨，如果后悔当初伤到我，自己就可以得到心理安慰。而黄色的绝情，则是翻篇儿了就翻了，人生不用交集，已经彻底抹去记忆，假设伤得太深，实在气不过的话，赶明儿咱再还击你，但还击你如果对我没价值，是不屑于做的。

·绿色——绿色有个强大的功能，叫“大事化小，小事化了”，这一招儿足以让任何伤害消弭于无形。当绿色受伤时，往往是绿色身边的人恨得咬牙切齿，她还反过来劝慰：“他可能也是不得已。事已至此，算了吧！”对绿色而言，把日子过下去，让一切趋于平稳是最重要的，恩怨情仇，太复杂，还是别想啦！

故此，本文重点探讨红色和蓝色这两种性格的女人的内心反应及解决之道。

蓝色绝情者——冰山下的暗流汹涌

红色和蓝色都可能因为受伤而绝情，差别在于：红色天性心态开放，即使绝情，依然留下了一些缝隙，异性还有机会接近，只是在是否要进一步发展的问题上，红色因为恐惧再次受伤而止步不前，或做出极端的反应。而蓝色一旦绝情，可把自己的感情藏到了无痕迹，异性无法从她身上感受到任何可以走近的信号，其实冰山之下暗流汹涌，心中有多少怨恨、多少伤怀，旁人很难得知。

妙玉和良子小学时是同桌，妙玉的成绩第一，良子的成绩第二，小学毕业后，各自去了不同的学校，再无联系。高中时，两个人用书信获得了新的往来，信的内容，令良子惊诧："你还记得某年某月某日的那天下午，你借我的那块橡皮吗？后来你忘了要回去，我一直都留着。""我一直想考北大和清华，一起努力争取北京见吧！""四年级下学期的那次全校数学竞赛，你居然考了83分，比我多了5分，那是你第一次考的分数比我高"……良子惊诧于妙玉的记忆力，只可惜红色性格的良子大大咧咧，看不出此中心意。

后来妙玉缠着父母将她转学至良子的高中，本以为和良子可走得更近，但当她发现良子正和班花打得火热后，又以不适应新环境为由转回原校，两个人自此几年几乎断了往来。高考前一周，妙玉不知用什么方法得到良子家里的电话，问他要考哪所学校，良子答，估计上海交大吧！

高考后，妙玉进了上海交大，而良子发挥失常，没去成，两个人身处两地。妙玉得知良子跟班花已不再有往来，便用各种方式打听到良子的手机号，之后，每次电话全是东拉西扯。比如，她会说，我正在琴房里练《卡门》（她发现良子在网上有整整一个月都放这首歌）；她会说，过两天我回家会路过你的城市（其实她内心希望可以和他见面）；她会说，以后我的婚礼你来主持吧（她知道他兼职做司仪，但其实是在试探）。四年后考研，妙玉再次打了电话过去，问他报考哪里，她还记得当初那句"一起去北京"的承诺，报考了北大，而良子醉心于现有的一切，仅仅留在本校读研，两个人仍然身处异地。

妙玉认识良子12年，在她最痛苦的时候，常把自己关

蓝色一旦绝情，可把自己的感情藏到了无痕迹，异性无法从她身上感受到任何可以走近的讯息，其实冰山之下暗流汹涌，心中有多少怨恨、多少伤怀，旁人很难得知。

在图书馆一整天，用她的话来说，大学时看过的书完全可以用“吨”来计算，她的一个袋子里始终还保留着他高中时和她通信的文字。良子的名字就在她的手机里，但她却不再拨打他的号码，最多就是节假日的一个“看似群发但其实只发给了他一个人的”问候。可惜12年消耗她太多的精力，考研后，她觉得彻底累了，不与良子联系。5年后的晚上，妙玉拨通了良子的手机号，说她已经领证了，想想过去这些年两个人还挺有意思的。他听到后说了一句：“恭喜恭喜！祝你幸福。”

但他不知道的是，妙玉说的其实是句假话，这也是她与他说的最后一句话。当她听到他说“祝你幸福”之后，终于知道今生无望，正好有个机会出国，于是办了移民。又过了5年，良子已经当了爸爸，忽然有一天，收到一个越洋包裹，里面是张多年前《卡门》的原版唱片，没有署名，但良子知道是妙玉送的。原来，那个妙玉一直没有结婚，独自在国外大学任教，过着半修女的生活。

蓝女妙玉的示爱方式之含蓄，令红男良子很难理解。对红色而言，“我爱你”“我想你”是家常便饭，而蓝色所说的“我记得某年某月某日……”红色完全不认为是表白，但对蓝色而言，已经话说得骨头都快翻出来了。

蓝色内心的情感非常细腻，但表达出来，却让人觉得很平淡，这也是蓝女受伤的重要原因。很多时候并非对方刻意伤害自己，而是没有在对的时间，把情感给对的人，明珠暗投，加上蓝色把一个人放进心里的过程太过缓慢，难以接受新人，眼看青春流逝，唯一一个爱着的人却麻木不仁。从本质上来说，这种痛苦并非针对某个人，而是自己所信仰的完美爱情遭到幻灭。

蓝色绝情者不需过多的倾诉，也不需很多人来理解她，安慰她，她认为，懂的人自然会懂，她可以真正做到一个人安静地生活着，虽然，毋庸置疑，思念和痛楚还在折磨着她，她送的那份不具名的礼物，其实只是自己内心的凭吊。

我的蓝色好友，失恋三年期间，在朋友圈里发的唯一一条消息，引用了诗人北岛的两句话，“一切都是命运，一切都是烟云”，没人明白她为什么发这句话。只有我才知道，那是在一个清晨，大学图书馆，她和男友的相识，是恰好两个人都要借图书馆里唯一的一本《北岛诗集》。多年以后，当对方已经毫不扭头地大踏步向前，她还停在原地，这是她最大的悲哀。

独嘉秘籍

蓝色绝情者不可能做到像红色那样，通过宣泄情绪，就能把受伤的痛苦彻底排除。她们可以做到，并且我也建议她们去做的，是以下几件事：

1. 不排除有一小部分蓝女，经过长时间沉淀，可以真的适应并享受一个人的生活，把单身独居过成一种精致、有品位的生活，但从性格本质而言，处于这种绝情弃爱的状态，多数蓝女内心还是藏着许多伤痕，一遇到相似的情景，就会有被小虫噬咬心灵的痛楚。为了让情绪走出负面，请给自己的生活中安排下一项重要内容，与积极健康的红色或黄色交朋友，一起出行，从她们身上学习放下过去，更好地生活。

2. 之所以走到如今，不要仅仅归咎于你天性如此，每种性格都有优势和劣势，每种性格都可成就更美好的自己。这比你是否结婚要重要得多。不论你是否想要重获爱情，走入婚姻，都请把个性修炼作为你人生的一项长远任务来抓，蓝色要开始修炼很难，因为她需要排除各种心理障碍，做好充分准备，但一旦开始了，在这条路上会走得很长远，很坚持。

3. 由于天生内向，加上性别的原因，蓝女要拓宽异性的交往范围极为困难，而且成为蓝色绝情女之后，自动自发地放弃了很多结识异性的机会，变得更难。假如愿意调整，不妨从参加一些公益组织或参加课程学习开始，与和你有共同爱好的异性交流，慢慢将心房打开。

红色绝情者——多情与绝情的混合体

红色单身女性受到伤害而不敢再爱，但内心深处却又渴盼爱神降临，所以，她们的绝情之路往往走得格外纠结和反复。

多年前，静静听说念经可以修心，放下几千万元的生意不做，跑到一家“慎修庵”里住着，要求剃度，还好住持看出她心未净，劝她慎重。住了一个月之后，她觉得心绪还是无法平静，又跑回俗世里来，参加了性格色彩婚恋课程，讲述了她自己的故事：

我就是传说中的大龄剩女，红色性格。

不懂人际交往的我在初恋时碰到个蓝色性格的家伙，没有热情甜蜜的表白，没有鲜花礼物的簇拥，每次约会，都一成不变地在公司附近的咖啡馆见面聊上一小时。天真热情的我，总会忍不住问他：“你到底喜不喜欢我嘛？说呀！”而他总是冷冷地来上一句：“你自己看不出吗？”作为一个初次恋爱的女孩子，我的热情被践踏到了脚底。也许是受到琼瑶小说的影响，我幻想自己的坚持总有一天会换来他灿烂的笑容，不管是不是节日，我都会用当时并不丰厚的工资给他买很多礼物，我只希望他能开心地收下，感激我的用心，但每次我都看不出他有任何开心的表情，到了后来，他还会婉转地暗示我，其实这些礼物是不必要的。我开始情绪化，每次见到他，我的脸上都笼罩着一层乌云，我希望他能安慰我，将我的乌云驱散，可他却视而不见。终于有一天，他以调动工作的理由来巧妙地结束了我们的关系。虽然我心里很痛，但我还是无比自尊地坦然接受了这个事实。那一年我 27 岁。

红色绝情者：多情与绝情的混合体
一面受到伤害而不敢再爱，
但内心深处又渴盼爱神降临。

紧接着我遇到了一个红色性格的家伙，热情似火却多变，家境富有的他，上午还在市中心上班，下午就买好机票一个人飞往马尔代夫散心，虽然我骨子里也羡慕这样自由自在、不受任何拘束的生活，但同时也会担心，这样一个随心所欲的男人，会不会在我身边定下来，在他那些随意的旅途之中，会不会有艳遇，让他忘了还有我在等着他？毕竟我受过一次伤害，我怀疑自己的魅力是否足以绑住他，也就是从那时开始，我变得多疑。我们经常见面，但我还是会在他不在我身边的深夜里，打电话给他问他在哪里，要他打开手机的摄像头给我看，我才能安心。一年多之后，我发现他和他公司的一个女同事关系暧昧，这又给了我巨大的打击，证实了我之前的自我认知——我不够有吸引力，我痛苦地主动结束了这段关系。

第一次恋爱，在她看来，对方完全无视她的好意，不关心她的需求，可是从性格的角度来看，其实她也不懂那个蓝色心里在想些什么，蓝色对情感的表达方式本来就含蓄间接，她无法读懂蓝色的表达方式，同时又期望蓝色以红色的方式来对待她，结局是蓝色撤退，她受伤，但这次伤害，应算误伤。

第一次受伤后，由于红色心态开放、容易相信，静静很快接受了下一个男友。只是在这次恋爱中，她刚好遇到了一个红男，我不知道，这个男人是本来就不可信，还是因为静静的缺少安全感反而推动了对方偏离轨道，她与这个男人之间，到底谁对谁错，很难定论，但这次打击，对静静而言是一个很重要的事件，加深了她原先悲观负面的自我评价，这对红色来说，是无法挣脱的噩梦。

第三个男人的出现，唤醒了我初恋的回忆。我认识他时，生活基本半封闭，那时，妈妈已是癌症晚期，此前，我一直把家人当作最重要的支柱，在市中心买了大房子，就是为了一起住。妈妈生病后，我强忍心头的痛，每天五点半起床，先去新房子检查装修，再去上班，下班后继续盯装修，还要找最好的医生，这样一天天耗下去，人快要垮了，真的不能没有男人支撑，所以当这个稳重的男人伸手帮我时，我不假思索地认定了他就是我的Mr. Right，把我所有对男人残余的信任全都给了他。

最后他却提出了分手，那正是我每天忙着去医院没时间和他见面的时候，他用短信轻描淡写地把我打发了。我不甘心，跑到他家去找他，他不肯出来，我就去他家楼下守候，我死也要死得明白，他勉为其难地跟我谈了，列数了我的种种“问题”。最让我伤透心的是，他竟然把我心情不好时说的话也作为我的“罪证”，在这次谈话中，一字不差地重复给我听，原来他早就已经讨厌我了，这摧毁了我脑海中仅剩的美好回忆。最后，我揣着一颗被打入十八层地狱的心，决意从此斩断自己对爱情的一切幻想。

后来，我经历了人生中最痛苦的三年，在这三年里，我妈妈卧病在床，每天都在问我：“有没有合适的对象？什么时候可以结婚？”我每次都狠心不看她期盼的眼神，告诉她：“没有。”在我身边，不乏一些条件不错的追求者，但我不肯给任何人机会，因为我心里有恨，我恨那些伤害我的男人，更恨那个最后将我打入地狱的男人，我要用我的冰冷绝情来断绝所有男人对我的念想。三年过去了，我的妈妈在遗憾中合上了眼睛，我才猛然发现，原来我的绝情，断绝的不仅是男人的念想，更断送了自己的幸福，断了妈妈最后的愿望。

这是让这个女孩受伤最深最重的一次恋爱，这次以后，她不再爱。其实，在这次恋爱中，她的付出，在她自己看来一定是巨大的，也是认定了对方是自己的Mr. Right的，所以分开以后，才会有天塌地陷的感觉。

在这段恋爱中，还有一个客观因素，就是她的妈妈得了绝症，让她在情感上极其需要支撑，在这时，由于性格的不合，她的情绪化让对方受不了，对方的挑剔和批判也让她自己难以忍受，但出于情感需要支撑、强烈的不安全感和害怕失去依靠，她忍着痛苦，死死抓住对方，在这段关系里，两个人都很不舒服，但她受的伤害是毁灭性的，因为她更需要这段关系，而对方还可全身而退。

独嘉秘籍

红色绝情者如果想再找到美妙的幸福爱情，需要突破的障碍十分艰巨。因为红色的想象让她内心依然抱有对理想的对象的渴望，但心的外壳，封闭了一层厚厚的屏障，同时她自己又非常敏感挑剔，但凡接近的人，要么被威严吓退，要么被怀疑赶走。骨子里，她希望有人驾着七彩祥云出现，来打破这个爱情魔咒，但因为自己负能量缠身，没人愿意或没人能解救她。

受过伤的红色性格的人在不相信别人时，惯用的思路是：假如你爱我，你要禁得起我的挑剔和怀疑，你要用实际行动来证明你对我是真心的，而且对受过伤害的她们而言，仅仅一次两次的证明是不够的，需要再三的证明，用自己的“作”来反复地考验你，你都通过了，她才相信你是真的。说白了，既然你有情于我，为何不接受考验?

但问题是，除非你貌若天仙，生来就是女神范儿，否则的话，谁愿意拿热脸一次次地贴冷屁股呢? 而且，男人的想法是，既然你有情于我，为何要让我接受考验呢?

静静的母亲在最后闭眼前，都没能看到女儿的婚礼，她已经深深地后悔并决意走出自己的石头堡垒，现在她终于可以开启一段新的恋爱了。

假如你还没走出来，你需要洞见，你所谓的“不相信爱”，只是害怕面对失败而已，因为你不敢承担爱并不如意的结果，所以，把自己包裹起来，就跟一遇到动静就把头埋进沙子里的鸵鸟一样。

假如红色的你还没有走出来，我希望你能真正洞见，
你所谓的“不相信爱”只是害怕面对失败而已，因为你不敢
承担爱并不如意的结果，所以，把自己包裹起来，
就跟一遇到动静就把头埋进沙子里的鸵鸟一样。

嘴里大声喊叫“我要绝情”的人，几乎对情感都不甚成熟。很多时候，红色是做给别人看，蓝色是做给自己看，黄色不用给任何人看，只做。

红女因为被伤，有时会向世界郑重宣布，我要带发修行啦，我受伤了，很重噢，从此不信爱情了，过不了多久，又死灰复燃，重出江湖，其实，那些经常打破自己封笔、封山、封演、封唱等誓言的名人，几乎无一例外，都是红色性格。类似“嫁不了你，嫁谁都不重要，也没关系了”这种悲情的台词，红色最为擅长。即便红色的绝情令人扼腕，那些发誓绝情的红女，多数只是当下的刺激太深，持续的痛苦还没过去，加之，跟进上来的新男人还不足以好到让自己忘记前面那个人。

如果只是男人带来的心痛，仰赖人类最伟大的导师——时间，红色性格的你必将抚平心灵的创伤，重新为自己选择，终享人间之乐。不过，如果你的心痛还有其他原因，你需要彻底梳理清楚自己的原因，才有可能轻装前行。

也许你到此刻，还是翻来覆去地唠叨着“情不动则心不痛”，我还是有足够理由怀疑，你的内心依旧相信爱情并且相信爱情的美好，只是你口中不愿承认而已。

信者得爱，阿门。

写给转移情感的你——

我只相信工作，

我不相信男人

问一个女孩，你现在有没有男朋友？她斟酌了半天，硬挤了两个字——“算吧”。故事很老套，想当初这姑娘爱她男友爱到死，可那男人和她最好的闺密暗度陈仓，受到沉重打击后，姑娘心痛至极，不再相信爱情。这时，朋友提出一起创业，她就把所有的精神放在工作上，用以麻醉自己的情感神经，暂时忘却苦恼，不过，只要她一停下来，心依然很痛。在熬过了要死要活的那段岁月后，对男人开始有了戒心，现在，她也跟男孩儿偶尔约会，但对她来讲，心里从来都没把任何一个算作是自己的正式开始，所以，当我问她有没有男友的时候，她要犹豫很久很久。

她和我说，自己以后是否还会真心，首先取决于对方的付出，再考虑给予相应的回报，但不会太多。也许，有一天，她完全觉得对方的确是毫无保留时，才会开始考虑认真。以前，她觉得爱情很重要，现在她觉得，生命里还有更多的东西比爱情更真实、更靠谱、更重要。

以上情况，生活中比比皆是，也许，正在读这本书的你，也是。正应验了《我是歌手》里黄丽玲那首《我很忙》的歌词描述：

不想要假期，我没地方可去，不需要狂欢，人群只是空虚。

多数的关心，只是嘴上说而已，真正懂我的人是自己。

就让我忙得疯掉，忙得累倒，连哭的时间都没有最好，

就让我忙得忘掉，你的怀抱，它曾带给我的美好。

当一个麻痹的人，那有多好。心里没别的，只有忙忙忙。

工作是一种抵抗，一帖解药，人怎能被想念打倒。

当有人问好不好，怕伤心夺眶，就咬牙说我很忙，

这完美的谎，完美的伪装，才让我的痛，没人看到。

你在哪里，曾是每天要问你的一句，我要戒断，这种恶习。

当自己的情感受伤后，不敢再有丝毫触碰，只能完全寄情于事业的，在性格色彩中，并不是典型的黄色性格（参阅本书的“无情”），通常，以红色或“红＋黄”性格居多。

红色受伤后，容易强烈地沮丧和懊悔，她们需要的是情绪的发泄，例如，在网上购物，那些在淘宝上买东西花钱太多而失控，内心懊悔，恨不得把自己的手剁掉的“剁手族”，这种人，基本都属红色性格，当情绪无法发泄时，她们必须寻找到转嫁的渠道。

而黄色最大的满足感，并不能从爱情的美好中汲取，只能从事业的征服和竞争的胜利中获得。在情感中受挫的黄女，无论恋爱过程如何，始终认为婚姻不过是人生的一桩事业，应该努力经营，当“婚姻和恋爱”这个事业受挫时，既然这个“需要两个人一起”的事业是这么不可控，那我就继续“我独自可以控制”的事业吧！

情感的受挫，对红女而言，是场天灾，过了之后，亟待修复的是情感本身；而对黄女而言，是把冰冷的小刀，撕开了爱情中的甜美，并无情地展示了背后的残酷真相，摧毁的是她对男人的信任和对爱情的质疑。骨子里，黄女原本就不易信任人，一旦遭到背叛，更强化了她的预判——说到底，还是工作比较可靠，一分耕耘一分收获，既然她一个人就能撑起一片天，那又何必要依靠那些不可靠的男人呢？一场爱情浩劫过后，红女还在废墟堆里痛哭，黄女早已擦干眼泪，转移情绪，并踏上耕耘事业的征途。

对黄女而言，情感受挫是把冰冷的小刀，撕开了爱情中的甜美，并无情地展示了其背后的残酷真相，摧毁的是她对男人的信任和对爱情的质疑。

而“红＋黄”性格的女人，一旦受到重大情感伤害，在懊悔痛苦的同时，极易寄情于事业，如果揭开她们光鲜精致的外衣，在心灵的深处，也许有一道永不愿示人的伤疤，绝情背后，隐藏着不为人知的故事。

爱情这玩意儿不可信

在性格色彩婚恋课上，曾经有个“红＋黄”性格的小美，在性格色彩官网进行专业测试后得出的成绩是，红色分数150分、黄色分数126分（总分400分，单项分最高160分）。小美生于高干家庭，初恋时爱上一个有才华的穷小子，不顾家人反对，私奔到穷乡僻壤，啃馍馍吃菜根，苦熬大半年，为爱情付出巨大牺牲，谁知，穷小子居然出轨了，被她发现后，上演了一出挥泪斩情缘的虐心大戏。

后来，她没回家，一个人四处闯荡，最终在创业这条路上做出了成绩。来参加课程的小美，卖掉了公司，给几家跨国公司做高级顾问，年纪三十大几，丝毫没有找对象的想法，所有的时间都给了工作。我问她，这辈子最惋惜的是哪一段情缘，她沉吟许久，用最简短的语言告诉了我一个故事。

当年她在上海工作时，有个超级爱她的蓝男何箫，那时是她的老板。何箫一直以模棱两可的角色陪在她身边，甚至承揽她所有的家务，却从未提过一句爱她，但连傻瓜都看得出来他对她所有的付出意味着什么。也许是小美在初恋时所受刺激影响之深，她只想把全部注意与热情倾力投入到工作之中。总之，小美对何箫在长达三年里所做的一切置若罔闻。何箫在她生病时，给她每天熬汤喂饭，从未有过非礼之举；何箫每天为她打扫房间，甚至清洗内衣；在她说要去和另外的男人约会时，这个男人亦保持缄默从无反对之举，只是默默地做三年来坚持为小美做的每件事；当小美决定离开上海发展，在车站看着何箫为她送行的那一刻，她对这个男人的依赖与不舍已经满溢于心，悲伤地流下了眼泪。若干年后，她才发现要想找到一个像何箫一般对她好的男人，已是可遇而不可求。又过了三年，何箫因心肌梗死而离世。当小美得知时，如五雷轰顶，终于向自己的内心承认了一个事实——何箫是她今生觉得最为亏欠的人，她明白了什么是后悔。

在不相信爱情这回事上，通常，红女的不相信，只是嘴上不相信，骨子里其实深深期待，忙碌的工作只是要给自己一个不至于在人前输得太惨的理由。可以做个实验，给红女一个完美的老公，代价是让她放弃事业，她一定答应，但答应后做不做，是另外一码事。所以，红女选择努力工作，是因为需要包装，努力而忙碌的状态，是不想被人看不起，有工作这么好的借口和道具，干吗不用？

这与黄女找男人的风格迥异，人家黄女的目标极其清楚，我要我自己想要的生活，哪个可操作性和可实现性更强，我就在哪个上面付出时间与精力，虚的东西有啥意思。

“红＋黄”性格的女人不像红色性格的女人那样容易好了伤疤忘了疼，她们更能记住痛苦，当新的男人出现时，她们必须有更加充分的证据来不断证明，这个男人不会像从前的男人一样背叛她，否则，断然不会出手。当然，还有一个原因，就是工作对“红＋黄”性格的女人而言，也有足够的诱惑，工作可以证明她们的价值感，让她们受伤的心获得一个安全有保障的寄存之所。

因为不相信，也许会错过很多本来值得托付终身的人，但对受过伤的“红＋黄”性格的女人而言，打开自己，太难。值得高兴的是，小美在经过长时间的自我洞见后，终于踏上了修炼自我的道路。现在她身边已有了一个陪伴她的好男人，而她也走出了昔日的阴影，不再整天挂着一副拒人于千里之外的冷漠表情，渐渐向外散发温暖的气息。

男人不可嫁，就嫁给工作吧

还有些“红＋黄”性格的女人，受伤之后寄情于工作，同时继续与

男人不可嫁，那就嫁给工作吧。

男人交往，只是不再投入真情。对她们来说，工作才是 Mr. Right，男人只是在她需要时可以暂时栖息的肩膀。在工作中，她们能体会到巨大的被认同感和安全感，只因她们曾经在恋爱中尝尽了所托非人的苦头，所以决意将自己托付给工作，只在无聊时，在男人身上打发时间和满足身体的需求。

> 女古董商斯丽，18 年前，只身北漂，带着微薄的积蓄，每天凌晨四点，在北京街头，背着麻袋，穿着军大衣，蹲在一堆摆地摊的商贩当中，辨识那些不知名的石头。这样一蹲就是三年。三年里，她四处拜师学艺，最终练出了“鉴宝”的眼力。在珠宝古董这行当里，多少有钱人倾家荡产，换了一堆不值钱的废物，她却迅速崛起，在不到三十岁时，就有了自己的拍卖行和古董玉石商店。
>
> 如果不是一次朋友间的深谈，我不会知道，斯丽之所以能有这样的成就，全都是因为当年她还很小的时候，被一个老男人骗了。老男人是一个看起来很儒雅的生意人，骗她说自己是单身，给她描绘了一个王后般的美好未来，她像喝了迷魂汤，怀了老男人的孩子，最后人家老婆找上门来，闹得天昏地暗。她 22 岁就成为单亲妈妈，跟不理解自己的家人断绝了往来，把孩子寄养在一个好朋友家里，只身踏上北漂之路。
>
> 现在，斯丽自从事业刚有起色时，身边就围绕着仰慕她的各色男人，从耄耋到弱冠，应有尽有，她享受这种被围绕、被重视的感觉，并且会在确实不忙的时候宠幸他们中的一员，但却不会和他们中的任何人发展长久稳定的关系。

表面看，这类“红＋黄”女子活得精彩，事业有了，男人也围绕身边，实际上，她与真正的女权主义者完全不同，她只是为了遗忘过去的伤，选择一种看似潇洒充实的活法，实际上，只是情感负能的转移，她心底最深的伤并未触及。并且这样的做法，会让自己身陷真假情劫，自己也搞不清到底哪个在戏里哪个在戏外，让自己得到一个真正相知相爱的伴侣的可能性变得愈加渺茫。就像亦舒的小说《喜宝》中，喜宝所说："我想要很多很多的爱，如果没有的话，有很多很多的钱也是好的。"午夜梦回之时，心底何尝没有对爱的渴望？只是不想再去触及过往的伤痛，寄情于工作，只是逃避罢了。

在本书"无情"章中，我阐述了一个重要观点，表面上看，"忘情女"和"无情女"都无比热爱并积极地投入到工作中，以事业为重，但实质上，她们有着本质的区别，多数人不仅没能力辨别他人，连自己到底存在什么问题，也分不清。

"忘情女"与"无情女"

"忘情女"和"无情女"是两种性格完全不同的人。

区别如下：

1. 情事对"忘情女"太重要，只是她们害怕受伤，故而屏蔽，每伤一次，就裹得更紧，强行灌输自己，情事根本不重要，男人都是坏东西；"无情女"根本不需任何灌输，男人是好东西还是坏东西和我无关，只要自己实现自己的成就，我就可做到掌控，否则都没用，情事这玩意儿对自己不重要，有，不错，没有，无妨。

2. "忘情女"易被情伤，"无情女"易被己伤。

3. "忘情女"常内心软但外表硬，用强势武装自己。

4. "无情女"内心硬外表冷，用温柔修饰自己。

5. 恨男人越重的越是"忘情女"，而"无情女"根本没时间恨男人。

6. "忘情女"对情感有内心最深层的渴望，那是她们的软肋，也是她们的恐惧之源，她们只是暂时还没遇到能真正走进她们内心的人，遇到了一切都改变，会变成原来的自己。"无情女"对成就有无限的欲望，她们的恐惧源于有一天她们发现自己拥有的都是幻想，毫无意义。

7. "忘情女"的喜怒哀乐你有办法探知，因为她们自己有意无意会流露，她们可能会炫耀自己当下的成绩，也会常常告诉朋友自己的不开心和不快乐，她们认为这并没有什么；“无情女”的内心你几乎无从得知，因为她们几乎没有向别人敞开心扉的需求，即便是再好的朋友，除非她们觉得你比她们自己更强，当她们需要寻求解决问题的办法时会找你，否则她们认为毫无倾诉的必要。她们不希望别人知道自己的软肋和虚弱在哪儿。

8.“忘情女”嘴上说不想依赖男人，但内心却想依赖男人，只是无人可依所以才发奋工作；“无情女”嘴上说想依赖男人，但其实根本上认为世上只有自己可信赖，谁都不能靠，她们喜欢做事是出于天性。

9.“忘情女”是“红＋黄”的性格；而“无情女”则是黄色性格。

以上这段话，是我研究性格色彩 15 年以来，对“红＋黄”和黄色这两种性格的女人内心情感上最重要的一次总结与对比。

独嘉秘籍

那么，像忘情这样的情况如何才能疗伤自救？

首先，必须勇敢而真实地去面对当时自己受伤害的整个过程，去洞见自己当年是否曾有失误。如果只是把自己的受伤直接归结为一条——“男人没一个好东西”，显然过于简单粗暴，对一个曾遭遇情感伤害、目前正在茁壮成长的你来讲，这种野蛮的定律无助于建立性情饱满及立体通透的三观。如果正看到这段的你，也曾有过前面这个念头，我想说的是，一竿子打翻全世界的男人很容易，我完全可以此刻装作和你站同一条战线，像李莫愁和灭绝师太那样，振臂高呼这种以偏概全的浑话，帮你去痛斥天下的男人，可这除了让你能在情绪上爽一下，能让你暂时感觉有人和你同仇敌忾以外，你的问题丝毫无法解决。我一直坚定地认为，如果你能从过去的挫折中学会判断和修正，进而发现对未来有指导的助益，对你才是最重要的。

其次，如果你努力工作，既不是因为你痛恨男人，也不是因为你是一个本身就享受工作的黄色，只因你受伤之后对情感有些失望，只愿意奉献给工作，你玩命工作其实只是为了排解自己无边无际的寂寞，我要对这样的你，说几句话。

如果你没有内心情感的依托，受了伤以后，当然只能把所有的才智投入到工作中。假设你的圈子很窄，你的选择自然会变小；而如果你让别人觉得你是无比清高的话，那就更麻烦，大多数人一见到冷若冰霜的面孔，就噤若寒蝉，没有想亲近的欲望。典型的红女给人的感觉是可爱，典型的绿女给人的感觉是柔弱。总之，看上去都很容易亲近，而受到情感强烈打击的你，每天都像别人在欠钱，一座坚固无比的冰山挡走了很多你自己的艳遇，不过，这很有可能是出于两个原因：其一，你还不想触碰情感，你嫌烦，怕再受伤，你还需要时间来缓缓；其二，你会觉得如果这个男人见到我冷冰冰的样子就不来追我的话，这种人也不是我要找的人，由他去吧！

我只是希望你能了解一个事实：黄女可以通过工作转移她们的情感，因为工作对黄色而言，就是人生的意义和快乐的源泉，当看到一群男人臣服于自己的脚下时，黄女可以从权力的游戏和你死我活的搏杀中达到生命的全部高潮，这些都可以证明自己的成功和人生的意义。可你，拼命工作如果只是为了麻痹你自认为受伤的心，那么你的封闭只会加重自己的心理暗示。

如果你不具备黄女那样以工作为全部快乐的心态，除了你能够用不菲的收入为自己粉饰精致的职业的装扮以外，你的工作越成功，你的选择余地越小，被你的法眼看中的人多半已婚。在第三者的道德考问中，你还要反复寻求自己生存的夹缝，而周围和你拼杀到一定级别的多是男性，要忍受粉色笑话的包围，男老板的骚扰，烂桃花客户听说你没结婚后的不间断邀约，这些都只会让你愈加寂寞。

糟一点，你白天和晚上就是人格分裂；好一点，你发现对男人的投入，还不如对喵喵汪汪投入更有意义，就养养宠物来转嫁情感。有一天，你突然受了刺激，被工作压得实在喘不过气来，像三毛一样，顺手撩了个双肩包，直奔高铁站，漫无目的，抬头扫到武夷山，随便买了张票，上去就下了，晚上看看印象大红袍的演出，期待在剧场里或客栈内遇到自己的荷西。运气好的话，居然找到了你所要的爱情，疯狂缠绵了几天后，突然发现一个新问题，现实生活很残酷，要有面包，要有房子，要有车子，要有很多……纯粹的爱情并不能当饭吃。这时，没有经济基础的你，是脆弱的，因为依赖别人总不如依赖自己可靠；有经济基础做支撑的你，可选择的余地就会大很多……

所有这些情况都很自然、很正常、很普遍，不用焦虑，也不用心慌。如果你一直觉得你是一个与众不同的女孩，你很特立独行，我想，你说的是对的，因为我们每个人都是独一无二的；不过，你以为的特殊可能也没有那么特殊，因为在这个世界上性格色彩的规律存在于任何一个角落，当你在地球这端埋头工作时，另一端的那个人正在看世界，赶明儿，你辞了职开始看世界的时候，她正在努力地爬格子。

绕了一圈，其实，我真正想说的是：该工作时就工作，该恋爱时就恋爱，人生得意须尽欢，莫使金樽空对月。没有恋爱的时候，你就好好赚钱，养精蓄锐，自己找地方去遛弯，找点自己开心的事做；有恋爱谈的时候，就尽情享受爱的喜悦。不用那么急吼吼地发狠话，下毒誓。你既可以相信工作，你也可以相信男人。相信错了，吃了亏，那就总结教训，下次再来过。

姑娘，你曾经受伤，就只相信工作不再相信男人，我能读懂你的生气和委屈，但没必要，你不会做因噎废食那样的蠢事，可你却认为你会再也不相信男人，那是因为你不吃饭就活不下去，但没有爱情你暂时还能活下去。嘴上说再也不相信男人的，其实心里还是对爱情存有无限期待；一个真正对男人无感的人，是连提也不提这茬儿的。

有一天，你会回来的，你的爱情也会回来的，愿你的那一天，早日到来。

写给游戏爱情的你——做个女妖，让他们尝尝痛

电影《画皮》中，周迅演了一个玩弄男人于股掌之间的绝美女妖——小唯。小唯这个形象推出后，丝毫未受厌弃，反而成为许多女人心中的偶像，原因在于，在这里，“妖”意味着有颠倒众生的美丽资本，意味着一种个性解放和追求自由的精神状态。这些欣赏小唯的女人，基本以红色性格为主。

故而，今时今日，一个男人如果对一个女人说，“你这个妖女！”只要说的时候，没有法海大战白娘子的口气和面目，听者非但不认为是贬低自己，反而会洋溢着满满的甜蜜，因为听上去完全可把此话作为说者对自己的魅力的无比认可，并且说明这个男人正被自己媚惑，他要趁拜倒在自己的石榴裙下之前，先给自己找个开脱的理由：你看，我挡不住是有原因的，我是想做柳下惠，但妖女火力太强，扛不住啊！

现实生活中，正是这种单身女子，真的做了“妖”，她们会对那些有意泡自己的男人主动勾引，得手之后再扔掉，改换新的目标，在这新老交替、此起彼伏的过程中，随时随地逢场作戏，没有任何天长地久的打算。也许你会问，她们这么做有何好处？其实，翻看这类女子的过往经历，多半都会发现，游戏爱情的女子，多数以红色性格为主，她们多数曾受过男人的伤害，产生了报复男人的心理，从此游戏人间。只可惜，与此同时，她们也断了自己通往幸福的路。

什么愁什么怨能让她们恨得那么深

佳佳 4 岁时父母离异，跟母亲长大，14 岁时被继父强奸，当她向母亲哭诉时，母亲竟然不相信她的话。18岁时，亲生父亲突然出现，把她接到加拿大，她不适应那里的生活，6年后，在她的坚持下，父亲送她回国，给了她一所大房子和每月十倍于她实际所需的生活费，让她独自在国内生活。

实际上，佳佳在加拿大的6年，父亲除了给钱外，没怎么管过她。开始，她寄希望于父爱能抚平她那受伤的心灵，但这种奢望被一次次在父亲身边出现的不同款的女人彻底击碎了。那些女人容貌各异，但无一例外化着浓妆，毫不避讳她的存在，和她的父亲四处寻欢。她对父亲的爱，逐渐变成了恨，恨父亲为什么在她那么小的时候跟母亲离婚，恨父亲丢下她一个人那么多年，导致她被强奸，更恨父亲终于把她接回身边之后却丝毫不珍惜。

在国外6年，她养成了挥霍的习惯，并且交遍从白人到黑人各种男友。父亲给的钱不少，但她还是喜欢问她的男友们要钱。用她自己的话来说：“花男人的钱有种报复性的快感。”有些男人因为迷恋她的美色，而心甘情愿做她的金主；还有些男人很快就离开了她。对她而言，男人来了或走了，她都不在意，她把自己比作“猎手”，当新的“猎物”——男人出现的时候，她会有短暂的兴奋和快感，并会想方设法得到这个人，在这个过程中，她有一种报复性的宣泄的满足感。但一旦到手后，要不了多久，只要这个男人没满足她的某些要求，她就毫不犹豫地把他甩掉，任他哀求，也不回头。

这样的生活表面上很精彩，花样百出，其实只有她自己知道自己有多空虚。她坚持要求回国，也是为了换个环境，希望能找些有意思的事情来做，可到了国内以后，一切又是照旧，她没有朋友，也没有动力去找工作，每天除了做美容、买衣服，就是去一些高端交友俱乐部钓男人。一晃几年过去了，她被这种空虚感折磨得快要发疯了，给我们的一位咨询师写来长信求助。

受伤之后，最容易落入报复陷阱的，当属红色性格的女人。

首先，绿色不会这么做，这就是性格迟钝不敏感的好处。上天很公平，不敏感，对快乐也不敏感，没啥特别高兴的，但对痛苦也不敏感，没啥特别痛苦的。绿色不易有爆发式的激动，也不易陷入持续的痛苦。绿色的心态是，纵使受再大的伤，日子还是要过，天塌下来当被盖，时间自会冲淡一切。

其次，黄色和蓝色也不会这么做。因为不断地报复男人，除了发泄愤怒的情绪外，完全不会给自己带来实质性的好处，没有利益，目标感强烈的黄色不会这么做。况且，黄色和蓝色如果要报复，是“定点爆破”，谁害了我，我就让这个人付出代价，而不会像佳佳那样漫无目的地散射，伤及无辜。尤其是蓝色，在实施报复行动前，会花掉大量时间去计划和筹备，以策完全，假如没给自己留下足够的退路，蓝色不会行动，有时因计划不够周全，蓝色的报复行动可能还没启动，就偃旗息鼓了。

红色的报复，本质上，是种情绪发泄，“我的恨因何而起，我的恨就要因何而去”。通过找不同的男人，尤其是看到这些男人受伤和难过的样子，她的心里会有莫名的快感，这样，似乎才能把自己所受的伤害和心中的怨气宣泄掉。

女妖如何变回人类

在本书的另一章“多情”中，我谈到了“花蝴蝶”，指的是沉迷于和不同的男人谈恋爱，却无法步入婚姻的女性。而本文中所谈到的“女妖”跟“花蝴蝶”有本质区别。

区别之一：花蝴蝶在每段恋情中是认真在谈，自认为对每个男人都是真心的，只是由于激情的冷却、相处的矛盾而分手；女妖则从未付出真心，自己很清楚自己是在逢场作戏。

区别之二：“花蝴蝶”从恋爱中获得的是，找寻到真爱的兴奋、激

仇情的女子，多数都是以红色性格为主，她们多数曾经受过男人的伤害，产生了报复男人的心理，从此游戏人间，只可惜，与此同时，她们也断了自己通往婚姻幸福的路。

情以及满足感（虽然短暂）；而女妖从“恋爱”中收获的是，抛弃男人后，目睹对方的痛苦所产生的那种报复性快感，以及宣泄后无尽的空虚。

区别之三：花蝴蝶最大的麻烦和问题是耽误了自己，看不清方向，不知道自己的归宿在哪儿，有一种身不由己的迷茫感；女妖报复男人，则是为了宣泄痛苦的情绪，但每次宣泄，都会回想起自己以前受伤的经历，杀敌一千，自损八百，在她让男人痛不欲生时，自己也痛。其实她内心很清楚，眼前这个她所伤害的男人，并非当年伤害她的那一个，这种“滥杀无辜”的做法，她自己也知道不对，但却无法控制自己，一边自责，一边继续走不归路。

区别之四：女妖和“花蝴蝶”的原始动机是一样的，“短暂的兴奋和快感”也是出于喜欢和爱，不是因为仇恨和报复。只不过，“花蝴蝶”是红色性格，而不少女妖则是“红＋黄”性格，所以，这种组合性格里，黄色求胜心和要强的成分就会起到巨大作用，直接导致女妖有强烈的自尊心，输不起，一旦情感失败，需要给自己找个体面的借口。

另外，女妖的自我保护及自我防御意识更强，也更容易把阴影带来的负面经验值沿用在后来者身上，以至形成惯性，一旦情感中隐约发现有一丝苗头不对，或有一点彼此相处中的冲突，二话不说，立马放弃，这样她们觉得可以确保自己不被对方先伤。说白了，并非女妖不愿付出真心，只是她们更怕失败。

假如没有自我觉醒，只是随着命运的发展，女妖的结局通常是这样的：

> 娜娜在美国留学时认识了前男友，在长达10年的时间里，她不但一心一意地爱着他，照顾他（男友比她小两岁，所以，娜娜有些母爱泛滥，把他当弟弟一样呵护，像老妈子一样照顾他的生活起居），还在男友事业失利的时候，拿出自己的全部积蓄给他，帮他东山再起。谁料到男友最终无情地抛弃了她，断绝一切联系，投奔到一个“富二代”的怀抱。从此，娜娜开

始滥交，不相信男人，玩一个甩一个，但每到夜深人静时，她都会躲在被子里哭得撕心裂肺，只有用大量的酒精才能让自己睡去。如此过了荒唐的几年后，娜娜为了结束这种生活，她选择嫁给了一个脾气温和、老实巴交的男人。

女妖有没有可能爱上一个男人并嫁给他呢？在民间神话里，人们醉心于这样的故事，如白娘子爱上许仙，狐狸精爱上穷书生，而这类穷书生的共同特点都是：深受儒家思想的影响，强调“修身养性”，有悲天悯人的情怀，代表了社会道德的最高水平；在生活中，性格都是憨厚老实、待人诚恳，富有同情心。

同样，现实中，女妖嫁给一个男人，有两个先决条件：第一，男人必须无条件信任女妖，思想简单，毫不怀疑女妖是妖不是人，一旦起了疑心，两个人的关系必然破裂；第二，男人对爱情必须专一，对女妖从无二心，不说任何谎话，禁得起女妖对他的各种考验。

恰恰这两个特点，刚好和文学作品中描述的穷书生相吻合，与之最为相符的是绿色性格。除此以外的男人，也许适合恋爱，但很难走进婚姻。这就是最终女妖找绿色男人上岸的原因，也是不少女妖走向婚姻时的终极选择。

这种做法，刚好吻合一种人性，那就是——人都喜欢自己没有的东西，内心不羁的男人多半会被一朵清纯的白莲花收心，而迷惑人心的女妖，往往不小心伤害的，都是诚恳对她付出真感情的男人。

在女妖看来，真正该得到报应的那些坏男人，或许女妖想伤还伤不到。在撕心裂肺的爱情里，她自己莫名地变成女妖，而当真正遇到温暖的爱情时，她却身不由己，伤害着爱她的人，自己也觉得已经没有言爱的资格。犹如《魂断蓝桥》里的女人，最后那双不敢直视现实的眼睛，其实是惊醒后不敢直视自己的过错，后悔莫及。

如果没有选择一个不去触碰自己旧伤的男人，而本身毒瘤未除，一旦被触碰，毒性复发，就会再次变回女妖。

小倩人如其名，长得很漂亮，来自单亲家庭。初恋时因为缺乏安全感，恋上一个比她大20岁的离过两次婚的男人。她投入了全部感情，男人却不能像他一样投入全部感情，分手时她的哭喊和追逐，在对方眼中看来只是无谓的纠缠。后来小倩考上戏剧学院，进了演艺圈，小红了一阵，身边围绕着一群爱慕她的男人，可惜小倩心已死，她利用自己的美貌，对男人予取予求，招之即来，挥之即去，久而久之，她都忘了，真正地爱一个人是什么滋味了。在这样的游戏场上，她不幸邂逅了一个比她道行更深的"黑山老妖"，那个男人与她斗法，比谁先动真情，她输了，结果对方得到她的感情之后，又把她甩了，她从此陷入绝望的深渊，染上了毒瘾，彻底地堕落。

"出来混，迟早要还"，女妖毕竟是红色性格，容易相信、容易过早投入感情，依旧是她的致命伤，假如遇到一个心比她更硬、更执意于游戏人间的男妖，二次受伤，只会比第一次伤得更重。

独嘉秘籍

自救是自己的事情，假如一味地依赖他人，希望依靠某个男人救自己逃出苦海，这种心态危险。

因为女妖受过的伤很深，痊愈需要时间，也需要她有足够的动力自救，但假如了解自己的性格，首先洞见真实的自己，知道自己的虚弱所在，再从个性修炼入手，可加速返回尘世，也可让转变更持久。

1. 人们往往认为女妖就是想祸害人间，可她们只是不知道如何缓解内心的绝望，也许只是害怕再次被伤害被抛弃，所以，先把自己伪装成一种游玩于众多男人之间的角色，她们的内心极其没有安全感，故而才想先下手为强。这跟王家卫的电影台词"要想不被人拒绝，最好的办法是先拒绝别人"属于同一种心态。这些姑娘因为别人的错误而不停地折磨自己，并且把别人对自己犯的错误转嫁在他人身上，她们以为这样可

女妖有没有可能爱上一个男人并嫁给他呢？在民间神话里，人们醉心于这样的故事，如《白蛇传》里白娘子爱上许仙，《聊斋志异》里狐狸爱上穷书生。

以解决问题，结果反而陷入无尽的深渊。

2. 由于自己受伤后，再用伤人来疗伤，女妖对爱情和婚姻的认知已经扭曲，存在大量偏激狭隘的认识。比如“男人都是用下半身思考的”“没有男人是可以信任的”“男人都很贱，我越对他们不好，他们越是对我好”……这些判断，被网上的鸡汤给无限放大后，又被怨女们群起而吹捧，害己匪浅！请动动脑子，在网上没事就倾诉、发表评论，和陌生人相拥取暖，大家相互打气的，都是以红色性格为主，其他性格才没空去做这样的事呢！而红色又是最容易轻信别人的性格，故而，只要有一人发了个声音，恰好自己最近又碰到一些不顺，而这样的话又应景，于是，一群人火上浇油，大家奉为真理，而正是这些以偏概全的观点，导致了女妖无法与男人友好地相处。如果自己本身就没有独立的思考能力，又不能判别世上哪些观点是对的，哪些观点是哗众取宠、耸人听闻，哪些观点只是为了博取女子的好感，不能对这些绝对化的错误纠正认知，那注定一生将是无根之浮萍，难免未来再次遇人不淑。

3. 面对过往的伤痛，需要找到那些善于倾听的绿色性格的好友或专业咨询师，将过去的痛苦经历倾诉出来，不妨彻底释放。由于这类伤口比较深、比较重，一次的倾诉多半不能解决问题，需要多次倾诉。当然，最好是不要只得到“鱼”，而是得到“渔”，学会自我解剖，学会看清自己，让自己成为自己的咨询师。

4. 如果不想只是每天抱怨，还想投入爱情，可以花些时间做自我洞见。也许你会想，为什么女人也要自我洞见？该检讨和反省的应该是男人啊！是的，你唯一能够控制的只有自己，我们都无法控制别人，所以，如果我们暂时无法改变别人，就先从调整我们自己开始。对曾经伤害自己或让自己失望的那个男人，用性格色彩分析他的动机而非仅仅是行为，从而明白他当时那样做的原因和出发点，也许，分析完以后，还是无法原谅，但至少想透彻了之后，自己的内心无形中会放下很多东西，也会知道将来自己应如何避免同样的伤害再次发生。

贰·梦幻篇

写给深陷
暗恋的你——
天下最苦单相思

无论文人墨客如何用“衣带渐宽终不悔，为伊消得人憔悴”的诗句去美化，单恋者也依旧逃脱不了“我本将心照明月，奈何明月照沟渠”的惨淡，假设单恋者依旧说，自己的感觉很美好，那只有一种可能——这人擅用悲情来自我催眠和自我感动。

多数人一生中都经历过单恋，但单恋时的反应，单恋之后能不能走出，走出要花多久，完全取决于性格的不同。来看看不同性格的人在这事上的不同反应。

绿色性格：因为绿色情绪平稳，无大起也无大落，假如绿色单方面喜欢一个人，而对方并无回响，绿色根本不去表白，渐渐地，这事就烟消云散了，属于“拿得起，自己忘”。也可以说，“念念不忘必有回响”根本不可能在绿色身上发生，因为绿色实在不明白世上为何有些人一定要如此执着，每个人都有自己的归宿和因缘，成不了那也没办法，那就成不了呗！按照佛教修行来说，绿色的贪嗔痴天性最少，这几关都不需修行，便与生俱来。

黄色性格：首先会理性评估这人我到底能不能搞定。只要有机会，想方设法攻心略身，不管现在对我的感觉如何，总要设法让他喜欢我；如果判断实在搞不定，就果断放手，找下个目标，没必要在不结果的树上狂施肥，空耗时间。对暂时没征服的男人，可在心里先留个印记，日后时机成熟，假如未来自己的兴趣仍在，再杀回马枪未尝不可，这个印记又不会影响自己去搞定其他男人，是“拿得起，放得下”的典范。

红色性格的人的反应则很丰富。

如果这个红色是在宽松的环境下健康成长的，称为“原生态”，通常会没心没肺，嘻嘻哈哈，她们的人生哲学是追求快乐，一般情况下，她们的单恋坚持不了多久，逮到个机会，忍不住就冲着自己喜欢的男生表白：“欧巴，我好喜欢你呀！”一旦被拒绝，悲愤欲绝，可没难过多久，就被另一个有魅力的男人勾走了。

有的“原生态”红色，一开始发现好喜欢这个人，就会越来越喜欢，接着忍不住跟闺密们分享，每次说完，最后一句总是：“我只告诉你了，千万不要跟别人说噢。”就这样，一传十，十传百，变成众人皆知的秘密。然后，朋友们总会当着两个人的面，开些不咸不淡的玩笑，红色很受用，故作嗔怒，其实心里甜蜜。如果此男有了积极反应，红色就会抓紧，进一步推动；如果此男没啥反应，红色就会迁怒于周围的玩笑者，觉得本来有机会，都是被你们这帮烂闺密们给搞砸的。

红色暗恋的那个男人，如果还有其他女人喜欢，红色的反应往往会是两种：第一种，看不惯那个女人所有的一切，不管做什么，妖女必定就是狐狸精，有你没我，有我没你，我与你势不两立；第二种，开始自卑，怀疑自己没有勾引男人的魅力，继而完全对自己丧失信心，病急乱投医，东施效颦，听说男人喜欢林志玲，就赶紧拿着照片去医院把自己按这个模样往死里整。在这两种反应中，第一种，持续时间会很长，哪怕过不了多久，自己已经不喜欢这个男人了，但并不妨碍她痛恨那个当初和她竞争的狐狸精，这种讨厌，有可能伴随一生；而第二种，持续时间较短，典型的红色性格的人，不太容易长时间自我否定，只要得到机会被人夸，被另外的男人一追，立刻满血复活。

在单相思这事上，因为一厢情愿，长期无法走出，导致孑然一身的，最常见的是蓝色性格的人。除此以外，需要特别提醒的是，还有一种红色，也就是那些在非健康状态环境下成长的“压抑红”，与蓝色的表现有异曲同工之妙，她们要承受的痛苦、纠结以及麻烦，是其他性格的人无法理解的。

接下来，分别详细剖析。

活在过去的蓝色性格的人

茨威格的《一个陌生女人的来信》，刻画了一位蓝色性格的女性，长达数十年默默地单恋一个男人，直到死后，男人才收到她的一封信，获悉她内心的一切。

读过这本小说，你便会理解蓝色性格的女人其情感隐埋之深、对柏拉图式爱情的专注之久。曾经，我也收到过一封蓝色性格的“陌生女人”的来信，不过信中的男主角并不是我，我，只是个听故事的人。

> 我只有一段漫长的暗恋，这份暗恋如鬼魅一般如影随形。16岁那年我上高中，喜欢上同桌的他。高考结束后，他考上大学，我落榜了，我选了他那所学校的自考。三年后，他继续学业，而我选择在省城打工，因为我想离他近一点。大学毕业后，他去了上海，我回到了家乡。
>
> 虽然他离我很远，但我可从同学那听到他的消息，每年在同学聚会上也有机会见面。后来我遵从父母的建议，和一个认识不久的男人结了婚。我想要忘掉过去，重新来过。可一切却不在预料中，我结婚后仍对他念念不忘，甚至常梦到他。尽管我想做个好妻子，我想努力忘掉他，但我遇到的男人却对我百般责难，最后在一次家庭暴力后，我们离婚了。我还想告诉你一个秘密，那就是我和前夫结婚一年，但我们却没发生过夫妻关系。因为我们结婚前都没有性行为，而结婚后经验不足，几次都没成功，失败后他把责任归罪于我，说我不配合他，所以我不愿和他再同床。也许这也是我们离婚的重要原因吧！
>
> 分手后，我的每次相亲都以失败告终，也许是因为，那个找暗恋的男人的影子一直伴随着我，尤其在我几乎要忘掉他的时候，他就出现在我的梦中，有一晚，在我的梦中他再次出现，而且一晚像连续剧一样上演着各种情节。早上起来，我心情一直都不好，甚至躲在厕所里面哭。
>
> 我真的很想改变自己，因为我知道我们根本没有结果

蓝色单恋者，越是强烈地要求自己彻底忘记，越是会时时想起。

（他去年结了婚），为了父母，也为了我自己。可他却始终在我心里。有没有办法让我不再想他，不再梦到他，而去接纳别的男人呢？

蓝色的情感含蓄而深沉，当蓝色爱上一个人时，一寸相思千万绪，世间未见安排处，于是她只是默默地关注，就像《一个陌生女人的来信》中的那位女主角一样，下意识地想“离他近一点”，却从不贸然打扰。

当两个人分隔在两地后，蓝色没有做任何疯狂的举动，而是把一切压抑在心底。小说中的女主角，每年男人过生日时，会送给他一束白玫瑰。而这个故事中的蓝女，每年过年会借着同学聚会的机会，和他见上一面，始终不吐露自己的心事。蓝女是明事理的，她知道自己不该眷恋那段没有回应的感情，她也知道为了父母，应该找一个归宿，但她并没有因此而将自己的情感转移到丈夫的身上。

给痛苦的蓝色暗恋者的建议：

1. 单恋男人之所以完美，是因为两个人没有真正恋爱过，甚至连接触都不多，看到的都是优点。这种爱，其实是种迷恋。当距离消失后，你幻想的情人的光芒立刻会消失，华美的衣袍也会露出几只不经意的虱子，当你试图把一份安静的景仰变成生动的爱情时，只会让你破坏掉自己营造的虚幻美。

2. 观看影片《廊桥遗梦》。影片描述有过婚外情的女人终生难忘自己的那个情人的故事，故事本身，不是单恋，但意味深长。蓝色性格的女主角已婚，与摄影师相爱，短短几天的激情，却是她结婚多年的老公此生从未带来的，并不是因为和老公已经习惯了才没有激情，而是从恋爱开始就没有激情，老公是典型的温暾如水的绿色性格。照她的说法——怀着这份爱情，她继续尽责地做个好妻子、好母亲，直到生命的终点。对念旧且长情的蓝色，彻底忘怀过去那个曾经爱过的对象，是困难的，越是强烈地要求自己彻底忘记，越会时时想起，不如容许这个虚幻而美好的形象存在，把它当作年少时美丽的回忆，继续前行。

拿得起放不下的压抑红

有些红色，完全不像开头我提到的“原生态红”，她们从小在受忽视或受打压的环境中生长，或受巨大的外力的影响，成年后，情感表达不那么直接开放，会把单恋的痛苦长期放在心里，这种人，我们称为“压抑红”。如果不说话，看到她们，你会惊呼“压抑红”和蓝色实在太相像了，其实“压抑红”只是行为表象与蓝色类似，但内心需求还是红色性格的，简而言之，她们与蓝色的区别在于，假如蓝色单恋者是在墙角独自枯萎，红色单恋者则是不断重演飞蛾扑火的悲剧。

珊珊是性格色彩进阶课的学员，在课程结束后，她终于知道了自己的问题在哪里。

他是珊珊的初中同学。当时，珊珊与他并无交集，对他唯一的印象是他很高。大学毕业后，珊珊去上海工作，2009年，姗姗听说他要来上海工作。没过几天，下班途上，迎面走来一高个儿男人，她恍惚觉得很像，试着叫声名字，居然真的是他。这次的不期而遇，让她有点小惊喜，毕竟在上海这座大城市，马路上遇到老同学的概率超极小。从那以后，他们经常吃饭聊天，她发现，两个人在很多事上有共鸣。

珊珊确定他是自己命中注定的情人，有三个巧合起了决定性的推动作用：1.有一次看节目，主持人有段话说得特别好，珊珊就一字字打在手机上发过去，刚摁了“发送”，同时就接到对方的短信，内容居然一模一样；2.他的公司离自己的公司近，她想着要能偶遇就好了，恰好这么想之后的第二天，真的在公司的星巴克附近偶遇；3.珊珊下班坐地铁换乘，需经过人民广场站，他也会在那儿换乘，珊珊有时想，人民广场那么大，高峰期那么挤，这摩肩接踵的人流中如果遇到他，就是真缘分，结果，真遇到了。

一段时间后，珊珊觉得该更进一步了，但他不进不退，珊珊不知怎么办。终于，她忍不住打电话向他表白，希望再进一步，他说：“现在这样已经是最好，进一步就会破坏这种完美。”珊珊受不了，冲到他家楼下，打电话说："我要上来见你。"电话那头他有些慌乱："你先别，我现在有些事情，你等着，我下来接你。"珊珊瞬间冷掉，凭直觉，她觉得他家里有别的女人。她走出小区，找了间咖啡厅，坐下等待，过了十几分钟，他来找她，在咖啡厅里聊了会儿。这次交谈毫无结果，她说不出口"你家里是不是有人"，他也不提家里的事，两个人胡乱聊了些别的，她的眼泪在眼眶里打转，就这么了结了。

之后，长达 5 年，珊珊不再与这个男人见面，但心中却无法忘怀，每次听说他的消息，内心都有不甘，这令她怀疑自己对男性的判断，甚至影响她接受新的男人。

从珊珊最终忍不住还是向男人主动表达爱慕这事，就足以判断她只是个假的蓝，即便她在前期忍了那么久，最后还是晚节不保。看到这儿，有些女孩会嘲笑她，早知如此，还不如一早就向人家表白，省得累了这么久，珊珊其实正是个被压抑的红色。很多内心传统、观念很强的女子，都觉得这个世界理应男追女，当喜欢上一个男人时，就会用暗示等各种貌似"很蓝色的方式"去表达。

在参加课程前，珊珊看了《色眼识人》，判断这个男人就是蓝色性格，因为他对情感的表达方式间接含蓄，既然他是蓝色，那么一直不肯主动表白，当然该由我自己来戳破喽！研讨会后，她重新洞察，发现原来真实的他其实是红色，过去对他的判断和理解完全错误。后来，她从同学那儿得知，他其实一边与她暧昧，一边与其他女同事纠缠不清，他所说的"完美距离"，其实是希望两边的情感都能得到，本质是红色性格的人的情感漂浮不定，脚踏两只船。假如他真的是蓝色，在不确定可以开始这段感情前，根本不会释放暧昧的信息。当然，假如他真是蓝色性格，那些让珊珊所惊喜和意外的小动作也不会发生，因为蓝色性格的人不喜欢给自己或别人制造意外。洞悉这一切，珊珊的心结解开了。

由于天性浪漫爱幻想，有时红女会为自己凭空想象出很多情节，将几个巧合归结为上天安排。当对方只是释放出丝丝暧昧时，红女早已泥足深陷，掉进自己给自己编织的梦。

当对方只释放出一些暧昧的好感时，红色性格的人早已泥足深陷，掉进了自己给自己编织的梦境里。

看起来，她还不算心甘情愿地爱着她永远得不到的那个人。一场真正痛苦的单恋，在最高形式上也包括拒绝别人的拒绝，靠着渺茫的“爱的付出必有回报”的暗示来励志，靠着无尽的痛苦期盼来支撑。有时，暗恋者的情形是，当某人越强烈地吸引自己，越会一厢情愿地相信这种感觉是双方的，而拒绝承认感觉仅仅只是单方面的。

有时，她们付出并无回报的爱，只是因为，想当然地假设对方也和自己有同样的感受。更悲哀的是，她们常常希望别人同样回应自己单方面的爱，可惜总被自己精心制造出的执着的爱的假象所愚弄。

好在，珊珊的暗恋还没有那么严重。像她这样的“压抑红”的单恋者，最大的痛苦并不在于过去那个人多么完美，而在于她在过去那段情感中，有些疑点没有解开，有些纠结始终困扰着她，这些委屈、伤心、不甘的情绪，才是她走不出来的真正原因。

独嘉秘籍

在本文最后，给天下所有仍旧痴迷于暗恋的人，送上独嘉秘籍。

第一，在19世纪的阿拉伯诗歌中，经常会赞美那些自愿勇敢接受单恋的痛苦和辛酸的人，那时的人们觉得，理想中的恋人遥不可及，真爱就是对理想中的爱人要有不求回报的奉献精神。请记住，那是19世纪，如果你这么沉醉于自己营造的单恋的悲剧美和想象美，请火速穿越到那个时代。

第二，要经常认真学习阿Q，每天对着空气大声呐喊，“人生自是有情痴，此情不关风与月”，我爱你，与你无关；我爱你，就是为了自己意淫。没事想想胡适的诗安慰自己，心里也会平衡很多：“也想不相思，可免相思苦，几次细思量，情愿相思苦。”因为，爱情中的苦并不来自“爱”，而是来自“求”；你并不因付出而苦，而是因得不到而苦。你心里想的是，“我要你爱我，我要你回报我的爱，我要‘你对我好’比‘我对你好’更甚”……如此这般，难免煎熬如影随形。世间之事，常事与愿违，求而不得，必定心生烦恼，所谓“有求皆苦，无求乃乐”。这就是为何很多人在情事遇挫时，赶紧去怀抱大量佛经或心灵疗愈的书，其实定睛一想，心理的苦楚并未走出，只是当时对安慰的渴求确是迫切，管它什么，先拿来取暖求安慰。

第三，尝试把对一个人的仰慕变成使自己更好的动力。鉴于世事难测，你这场单相思的最终结果谁都不得知，你若当下暂时走不出来，被自己的单向爱情深深感动和痴迷，那也要学会别浪费自己的时间，最让人懊悔的结局就是，除了曲尽人散空别离，只能空叹悠悠我心奈何天。比如，你仰慕某个高富帅，可人家有女朋友，根本不搭理你，但是你还是好生仰慕他，那怎么办？听传闻他自己说喜欢大胸，那好，就在仰慕他的那段时期里，努力天天去训练，把他当成你的人生动力，把自己的胸给搞搞大，有一天，即便你已经对他没兴趣了，但胸器归于你，依旧可媚惑天下，多好。而当你暗恋的那个人发现你因为暗恋他而越变越好，他也会觉得自己的存在给了你动力是件很有成就感的事。

第四，最优秀的并不等于最适合的。男女调情时常问，你为何爱我啊？我以为最糟糕的回答莫过于“因为你优秀”，除了黄色性格认为强者值得尊重值得爱，其他性格的人并不愿意仅仅是因为自己优秀才被爱，因为优秀本身是个变量，有朝一日你不优秀了怎么办？遇见更优秀的怎么办？当优秀被放大成核心条件，难免让人怀疑爱情本身的真诚。优秀对当下的婚姻而言，也许人们认为是重要的，但并非是你获得一生真实幸福爱情的必要条件。除非你实在扛不住压力，身不由己，结婚的目的是给别人看，否则绝对犯不着牺牲自己一生的幸福与快乐。何况，你遇见的，只是你当下认为优秀的，在你的一生中，这个世界上至少有八万四千人适合你，你要做的，就是慢慢试呗，把这些人中的任意一个找出来。

以电影《半生缘》中的台词结束此文：我要你知道，这个世界上有一个人会永远等着你。无论是在什么时候，无论你在什么地方，反正你要知道总会有这样一个人。

我要你知道，这个世界上有一个人会永远等着你。
无论是在什么时候，无论你在什么地方，反正你要知道总会有这样一个人。

写给寻觅感觉的你—
最让人搞不懂的择偶条件

两个人没能继续下去的理由中，“没感觉”这条名列前茅。到底“没感觉”是种怎样的感觉？说这话的人需要感觉到什么感觉？这的确是个问题。

很遗憾，说“没感觉”的人憋了半天，还是讲不清道不明到底啥是她要的感觉；而听的人也不得其法，想来如果直接说这个男人矮矬穷，显得不厚道，而“没感觉”这三个字，短小精悍，可解百毒，拒绝对方乃上好佳品。

有些人或许觉得说“没感觉”有些矫情；但平心而论，对另外一些人，世上很多东西的确只可意会，虽然摸不到，可不代表“感觉”不存在。

其实男女之事，大多感觉首先建立在外表，通常一面之间便有数。第一面让你心旷神怡，未必和你白头到老；第一面让你大倒胃口，多无机会和你厮守终生。从人性来讲，很多时候“感觉”其实就是原始性冲动，最初两性相吸引，都起源于原始性观念。你看到这个人，心底会不会有继续亲近的欲望，这种感觉，只是我们既不好描述也不好提及。

除了人性最核心的需求，现在，你须问自己，当你经常说“感觉”时，你知道“感觉”是什么吗？

按照 FPA 性格色彩的原理，感觉多必然感受多，感受多必然情绪多，情绪多必然情感多。

兹事体大，容我花点时间仔细阐述。

宿舍里四个同学看《来自星星的你》，见“敏俊西”从天而降，挡在女主悬崖车边，煽情的音乐走起，四人反应不同。红女情感丰富外露，痛哭流涕，被剧情打动，已全然入戏，并迅速带入，什么时候这能是我的爱情啊；蓝女情感细腻内敛，强咬嘴唇，内心翻江倒海，外表不动声色，极力克制，思考什么是真正的爱情；黄女情感不动，一边看，一边想，这剧拍得不错，剧本是谁写的？发现红女死去活来，鄙夷地说“哭什么哭，这是电视哦，犯不着这么夸张”；绿女情感平静，反正陪大家一起看，大家都哭，不妨陪着伤感，反正和我没关。

故此，总把“感觉”二字放在嘴边的，是红色和蓝色的专利，那是因为这两种性格的人情绪波动最大，感受最为丰富。相比之下，黄色和绿色的女人，不易被情感和情绪所干扰，她们的感受没那么丰富，提“感觉”二字的频率远不如前两者高。

绿色的没感觉——你有感觉，我就有感觉

绿色性格的人，最在意人际关系的和谐，凡是有可能引发冲突的，在此前就努力将紧张消弭于无形。可因为她们天性不够细腻，感受迟钝，不仅揣摩不出对方在想什么，就连揣摩的欲望也没有。

绿色相亲后，你若问她“感觉如何”，她的回馈就是平静地说“还行吧”或“噢，先交往看看吧”。

有趣的是，绿色的感觉强弱与否，是以他人的感觉为准，正所谓“人强我就强，人弱我就弱，人有我就有，人无我也无”。

樱桃在成都工作，生性温顺，来者不拒，每到周末就收拾整齐去相亲。相完后，介绍人问：“感觉怎样？”她说：“还行。”介绍人追问：“还行就是想要下次再见面啰？”她憋了半天憋出一句：“嗯，那，他感觉怎么样呢？”如果介绍人说：“他感觉你很好，很喜欢你。”樱桃就会说：

“嗯，那，不错呀，我也觉得他蛮好。”如果介绍人说：“他觉得还可以吧，就是你太文静了，都不讲话。”樱桃就说：“哦，那，我就是这个样子，我也没有办法。”总之，你要想问出她自己的感觉很困难。

后来，樱桃谈了半年恋爱，对象说：“都半年了，该结婚了，我去你家乡见见你爸妈吧？”樱桃就把这个男人带回了家。一进门，发现男人个子矮，长相一般，老妈的脸就拉长了。老爸客气地聊天后，发现男人来自偏远山村，家里拮据，老爸也不讲话了。在这个男人感觉气氛很冷，努力想说点笑话来调节几次后，依旧不幸屡屡失败，午饭后，匆匆告辞。樱桃送走男友后，被爸妈警告：“不要再和这人来往！”樱桃没答应，也没反对，心里在想：“这人挺在乎我的，我要跟他分手，他不是会很伤心吗？”

回到成都后，男人约樱桃见面，樱桃推说忙。约了几次无果，男人也不再约了。介绍人又打电话给樱桃：“你们俩怎么回事？他居然跟我说，对你没什么感觉了，怎么搞的？”樱桃听到这句话，竟大大地松了一口气。又过了一阵儿，两个人连电话和短信都没了，樱桃便翻过了这页，心里也没多大的感觉。

大龄单身女子中，绿色比例最少，是因为绿色本身欲望和要求就少，不会凭借飘忽不定的感觉来挑选伴侣，也不像黄色那样坚定地发展事业，又愿意听从家人朋友的指点建议，所以，很容易就把自己的终身大事给解决了。

黄色的没感觉——无法量化的纯感觉根本没用

红色和蓝色在相亲中，很难找到“有感觉”的那个人，有个共同原因。因为相亲是以结婚为目的的相识，而这两种性格，天生目的性都不如黄色性格强。

黄色太清楚自己要什么，只要拿到最重要的东西，其他都无妨，可待以后修正。相亲前，就会清楚此行的目的，一般不会无目的地空谈。如果遇到黄男，那个爽快，恨不得五分钟内决定要不要见下一次。如果碰到红男，黄女就会变身主持人，时刻把话题拉回主干。所以，黄女擅用的择偶法就是，衡量各种条件是否合适我，如果不错，就处处；如果不合适，咱就甭浪费彼此的时间。

假如需要尽早完成婚姻，唯有黄色可把它当成一件任务去完成。即便黄女对相亲不感冒，对频繁相亲的人鄙视，但假如黄女自己此时有强烈的欲望要完婚，同时，她如果也认为相亲是她最有效的选择对象的途径，她会毫不犹豫地拿出创业的心态投入相亲大业。

> 朋友是家相亲网站 CEO，每次和新合作伙伴见面，都要讲述他的网站一名极品女客户的“战绩”。极品女来注册时，42 岁，因忙于事业，还没结婚，来这里是决定腾出一部分工作时间，把结婚这事情搞定。她先成为高级会员，花了一个月，扎在网站里做数据分析，什么样的男人资料最真实，什么样的男人可能隐藏了实力，什么样的男人可能在吹牛，然后给自己搞了个排序，按照自己最在意的条件一二三来排，最终筛选出符合基本条件的 300 个男人，逐个约见，一周见 4 个男人，一年见了 200 个，第一关通过的大概有 30%，进入第二次见面环节。到最后，符合她的终极标准的，交流了较长时间的，只剩下三个人，这三个人她分别约不同的日子，带对方见了自己的爸妈，综合爸妈的意见，最终圈定了一个，结！

斯巴达三百勇士啊！女人“选妃”勇猛丝毫不亚于男人。讲到这儿，想必红女早已受不了，蓝女也充满不解，为何这位神女能把约会当成 ISO 标准来考核、打分和评选？犹如在菜场挑菜，爱情还能有什么感觉？这就是性格的不同。

在意“感觉”的红色和蓝色，觉得她们自己只要感觉而已，殊不知，即使再困难的条件也有客观衡量的标准，对神圣的爱情而言，当然无法

黄色太清楚自己要什么，
只要确定最重要的东西，
其他都无妨，可待以后修正。

量化，但对婚姻这个在当下依旧需要很多世俗条件影响的东西，无法量化的“感觉”，其实才是最难的。

黄色，以目标为导向，重视事情的结果，忽视感受，为了目标，她们常瞬间杀情绪于无形（详见《色眼再识人》之“让感受去死”）。黄女擅长抓大放小，如果对面的男人在她看来能让自己有棋逢对手的感觉，一些在其他女人看来不舒服的感受，她会忽略不计，根本不会在意；而如果她拒绝一个男人，必有明确的理由，并且可准确简洁地直接说出。

红色的没感觉——感觉就是被呵护和被照顾

红女内心有个小秘密，就是希望全世界都把自己当成公主对待。从小时候起，公主与王子的梦幻童话就让很多红女中毒，这种渴望会以各种不同的包装出现，譬如，有的说“我不美，但我的内心纯净，在现在这个社会少有，我希望他能发现并珍惜”，有的说“我外表是女汉子，内心其实住一个小女孩，我希望他不要被外表迷惑，能看到内在的我”。你从字面分析，似乎女人心海底针，阴晴难测无法捉摸，事实上，都是假象，红女其实根本没那么复杂，她们就是需要一种自己被捧在手心的感觉和细心的呵护。

1. 红女要的第一种感觉：爱我疼我宠我

一家广告公司的运营总监娜娜说：“我离婚7年了，这7年来，我也耍过男朋友，我也伤害过别人，别人也伤害过我，我是真的想找一个爱我、疼我、宠我的男人过日子，要有这种感觉，是不是太难呀？我身边的朋友都笑我，说我都33岁的人了，怎么还幻想爱情？可能我们这个年纪的女人看了太多的琼瑶小说，一直都是相信那种纯真唯一的爱情吧！我是不是太傻了？”

《河东狮吼》里的月娥说，从现在开始，你只许疼我一个人，要宠我，不能骗我，答应我的每件事都要做到，对我讲的每句话都要真心，不许欺负我，骂我，要相信我，别人欺负我，你要在第一时间出来帮我，我开心了，你就要陪着我开心，我不开心了，你就要哄我开心，永远都要觉得我是最漂亮的，梦里也要见到我，在你的心里面只有我，就是这样了。

江湖上流传的“女人想要找个如父、如兄、如子的男人”，指的是像父亲一样宠溺她、像兄长一样心疼她、像儿子一样无条件地爱她的男人，这恰好满足了红女的需求，现在你知道为何这话会被流传这么广了吧!

2. 红女要的第二种感觉：细心照顾

> 在奢侈品零售业做店长的艾米莉说：“相亲多次都没感觉，前几天公司开部门会议，我走进会议室，刚坐下，一个新来的男同事对我说：‘别坐在风口上。’我抬头一看，原来我刚好坐在空调出风口下面。瞬间我有一种被‘Shock’的感觉，觉得他很会照顾人，很细心。可惜他已经有女朋友了。其实我要的就是这种感觉呀！为什么那些相亲的男人不能给我呢？”

恋爱经验不丰富的单身男人，要做到细心照顾女性比较困难。对这方面特别在意的女人，往往容易被已婚男人或名花有主的男人吸引，除非遇到蓝男。不过蓝色在相亲时也不会展露自己细心照顾对方的特质，彼此不熟，没探测过对方的底线的情况下，蓝色不会贸然行动。

有时，红女自己也搞不明白，其实她的这些感觉并不简单。譬如，“宠我”，那还得看你有没有资格宠。因为红女自己最搞不清楚自己想要什么，她什么都想要！从学历到身高，从财力到长相，甚至身上的气味也会是她们的标准。红女最容易挑剔和嫌弃别人，自己身上的问题那

爱我疼我宠我

都不是问题，是事出有因，你爱我就得完全接受我，但你身上的问题，那可就都是问题喽！

常听到红女相亲后的说辞：“这人工作嘛，还行，就是长得抱歉”“这人个子还行，就是秃顶”“这个人其他方面都很好，唯一的问题是离过婚”“这人看起来蛮顺眼的，但半天憋不出一句话，要闷死的”“那男的满脸冒油，怎么亲得下去啊！”“居然白袜子配皮鞋，品位太差了”种种，红色最易站在审判者的角度，却往往忘记了自己其实也会被审判。

蓝色的没感觉——任何感觉都需要细腻的体察

本文重点谈谈蓝女的感觉。

蓝女会从细节去观察一个人，尤其当她们对某人留心以后，会更细致地去揣摩他的想法，她们以己度人，觉得对方也会这么做，一旦发现并非如此，便会失望。

> 丁丁和一个男人经朋友介绍认识，男人开朗成熟有幽默感，丁丁欣赏这个男人的见识，以及他性格中与自己不同的地方，对很多事情，丁丁容易悲观，但男人很乐观，能把她从负面情绪中带出来。以丁丁的性格，能有第二次见面，说明感觉OK。两个人掰掉是因为一件小事。
>
> 有一次，丁丁工作特别忙，她精心选好了一家餐馆，跟男人说：“那个地方不能预约，你先去等位，我预计7点半到，如果7点15之后有了位子，就点菜吧！”7点半，丁丁准时到，男人也已经在位子上，菜也点好了一会儿，刚好可以上菜。丁丁看着菜一道一道地上来，发现其中并没有自己爱吃的菜（之前她和男人一起吃饭每餐必点的），内心有些失落，但什么也没说，还是对每道菜都动几下筷子，只是吃的量比平时明显少了一些，男人问她“是不是胃口不好”，

> 她说"不是"。男人说："是不是我点的菜不合口味？要不你再点几道？"她说："没有不合口味。"男人说："是不是这里的环境气氛你不喜欢？要不我们吃完换一个地方再坐坐？"她说："吃完我就要回去加班了。"男人搞不懂她在想什么，但总觉得什么地方不对，吃完饭以后，男人想送她回公司，她婉拒了。后来，男人再约她，她便不肯出来了。男人不死心，拐弯抹角地花了很大力气，托她的朋友去问她，到底有什么地方不满意，她只回了三个字："没感觉。"

与红色不同的是，蓝色的"没感觉"，并不是期待对方为她创造一种怎样的"感觉"，而是希望对方感觉到她的感觉。

比如这个丁丁，她跟男人吃过几次饭，男人爱吃什么，不吃什么，记得非常清楚，她认为男人如果在意她，定会把她的喜好记清楚。当她让男人先点菜时，理所当然地认为男人会点她爱吃的菜，当她发现没有时，内心双重失落——男人竟是个不懂察言观色的人？抑或他根本不在意自己的喜好？更糟的是，男人发现她吃得少了，不断猜测她不满意的原因，却一个也没猜对，这更让她觉得，两个人难以交流，遑论默契，于是得出"没感觉"的结论。其实，这事也许有另一种可能，男人是红色性格，对红色而言，享用美餐，最重要的是体验，要吃到之前没吃过的好东西，不点之前吃过的菜，只是出于追求新奇而已，不能跟"在乎不在乎"画上等号。遗憾的是，由于她"没感觉"的定义，两个人已经没机会了。

那么，到底蓝女要找的男人是怎样的感觉呢？

第一，蓝女对男人身体的要求

蓝色最大的麻烦在于坚持完美主义，择偶上无法跳出自设的陷阱。红女会觉得后面可能有更好的人在等着她，蓝女会觉得现在接触的这个人无法达到自己的要求。两者的差别在于：红色如果找不到更好的，可

蓝色的“没感觉”并不是期待对方为她创造一种怎样的“感觉”，而是希望对方感觉到她的感觉。

以暂时先谈着，骑驴找马，总比一个人痛苦孤寂好；而蓝色如果认为这人达不到自己百分百的要求，为了她在精神世界中所憧憬的那个人，她愿承受煎熬、压力和痛苦，宁可永远一个人。

蓝女选择的标准复杂而多样：她们未必喜欢施瓦辛格的肌肉，但感觉上希望宁可瘦削也不可大腹便便。气质上，对梁朝伟无比向往，不多见蓝女对小鲜肉钟情，她们会在意外界的眼光，也许她们钟情的是男性的成熟、深邃和含情脉脉；而红女对肌肉男的喜好远胜于蓝女，那是因为，蓝女骨子里认为，面子和里子不可共存，肌肉发达的人倾向于头脑简单，宁可要思想深邃的病夫，也不要思想空洞的肌肉男，那会让自己很肤浅。

第二，蓝女对男人的气质的要求

蓝女是四种性格的人中最为保守的，她们不仅羞于交流，而且耻于交流，由于她们的保守，她们不希望在婚姻中寻找太张扬的男人。她们天生就认为世界上漂亮英俊的男人不可靠，没有安全感。红女是四种性格的女人中最好色、最为“外貌控”的，她们喜欢外在美，容易被颜值吸引；黄女通过掌控一个外表有震撼力的男人，也可凸显自己的成就；绿女本身对什么都无所谓；唯独蓝女最麻烦，欣赏美丽的外衣，对感觉无比重视，可惜缺少安全感，自信不够，不敢下手，另外，她们比其他女性有更强烈的要找老男人的倾向，在这个问题上，蓝色不如黄色大气，所以，大凡蓝女，少有被人们评价为大气的。

在气质上，蓝女的选择性宽泛。

她们的悲观，让她们非常喜欢红男的激情和快乐，因为她们也不希望自己永远是低沉、死板、固化的，她们虽然不喜欢红色的疯癫和炫耀，可她们需要红色的激情和生命的张力来解冻自己。

她们钟情于蓝男的精深。如果说红女对蓝男的思想是崇拜和痴迷，蓝女更多的是在比她更强大的蓝男身上感受到蓝色的力量，是欣赏和瞻仰。

她们对黄男的自信和执着非常佩服，尤其有时黄男傻乎乎的愣会对蓝女有超乎寻常的吸引力。

她们看待绿男，只有绿男的平静才能让自己彻底安静。如果说红女喜欢绿男，是因为懂得宁静的意义，那么，绿男对蓝女，意味着“我终于知道我安全了”，记住此处是“安全”，而非“幸福”或“超脱”。

在气质方面蓝女有以上特点，但看来看去，梁朝伟就是标准的蓝色大众情人，具备所有蓝色喜欢的气质，“柔美、忧郁、艺术气息”，相比之下，《加勒比海盗》中的约翰·戴普，或是《黑客帝国》中的基努·里维斯，虽然他们一样有某种相同的蓝色气质，只是他们的狂傲不羁相比梁先生，还是斯文的力量似乎更大。至于汤姆·克鲁斯这等红色，则属于可远观而不可亵玩焉，就像你很少听到蓝女说，她的梦中情人是喜剧笑星金·凯瑞。所以，在这个世界，悲剧对蓝色来讲，更有吸引力。

这篇文章，只是希望你能正视自己的感觉，并且安心区分哪些感觉是正确的，是自己必须要的；哪些是你自己造出来，可有可无的。因为你经历的情感越多，见的人越多，你越会发现不可能找到一个能理解你的所有感觉的人。

随着你的成熟（与年龄无关），你也会发现你说“没感觉”的时候，只是你放大了自己的感受而已，当你放大了自己的感受，你会对那些你以为不尊重你的感受的人不爽，其实，那是你的问题，并不是别人的。

正在阅读本书的你，是一个有智慧的男人，想和不同性格的女子友好相处，只须懂如下规律：红色的择偶条件是宠我，蓝色的择偶条件是懂我，黄色的择偶条件是合适我，绿色的择偶条件是主动约我。故此，追求不同的女孩，对于红女，你要营造她要的感觉；对于蓝女，你要感觉她的感觉；对于黄女，你要诱惑她的感觉；对于绿女，你要带动她的感觉。

写给挑三
拣四的你——
你知道自己
在挑剔什么吗

网上有则试图证明女人比男人更挑剔的笑话，如是说：

> 一家帮女人挑男朋友的店开张了，店门口写着“一人进一次，共六层，楼层越高男人越好，你可在任何一层挑老公或继续上楼，但不能回到从前。”某女来找老公。一楼写着：这儿的男人多金，女人看也不看就往上走；二楼写着：这儿的男人多金、帅哥；女人继续向上，三楼写着：这儿的男人多金、帅、才子。啊噢！她叹道，但仍强迫自己往上爬。四楼写着：这儿的男人多金、帅、有才、肌肉发达。哇！饶了我吧！女人兴奋得腿软！她仍然努力爬上了五楼。五楼写着：这儿的男人多金、帅哥、才子、肌肉发达，是做爱达人。女人不想走了，但想了想，仍满怀期待地走向最高一层。六楼出现了一面显示屏：你是本层的第 123456789 位访客，这种男人不存在。谢谢光临……不久，一家帮男人找女朋友的店在对面开张，方式与前者一模一样。一楼的女人漂亮胸大，结果，一半男人进去了；二楼的女人漂亮胸大，脾气温和，结果，三楼以上就从来没男人去过……由此可见，女人确实比男人挑剔！

这个笑话曾在男性中流传甚广，在女性中则毫无市场，不仅是因为笑话里偷换了基本概念，而且还忽略了两性在扮演社会角色中的不同要求。

社会生物学早已告知，生物体以 DNA 为原始驱力，DNA 盲目地想制造更多 DNA，两性在这方面有不同的生殖策略。负责生育的雌性，需要一个体贴可靠的性伴侣，而非众多性对象，这样才能使她的 DNA 传播；反之，雄性最大的生殖成功，是到处播种，让更多雌性生出更多含有自己DNA的后代。故此，女人那么“贪心”，是因为她想和一个男人过一辈子，不愿再找其他男人；男人那么容易“满足”，是因为他们就算先找到一个差不多的，以后也还有机会再看其他的。所以，平心而论，与其说女人比男人更挑剔，不如说女人更谨慎，女人天生就没挑太久的资本，被年龄这一关压着。

另外，古往今来，对女人的情感包容度较低。男人结婚后游戏爱情，人们会觉得是因为他有本事潇洒。女人结婚后，若有丁点儿不忠，难听的话更多。在中国社会，男人婚姻解体，再走入下一次婚姻不难；女人婚姻受挫，进入下一次婚姻难度相对加大。事实上，多见中年离异后一生不再嫁的女人，少见中年离异一生不再娶的男人。

所以，凭这个笑话就说明女性在择偶中无比挑剔，并无说服力。到底现实中，女人真实的“挑剔”会以怎样的形式展现呢?

红色性格的挑剔：他真是我要相守一生的人吗?

玲珑相亲了几十次，也没看上对方，朋友们都说她太“挑剔”。终于她决定和一个男人试试看，往结婚的方向发展。但约会了一段时间后，忍无可忍。

> 现在我的对象是网上认识的。他34岁，没车没房，在公司做管理。我接受他的原因是他上进，有追求，做事有主见。但在相处中，我渐渐失去了耐心。我不停地反问自己，他是我要的一起到死的另一半吗？我很迷茫。
>
> 他喜欢收藏手表，从20世纪30年代的古董表到已经停产的机械表，虽然单价不贵，但是有60多只，加起来钱数也不少了。当他像孩子一样向我炫耀时，我没说话，我想以后他只要对我好就行了。可能是我太小看生活的琐碎了，他有全套男士护肤品，偶尔也会敷面膜，冰箱里还有他的口服维E。可能是我之前从没见过这样的男人，我觉得他太爱自己了。

难道男人不该是挣了钱就给老婆买化妆品和包包吗？怎么变成给自己买手表和护肤品了呢？我和他一起吃饭，总是我给他夹菜，他从来也不知道夹给我，有一次我接了个电话，讲完以后一看，他已经把最贵的那道招牌菜吃没了，我感到很无语。他还总说跟我一起吃饭特别香，心情特别好，我简直欲哭无泪。难道要他多放点心思在我身上就那么难吗？

有一次陪我上街买衣服，进了服装店，我随意试穿了几件，他居然把衣服的价格标签翻出来，一件件看，我当时就忍不住拉脸了，没和他招呼，转身就出去了。过了半天，他追上来，问我怎么了，我气得什么也不想说。事后我想，他看价签，让我觉得在售货员面前丢人还在其次，更重要的是，他给自己买东西时那么大方，陪我逛却这么计较，分明是不在乎我。

我知道我跟他只是开始，还没走进婚姻，现在就有很多地方无所适从。我不知道是我一个人生活久了，还是因为他的确是我没见过的类型。是因为他只对自己好，对别人不会好？还是因为我就不是他想要去付出的女人？我是想找一个男人共度一生的，如果他这样的男人不适合我，或相守不了一生，我愿意早点了断，毕竟我也是拖不起、伤不起的女子。

后来，他买了那件衣服跟我说道歉，可我跟他说我要冷静一下，他说好。现在我们已经彼此不联系将近一个月了，看来这段关系已经结束了。只是我觉得心里很堵，怎么会遇到这样的人，还是说现在的单身男人都是只会爱自己不会爱别人的？

乍一看，玲珑抱怨的只是男人在生活细节上的缺点，诸如爱给自己买东西、喜欢打扮，陪她逛精品店时关注价格标签。仔细看，你会发现红女关注的重点，是落在男人“不疼爱她”“只对自己好”上。其实红女所挑剔的，并非男人的举止，也不是男人送她多贵重的礼物，而是他

红色性格的人从来不觉得自己在挑剔。
红色耳根子软，90%的看法取决于
亲爱的红色最近又交了些什么朋友。

有没有关注她的感受。

事实果真如此吗？如果玲珑换位到这个男人的角度，会发现那个男人也许只是典型的红色性格而已。喜欢收藏自己感兴趣的东西，为了喜欢的东西可以不考虑代价，向女友炫耀自己的收藏，仅仅只是希望分享快乐而已。红男不够细心，吃饭时只要跟喜欢的人在一起，吃嘛嘛香，但却没发现，类似“夹菜”“留菜”的体贴细节，的确是玲珑非常在意的，遇到这种问题未必一定要急迫地扣上“自私自利”的帽子，也许是生活习惯，也许是性格，但没必要随时举起道德的大旗。

换言之，如果她能在自己看对方不顺眼时，回归理性，稍微平静一下心情，换个角度去看，也许会发现，她所挑剔的这些细节，并没有多么难以接受。如果这个女孩是绿色性格，相反，也许还会觉得这个男人有些傻得可爱。不同性格的人看待问题的角度不同，看出去，确实截然不同。

需要提醒的是，在红色性格的人“挑剔”这事上，除了本人，还有另一群人也在扮演相当重要的角色，那就是红女的闺密团。

红色耳根子软，容易受到耳边风的影响，很多时候，她认为自己只是按照绝大多数的标准在要求对方，而这些标准并没什么数据分析，只是几个闺密共同的看法而已。而这个看法很容易演变成一套标准；不幸的是，这套标准时常会变，怎么变，取决于红女最近又交了些什么朋友。

红女如果最近交的都是帮酒肉朋友，那么，这个相亲对象有没有趣，好不好玩，能不能大方地埋单，都会成为她们挑剔的内容；而红女最近交了帮自认为很有艺术气息的朋友，那么，这个相亲对象认不认识达利，听不听马勒，看不看伍尔夫，分不分得清布莱希特与斯坦尼斯拉夫斯基就很重要。所以，红女的“挑剔”，常源于她能不能因为这个选择在朋友那里“扎台型”，有拉风感，显得找到这个男朋友是无比英明的选择，这一切的一切，都是因为红女很重视朋友的说法，受身边人的影响很大。

蓝色性格的挑剔：福尔摩斯附体

千代，芳龄37岁，给她介绍对象是个困难的活儿。有一次，约会对象请她去家高档西餐厅吃饭，吃完回来，我问她咋样，她说："那家西餐厅最好吃的甜品舒芙蕾，是需要提前三小时预订的，他没订。"我说："没订就没订呗，约会重在聊天，吃什么不重要啦！"她说："如果不吃那道顶级甜品，就没必要去那家餐厅，隔壁马路有家环境更好的西餐厅，价格便宜四分之一。"我说："你不会因为这个，就否定那个男人吧？"她说："人是不错。"过了两个月，我再问她，和那个男人发展怎么样，她说那之后就没再见面，我吃惊地问："难道就因为那道甜品？"她说："总觉得少了点什么。"

后来千代又被介绍了一个号称有品位的人，从国外回来，做进口食品生意。相亲完，她保守而全面地评价了这个男人，最后告诉我："其实那顿饭我没有吃好。"我说："为啥？"她说："他走进来，拉开凳子坐下，把又大又沉的公文包放在侧面的椅子上，跟我的坤包放在一起。"我说："那又怎么了？"她叹了口气："那个公文包不该放在那里。"在我再三追问之下，终于搞明白了她郁闷的原因。她的逻辑是：

1. 公文包又大又沉，他把这个包从早带到晚，不可能每到一处都抱在怀里，难免有时会放在地上。

2. 公文包放在地上，地不一定干净，即使看起来干净，有可能用拖把拖过，同一把拖把可能拖过厕所，沾染上洗不掉的细菌。

3. 公文包在有细菌的地上放过，有可能也沾染了细菌。

4. 公文包跟我的坤包放在一起，放的时间越久，越有可能让我的坤包也沾染上细菌。

5. 我跟这个人第一次见面，彼此都还不了解，如果我把我的坤包拿开，他可能会误解我的意思；如果我解释说他的包可能有细菌，他可能会误会成别的意思。

蓝色的挑剔，那是骨子里的真挑剔，因为她们既敏感又善于推理，所以会较多发现事物不利的一面，但她们只是在挑剔细节本身，而非短时间内，就对人有主观、负面的看法。在男女早期试探性相处时，蓝色不会把自己的挑剔告诉对方，因为蓝色表达谨慎，要先确定可以把话说多深，所以，蓝色的“挑剔”往往只是影响了自己的心情而已。

假如运气超级好，也许蓝女会遇到能满足她的所有要求的那个人，但多数男人都禁不起那样挑，所以，蓝女往往独自寂寞。

蓝女的“挑剔”，往往从感觉不舒服开始，但这个很难把脉，怎样才能让她舒服，得靠你自己去猜心。但还没等你猜到，也许她已经不舒服几个轮回了。所以，如果蓝女在恋爱中表现得不那么挑剔，要么说明你做得好，要么只能说明她在忍，蓝女的整体快乐指数不高就是这个原因。许晴曾说她自己的妈就是那种感情有洁癖的人，那年，家里发大水，收拾过程中，父母眼神有个交汇，她妈就说她爸的眼神里已经没有爱情了，必须得分开，然后，就分开了，就这样，分开了?! MY GOD，因为一个眼神就选择结束，这种神奇的故事，你这辈子也只能在蓝色性格的人那儿听到。

黄色性格的挑剔——不是我挑，是他配不上我

黄色的世界，非黑即白，是非对错，一眼就看得出。黄女找对象，也具有这种高速的判断力，但她在意的，不是蓝色的那些细节，而是对方的整体实力，以及所有能体现他的实力的潜在因素——如智商、情商等。

西西里在国际知名企业工作，颜值不低，工作能力出色，追求者众多，但就是一个也看不上。有一天，同事给她介绍了一个高富帅，他开了家代理进口健身器械的公司，本人还是个业余马拉松运动员。高富帅一见西西里，便被她高贵冷艳的气势震住了，尝试了几个普通的话题，比如“平时忙什么”啊，“有何业余爱好”啊，她惜字如金，一两个字就把问题回答了。他想可能她不善言谈吧，但是不能冷场啊！还是要找一些有意思的话题：“哎，那个，你们公司那个LOGO上的那匹马，是向左奔跑还是向右啊？”此问题纯属调侃。但西西里一听这话，心里立刻给这个男人打了个“X”——问这种问题，未免智商太低了吧！于是淡淡地说：“大概向左吧，我也没太留意。”高富帅见她语气冷淡，觉得很无趣，心想也许应该再换话题来搞笑，所以故意提了好多关于时尚的外行问题，想逗她乐，但她回答的语气却越来越轻描淡写，其实是更加不耐烦了。最后，他黔驴技穷，开启了没话找话的模式：“你们那个牌子是不是定价太高了啊？买得起的人不多吧？”西西里一听，心里便有股小火苗蹿了上来——你懂不懂啊你，你说这话的目的是什么？你是想买，需要我给你打折吗？还是你建议我们降价？于是彻底不想聊了，推说有事就告辞了。

第二天，西西里上班，见到给她介绍对象的同事，第一句话便是：“你怎么介绍了这么个人给我？”

黄色不喜欢闲聊，认为闲聊就是浪费时间，偏偏这个男人是红色性格，最害怕沉默和冷场，所以，觉得有必要让气氛活跃起来，这才不停地找话说，随意抛出很多提问，希望能与她互动。

外人以为的黄色的“挑剔”，其实是她们与生俱来的批判性。要想黄色不批判，只要这个人在尊重黄色的同时，有主见有见地，对事物有自己独到的看法，讲话一针见血不啰唆，黄色就会感觉到棋逢对手的爽。

黄女的凌厉，会给男人莫大的压力，被这样挑剔和批判一番后，不少人快速阵亡，黄色无所谓，权当自己是独孤求败罢了。

黄女的凌厉，会给男人莫大的压力，即使再高再富再帅的男人，被这样挑剔和批判一番后，也会败下阵来，黄色也无所谓，权当自己是独孤求败罢了。

黄女知道自己要什么，所以在挑剔的方式上，常用排除法。黄女善于总结经验，比如说前任。如果尝试过爱美孔雀男的自私，下次相亲遇到同类，黄女首先将他踢出局；如果前任是脾气糟糕的怪咖，并因此分手，那么下任只要脾气不好，就坚决说拜拜。这点跟富有幻想及无比天真的红女完全不同，红女会因其他条件不错反复纠结，能不能再试一次啊？故此，往往会二度受伤三度受伤四度受伤……而黄女绝不会。所以，黄女不容易吃回头草，长得像的草，也坚决不吃。在这点上，红女比较健忘，刚好深深响应了《色眼识人》中我曾重墨写过的红色超级无敌的特点——好了伤疤忘了疼。

独嘉秘籍

找到并爱上梦中情人，并不像我们想象的那么简单，现在的“00后”，也早就有了自己爱人的模样。如果你有了成熟的爱情观，必然会懂得生命中经常要做出适当的妥协，不会苛求一定要找到心中那个完美的男人，然而，去寻找完全符合心目中的条件的那个他的过程，想象起来就无比浪漫，令你神往。所以，梦想无法实现时，影视总会创造出相应情节来满足你的心理，可只是看这些影视，并无实践，难免让你更虚幻更绝望。

多数人的梦幻对象，都是影视制造出的偶像，可所有的梦幻，其实只是现实世界的一个人，并非完美无缺。在某种程度上，人人都是皮格马利翁：事前对另一半没期望，那不可能，如何在白马王子与复杂现实的真人差异中求得平衡，这需要你的成长和成熟。怀旧船长在著名的相亲小说《相夫》中写道：“对他人的期望必须建立在对自身的客观评估之上，对自身全方位的认识比对他人的要求更加重要，‘相人’的过程，就是自我认知和发现他人的过程。多看自己的缺点和别人的优点，会更容易找到情感的契合点。”这个观点与性格色彩所强调的在认识他人之前先要认识自己，居然是那么不谋而合。

说白了，学会包容对方的缺点的最大原因只有一个，就是你自己身上还一堆毛病呢！你跟爹娘在一起也总吵架，两个在完全不同的轨迹上几十年的个体想在一起生活，哪儿那么容易！不用磨合，就直接进入无限蜜月期，那都是文艺作品瞎掰的，想想，人家都敏俊和千颂伊还不打不相识了半天呢！

挑剔的人，要学会的救命法宝只有一个，就是彻底搞清楚到底什么才是对自己最重要的。

在这事上，你不用学习绿色性格，因为绿色人家没要求。你要学习黄色性格，黄色有要求，但她同时还有个最大的优点——她永远随时随地知道什么对自己最重要，她抓大放小，这也正是黄色性格不挑剔的核心。黄色脑子清楚，太贪心啥都想要，最后啥都得不到，我只要那个对我最重要的，那些不重要的，我就包容和接受，或者，直截了当明明白白地说出来，希望他可以改变，如果我实在接受不了，或他实在无法改变，那就离开，就这么简单。

现在，请问，你知道你挑剔的是什么了吗？如果还不知道，那就对了，证明你的确是个挑剔的人。

写给活在过去的你——

我总是忘不了他

有些人单身，是因为忘不了前男友，无法走入新的情感，给自己戴上了无形的镣铐，把自己的幸福禁锢，却始终找不到原因在哪儿，或者说并不愿承认。

走不出分手的阴影

假设你还爱着对方，可对方宣告和你分手，突然遭到沉重的失恋打击时，不同性格的人反应会有什么差别？

绿色性格的人表现最平稳，因为心态平和，恋爱时没那么狂喜，失去时，失落感也没那么强。

黄色性格的人可能会瞬间产生反击心理，凭什么是你甩掉我？老娘我要把你追回来，再把你甩掉！但与此同时，黄色也会迅速做个评估，这人到底值不值得我去争取？如果犯不着费那个力，散了也好，以后他会后悔的。

蓝色性格的人会有无数复杂的不外露的情绪，重新检视过去的恋爱经历，看看问题从何时开始，为何会走到这一步，思考当中有哪些教训可吸取。因为蓝色容易活在过去，她们对自己情感历程中曾经的美好会无限放大，把过去的痛苦也会无限放大。假使蓝女有过美好的回忆，由于某种原因，所有的美好在一夜间全部烟消云散，你能想象这种打击的巨大吗？ 打击会让她们一蹶不振，她们会对自己情感的投入表示怀疑，对自己看人的眼光表示悔恨，对自己完全否定。红色会通过“他疗”的

蓝色性格，会有很多复杂不外露的情绪，重新检视过去的恋爱经历，看看问题从何开始，为何会走到这一步，同时内心深深地忧伤着。

转嫁方式渐渐好转，同样也是情绪化的蓝色，她们的情绪无法宣泄，只能靠舔自己血的“自疗”取得平衡。

红色性格的人可能会有各种明显的情绪表现，比如，找朋友痛哭倾诉，不断打电话给甩了她的那个男人问为什么；再比如，会用吃、醉酒、购物或到大理和黔西南这等疗伤圣地去旅行来宣泄（嘿嘿，所以很多商家容易赚到失恋的红色性格的银子）；有的会自残、挠墙，甚至意欲上吊……但有些时候，她也可能会一再地在旧爱上纠结、重复摔跤，就像苹果写的这封信一样。

我32岁，谈过一次一塌糊涂的恋爱，却影响至今。

大学这场恋爱，因两家的观念不同造成了争执，起因就是结婚。我家里希望早日结婚，他家不同意，觉得事业没起色暂不结婚。其实这里还有个麻烦，就是同居，我家里很传统，所以希望直接结婚，不要婚前同居。我个人而言也希望结婚，因为他是我的初恋，我一直认为我这辈子只会恋爱一次。

这个阶段，我从他家坐了8小时火车回家看我外公最后一眼，却发生了车祸，我九死一生，他在5天后才来到我的病床前，照顾了我几天，我气呼呼说分手。他后来就走了，可在我心中留下了一个无法解开的疙瘩。我不明白为什么，他不是不爱我，北漂两年多相濡以沫的日子我可以感觉得到，可面对生死时，爱情就不堪一击了，最起码我就是那么想的。

后来，我单身两年，终于鼓起勇气去找他。我觉得不面对这个问题，我永远无法放弃这段感情，更无法开启新生活。那两年里我一直抱着他会回来找我的心态等待他，所以很多的追求者我都一一拒绝，可是我一直等不到，直到我的爸妈逼婚，甚至为我操劳，所以我去找他。可我没有想到，他已经有了一个新女朋友。我现在无法知道我当时的心情，我瞬间觉得空了，什么都没有了，我甚至恍恍惚惚不知道要去哪里。这就是我的爱情，我傻傻爱着一个男人，却发现他已经不爱我了，我问他会爱我吗？他说不爱了，那都是过去了，一点都不爱我了。他说，他所有的痛苦都是来源于我，现在他放下了，可是我才刚刚失恋。

后来我打电话，他不接，我就再打。我很想知道为什么他会不爱我，而我还一如既往地爱他，甚至心里装不下其他的男人。最后他接了，他居然说："你烦不烦？到底有完没完？"

这事过去四年了，四年来，我一次恋爱也没谈成，我一直在等他回心转意。当他说出"你烦不烦"那句话的时候，我五雷轰顶，想自杀的心都有了。这么多年，我为他所投入的感情不是白白浪费了吗？谁来补偿我？现在当他不爱我的时候，我却还苦苦地爱着他，这多不公平啊！他现在享受着温柔乡的时候，而我却仍旧在为他而深深地痛苦，我想报复他毁了他，我不知道这样的想法是否正确，请救救我。

苹果第一次恋爱，毫无经验，除了抱持"一辈子在一起"的理想外，毫无招数面对可能发生的冲突。因结婚问题和男友发生分歧时，如果苹果是黄色，解决方法很简单，直接挑明，你到底结还是不结？结就定日子，不结就分开，别拖泥带水，何必耽误彼此。另一种更凶狠的做法，要搞定这个男人，就谎称自己在安全期或先一步在套上用针戳小孔，把自己肚子搞大，然后逼宫，至于家人的反对，根本是屁，这是我们自己的事，闲杂人等莫想插手。

可惜红色的苹果，内心无力，需要外界给予支持，自己本身有情绪，加之外公病危和车祸两件事，更刺激了她的情绪，极度脆弱时，容易胡思乱想，胡七八糟的想象放大了情绪，以至于冲动地提出分手。而对方之所以那么"爽快"地接受提议，最有可能是受不了她一贯的情绪化，而非她自认的"经不起生死考验"。

分手后两年，苹果和人家联系，对方并未拒绝，也许是想继续做朋友，也许是不想直接拒绝，让她自己知难而退，但无论是哪种可能，离苹果所幻想的“他随时会回来找我”的差距很大。想象幻灭，无法承受。所以，当苹果再次情绪化爆发，不停打电话时，觉得被骚扰到的男人，终于给了苹果那句最让她崩溃的话。

很遗憾，这一切都是她自己造出来的。假如，我们永远把分手的原因全部推到外界，归咎于他人，那么，你自己身上的问题将永远无法得到解决，这个疙瘩也始终放不下。对苹果而言，放下疙瘩最快最好的方法，是直面自己性格最恐怖的那一处——情绪化。

走不出前任的好

另一类红女，因为失恋后连喘气都痛，为了让自己从揪心中尽快转移，所以，赶紧找到下任男友，希望借此忘记前任，但几次恋爱谈下来，还是觉得前男友最好，但又无法复合，于是陷入绝望。

一位叫橘子的学员在性格色彩婚恋课前，写来长信，诉说她的困境。

> 婚姻失败，我换了工作，一人买了房子独居。那段日子我时常买醉，不知自己究竟是命不好还是做错了什么，落得如此下场。这时，思明出现在我身边，陪伴我安慰我，他内敛而有魅力，比我大二十多岁，按照性格色彩分析，应该是比较谨慎的蓝色性格。他满足了我对完美男人的一切想象，我渐渐为他着了迷，深陷其中、难以自拔。
>
> 他和前妻七年之痒后分手，分手时异常惨烈，为了结束婚姻，他把大部分财产都给了前妻。他很疼惜我，说我唤醒了他内心深处的激情。而极度寒冷的我，在他身上找到了温暖。因为年龄的差距，他身边的亲人和朋友都不支持我们在一起。那时我很痛苦，因为忍受不了无边的等待与孤单无助，有时会想走极端。在犹豫的日子里，我意外宫外孕，由于及时，我捡回小命。我的父母得知这件事情，并没过多责怪我，

可我十分惭愧，于是我告诉思明，要么我们马上结婚，要么就放了我，让我去寻找自己的幸福。在住院的这些天，他一直没给我明确答复，于是我毅然决定放弃。

出院后我没再和思明联系。为了赶紧忘记他，我开始到处相亲。恰巧偶遇小学同学，他说在上海开公司，让我过去帮他，我正好遇到职业瓶颈，向他倾诉了一番，一来二去，我们好上了，正当我打算与他深度交往时，却意外发现他的公司完全子虚乌有，遇上了个彻头彻尾的大骗子，我十分痛心。

这时我在打网球时认识了一个球友，他与我同岁，未婚，家族生意继承人。他热烈追求我，也不介意我的婚史。见了几次后，就说要娶我。由于前车之鉴，我不敢答应，只说试着交往。他开始对我百依百顺，每天都会不定时打电话给我，以表达爱慕，我似乎找回了大学时恋爱的感觉，但好景不长，一段时间后，他便流露出了本来面目：脾气暴躁，控制欲强，他内心的不成熟与生活方式的自由散漫，让我没有一点安全感，我在忍无可忍之下提出分手。

生活又回到了一个人，无边的寂寞占据了我的全部，看不到希望也不知道活着的意义。静下来后，我每天都思念着一个人，那就是思明。兜兜转转之后，还是觉得和他在一起最舒服和幸福，他既像父兄，也像丈夫，给了我从未有过的安定感，只要和他在一起，就会觉得平和，于是我又主动找他。他告诉我已有了新女友，和我只能做朋友，我理智地接受了，但是在情感上，我不能骗自己，我心里还是喜欢这个人，哪怕他只以朋友身份用言语来抚慰我，也能让我更有动力。但我不能和他在一起，我只有麻痹自己，才能日复一日地把青春消耗。也许他在我的印象里太深刻了，我发现我已不能爱上别的人，我该怎么办？

因情感痛苦而买醉，常见于红女。她们的情绪需要向外发泄，感叹自己命不好，也极需有人听她的倾诉和牢骚，所以，把情感投注在这位

前男友的安慰就像止痛药，偶尔吃一口，没事，吃多了会让你神经麻痹、行动能力退化，最终变成一个蜷缩在旧爱的壳里的蜗牛。

有魅力的倾听者身上。两个人恋爱后，橘子的情绪波动很大，快乐和痛苦交织在一起，快乐时为他着迷，痛苦时恨不得跳楼。对这个有过婚姻恐惧的男人而言，是否要和橘子共度一生，他无法轻易地快速决定，但可惜，像橘子这样的红女，通常无法耐心等候，她们心里的想法是，与其情绪煎熬，不如快点了断。

因为难以抵御寂寞，在四种性格中，红女也是最容易吃回头草和旧情复燃的。所以，橘子忍不住又和前男友联系了，给了自己的情感一条退路——即使没有男友，也有这么一个蓝颜守候，给自己暗示，不需彼此磨合，无须承担家庭责任，这样，让本来在压力下就容易退缩的红色，更有了止步不前的理由。

分手时间很近的情感免疫期，几乎看谁都没多大感觉，一切交给时间来解决，这符合人性规律。这个故事中，你会发现红色性格眷恋旧爱，呈现如下特点：第一，如果仅仅是因为旧爱情结未了，一直不肯接受新感情，并没有另外的因素影响，那是因为新欢暂时不够好，时间还不久；第二，如果每次出现新对象，都会把这人拿出来跟旧爱比，只能说明旧爱在目前为止的情感经历中已成标杆，倘若这个标杆从来都没出现过，那就罢了，但这人真实地出现过，此后很难将就；第三，如果新欢各方面都胜过旧爱，比旧爱对自己更好，疗伤时间就会快速缩短。

橘子的问题到底该如何解决呢？分手以后还要不要和前男友进行情感交流，不同的人会有不同的选择，没有绝对的对错。对“拿得起放得下”的人而言，这事毫无障碍，对“拿得起放不下”的人而言，也许这是灾难。

假如你暂时做不到放下，仍旧需要依赖前男友的关怀来度过一些黑暗的瞬间，那你务必要谨记以下原则：

1. 分清主次，你的重心应放在开发新的恋情上，前男友的安慰就像止痛药，偶尔吃口没事，吃多了必定神经麻痹、行动力退化，最终变成缩在旧爱壳中的蜗牛；尤其是你属于那种“拿得起放不下”的女孩，越联系，越上瘾。

2. 须知，对前男友而言，你只是他的业余活动，说得直白一点，若是前男友只跟你保持暧昧，除去彼此短期交欢外，大多时，他只是当志愿者，在他有空闲时，来安慰你破碎的心，这会让他有做英雄的感觉，仅此而已。

3. 做好心理准备，若有一天，前男友的现女友与你狭路相逢，到时请不要哀叹“他在乎她，多过于在乎我”，影视剧中那种他弃她于原地而带你飞奔而走的情节，看过就算，千万别信。多数情况下，前男友对你立即“断奶”，任你独舔新伤。

假如你为了更好地开始新生活，而选择不再与旧爱交流，恭喜你，你破釜沉舟切断了退路，让自己更能全身心投入到未来，不错呦。旧爱不去，新爱怎么来？虽然暂时你可能孤独，但无论多么深的伤痛，日子久了，也会淡忘。

独嘉秘籍

读到此处，你想到自己的旧爱了吗？

天下的失恋者，总是在刚失恋后就期待对方回心转意，可自己应该心里清楚，这一天也许永远不会到来，只是你不愿承认而已。

当人家明明白白地告诉你，“俺已经和另一个人走了”，这时，理当让自己向前看。可天下偏偏很多人会选择自我伤害的方式，这种做法，不但失去了自己的恋人，同时还会失去自己，是双倍赔本的愚蠢买卖。而最愚蠢和不能原谅的是，居然有的人还会去伤害那个已经离自己远去的人，那只会使他离你更远，而你本来是想和他更近的。

如果你不出去走走，
你就会以为，
这就是全世界。

既然在恋爱时，我们都希望对方幸福，那么，如果他认为离开你是幸福，你就该放手并祝福，这才算兑现你在恋爱时的承诺。如果你觉得他没有忠诚于当初说“要厮守一生”的承诺，记得，那只是曾经。

换个思路，那个主动提出分手的人，应该算是对你们感情的大大忠诚。他没有忠诚于承诺，但他忠诚于感情。当他爱你时，他和你在一起，现在他不爱你，他就离去，世上再没有比这算对内心更大的忠诚了。

如果他不再爱你，还继续装作情谊深重，跟你结婚生子，那才是欺骗呢。你要学会感谢那个和你说分手的人。因为他给了你一份内心的忠诚，给了你寻找你自己幸福的新机会。

很多失恋的人，常认为自己过去的感情浪费了。其实，当你在付出感情时，他也对你付出了感情，在你给他快乐时，他也给了你快乐。当你需要得到公平时，你想的是因为你爱他，所以他也要爱你。可是这对那人不公平。爱不爱他，是你的权利，但爱不爱你，也是他的权利，你想在自己行使权利时，剥夺别人行使权利的自由，这是何等不公平！如果有一天，当你不爱一个男人了，而那个男人却要求你必须像他爱你那样去爱他，你是怎样的感觉?

失恋时人们常说，“我现在为了那人深深痛苦着”，而事实上，人家的日子可能过得很好，与其说是为对方痛苦，不如说是为自己痛苦。明明为自己，却还打着别人的旗号，这样的事，我干过，你也干过，其实，并不厚道。

最重要的一件事情是，如果两个人在一起，你还能给他带来幸福，他是不会离开你的；既然带不来，那就去找那个能给彼此带来幸福的人。须知，天下没人愿意逃避幸福。

借用《天堂电影院》的台词结尾：如果你不出去走走，你就会以为，这就是全世界。

叁·耽误篇

写给多情炽热的你——

我的每一次都是真爱

《天龙八部》的段正淳对他的一群情人们，在大家伙儿临死前逐个表白，让天下痛恨花心的女子也忍不住动容。在金庸先生眼里，段正淳这个多情胚子，对每个女人都是真爱，别无轻重深浅；而在木心先生看来，却是不屑，他的定义是，轻浮随遇而爱，和多方向无主次地泛恋，都是滥情。

之所以有两种截然相反的观点，道理很简单，因为说这话的两位先生——金庸和木心，他们的性格完全相反。对木心这样的蓝色性格而言，很难理解，也很难容下“曾因酒醉鞭名马，生怕情多累美人”的红色性格，蓝色性格的真爱是永远只爱一个人。蓝色认为，如果一个人能爱很多人，并且还能同时爱很多人，那注定就不是真爱，故而，蓝色永远不可能理解红色的广博之爱。

假设能有一个女人像段正淳那样多情并且公开，必遭天下围剿，由此便知，男女并不平等。法国作家乔治·桑一辈子不知疲倦地写作与恋爱，对男人有超乎寻常的激情，并以其庞大的名流情人帮而闻名于世。18岁婚后，她因不能忍受丈夫的平庸，开始了一次次红杏出墙，她的绯闻名单中，既有缪塞、李斯特、梅里美、肖邦、福楼拜等诸多天才，也有法律系的学生，为她看病的医生，还有帮她办离婚手续的律师，别说当年，即便放在现在，也算得上功夫惊人。当外界对她抨击时，这个不受世俗束缚的女人回答，像她这样感情丰富的女性，同时有四个情人并不多。并且，她借自己的作品向外宣称：“婚姻迟早会被废除。一种更人道的关系将代替婚姻关系来繁衍后代。一个男人和一个女人既可生儿育女，又不互相束缚对方的自由。”

在中国社会，这样的女子必会被世人恶损成水性杨花，人尽可夫。我想了很久，奈何才疏学浅，莫说真人，连文学作品中的女版段正淳也没想到，只想到一个不起眼的成语——“东食西宿”，由来如下：战国时，大龄单身女子就被人们高度关注。那时，齐国有个女子，长得貌美，求婚者踏破门槛，但直到她年龄不小了，还是没看上任何人。有一天，东边和西边各来了一户人家，都来求亲，爹娘问她选哪个，她说：“我想在东家吃饭，西家睡觉。”原因是东边的人有钱，但长得丑，西边的人长得帅，但很穷。

不知“东食西宿”中的女子最后嫁了没有，但从有限的信息判断，她该算红色性格。

不论男女，红色性格都有“贪多嚼不烂”的特点，对世间一切的美好，红色统统都想要，但她们往往忘记任何事都要付出代价。这种“贪心”，到头来，红色的生命不断消耗，始终没个结果。

貌美的红色女性，年轻时受到很多男人追求，在不同版本的情感里折腾，始终没找到“最好”的那个。年岁渐长，韶华将逝，身边追求者青黄不接，她还是没法下定决心，因为选择任何一个男人，必然意味着舍弃其他的可能性。

当面临多个选择时，绿色性格会听从身边人的意见，蓝色性格会选择符合自己内心标准的那一个，黄色性格会当机立断把握时机，只有红色性格，天性中其实是哪个都想要，哪个都舍不得放下，饱尝纠结之苦。故此，你现在应该明白，“纠结”这种事是红色性格的特权。

第一个故事：两个男人都爱我，这种感觉太好了

网络小说有种体裁叫“玛丽苏”，指的是一种故事类型——女主角被无数男人追捧宠爱，无论是不羁浪子，还是霸道总裁，只要见到女主，立马丢盔弃甲，拜倒石榴裙下。

对于世间的一切美好，
红色统统都想要。

写这种小说的作者往往是女性，把自己代入女主，边写边意淫边自high。其实，这正反映了典型红女内心深处的渴望，一种被认可被关注的渴望。现实中一旦有机会，她们也会不知不觉地上演同样的戏码，当她们被两个男人的情丝同时缠绕时，很难坚决斩断其中一条，因为在内心最深处，她们不愿承认的事实是，她们把自己想象成了蛊惑男人的妖姬，让很多男人为自己疯狂，能否驾驭，暂时先不管他，至少可以证明自己的吸引力，有的红女，甚至会为了能活在这种虚幻的感觉中去死。

《色眼再识人》的读者花儿面临年龄的压力，眼看成婚在即，却又横生枝节，不知该如何对情感做出了断。

我与男友恋爱五年，今年订婚，他的家庭和他都很好，也很爱我。我们一起买了房子，婚期定了，幸福就在眼前。

今年春天，我遇到另一个男人。我们第一次出去，他请我吃哈根达斯，一个愿意约会你的男人，至少对你有好感，这点我很确定，他至少有点喜欢我，而我呢，是不会拒绝别人对我的喜爱的，也许这就是我最初的错误。我们边吃边聊，他突然把一勺冰淇淋送到我嘴边喂我，我心咚咚跳，从未有过的感觉，好像被吓到。我接受了那勺冰淇淋，表面平静，但内心早已澎湃不已，以后很久的日子里回忆起来，还是那么新鲜刺激，不能忘怀。后来，我们去吃饭，走在路上，我们之间的距离不远也不近，突然，我的身体像有股电流通过，瞬间，我竟然得到一种快感。天，我是怎么了，我不敢看身边的他，这是一种从未有过的感觉，我确定。

后面的日子，对我来说像人间地狱，我承认我不是那种能驾驭两个男人而洋洋得意的女孩，我很痛苦，一面是相恋5年的男友，一面是……也许那个男人就是我今生的唯一吧，我们就是在这世间对方唯一的另一半。我日日行走在崩溃的边缘，有时把自己想象成两个人，一个属于男友，另一个属于他……我甚至幻想他们是永远不可能相交的平行线，活在两个世界中，而我穿行于这两个世界……

他俩都给了我他们最真最纯最好的爱，都给了我一生的承诺，都发誓要一辈子照顾我，疼我，爱我。

那天，我同时向两个人提出，我要暂时离开他们，让我自己一个人安静（我之前已经向男友坦白了自己爱上了别人）。他们都不行了，一个心脏不太好，吃了药；一个神经衰弱加重。天，我都干了些什么。男友要离开这个城市，他说他好难过，他承受不了，要回家，他没有爱了，这个城市对他没任何意义了。另一个他，当我把他的东西拿给他的时候，看到他绝望的眼神，让我心如刀绞。他说你不要走，别离开我。我当时心好乱，男友告诉我他今晚的飞机，我要去机场，我不想让他走，因为我知道，他的工作，他的事业都在这个城市，我不想他就这么都放弃了。我和另一个他在房间里，沉默着，我担心他，怕他情绪不稳定，因为他现在天天服药。他不让我去机场，我要被撕成两半了，我失控了，用手砸了墙上的镜子，手破了，血流下来……

有一部分女人的多情，只是因为她们没安全感。她害怕A一夜间抛弃了她，于是她要备好B，B对她忽冷忽热，她的心依然不踏实，于是有了C，如果A和B碰巧没接她的电话，她瞬间浮现最坏的可能，转念一想，没关系，我还有C，顿时松了口气，如果C有一天明确告诉她不想跟她结婚，她的不安全感又迅速上升，必须要再发展一个D才稍微放心。其实，在没结婚前，她都会惴惴不安，ABCD一个都不能少，她感觉自己是个弱者，必须要同时抓住几根救命的稻草，才能以防不时之需。

就像花儿一样，很多女子其实不是没人追，而是拿不定自己该选谁。同理，当年我目睹在《非诚勿扰》节目的女孩，在台上站的时间越长，见到的男人越多，收到的观众求爱信越多，就越难找到自己该选择什么，越会挑花眼（详情见于《本色》）。对红色而言，选择的确痛苦，可换作其他性格的女人，在这种问题中作选择，并不困难。这种不确定归属的状态，恰好满足了红色啥都想尝试下的体验需求，这才是她无法做出抉择的深层原因。

戏剧化的是，这故事中的两个男人也是红色性格，他们也在不知不觉中为花儿提供着狗血翻新的剧情，将这把混乱的情感之火越烧越旺。这种事最自然的走向，是一段时间后，两个男人中的一个，累得筋疲力尽，彻底抽身，剩下的那个也跟着消停了，然后，姑娘也消停了。不过用不了多久，当她发现生命中突然没有折腾的时候，又是无比郁闷，再次萌生蠢蠢欲动。

有不少红女单身，其实是因为她们自己的选择太多，以至于挑花了眼。这源于红色有以下几个特点：

首先，她们喜欢自己被捧在手里的感觉。看到几个男性为了她而争风吃醋，这可大大满足她的虚荣心，须知，被关注和被喜爱永远是红女内心需求的。香港导演阿宽曾描述过这样一种女子：女孩人不坏，就是太喜欢被男人爱，越多越好。经常对男人主动，容易让男人不知不觉迷上她，一开始做朋友，有很多事请你帮忙，经常撒娇，让你意乱情迷。她有男友，但还是跟你约会，你也并不是唯一她谈得来的男性朋友，而你也不妒忌她真正的男朋友，可你会妒忌那个角色和你一样的其他男人。她男友没空时，你就做备胎，她对你说自己的男友都怀疑你了，但她相信你对她没有企图。有一天，她跟男友吵架后，找你诉苦，你抱住她时，她跟你亲热，你以为得到了她，可没过几天，她和男友和好了，然后她问你，我们还是朋友吗？你含泪说永远是，不久，她就淡去了。不久后，你在街上见到她跟另一个男人一起，不过，那男人并不是她那个男友。

其次，她们高估了自己的能力，很多红女自认为完全可以驾驭情感进程，认为自己可以掌控周边每个男人的亲疏远近，可以很清楚地界定恋人、情人、未婚夫、蓝颜、一夜情、第四种情感（友情和爱情之间）的准确关系。可惜，红色过分相信了她们的自控力，因为她们心软，容易被情感打动，于是一夜情变成 N 夜情；向知己倾诉时，酒至半巡，泣不成声，早上醒来两个人都在榻上；很多微妙关系的情感，都是在这样半推半就，若有若无的撩拨中滋生。一旦关系复杂后，她们害怕处理和面对麻烦，必然逃避。好的结局是，本来是朋友，一旦有了情欲，难免尴尬，你逃避，人家也退下，原本的默契破坏；糟的结局是，惹上不该惹的麻烦，被不该缠的人缠上，陷入多角关系中，剪不断理还乱，若这些男人中有狂热分子，保不准鸡飞狗跳，毁容上吊，同归于尽，闹出惊天大事。

难道她们不知道约束和自我控制？非也，关键是她们觉得自己要找的那个人始终没到来，总觉得差了口气，所以，一定要不停地找。还有就是，红色总是过高地估计了自己的控制力，在情感的体验中，红色性格的女人翱翔，体验本身就是红色生命的快乐。等到有一天，发现自己不是小荷才露尖尖角的豆蔻年华，也过了靠丰乳肥臀吸引目光的时候，她们惊慌于“男人三十一朵花，女人三十豆腐渣”的警句真真切切地来到自己面前时，她们问自己是否该收心。

提醒读者的是，大龄单身女子在红色性格这一大类中，红色和“红＋黄”都很普遍，但“红＋绿”很少，这与绿色的平衡性有关。在性格组合的理论中，性格中的第二色如果是黄色，则是催化剂；性格中的第二色如果是绿色，则是缓和剂。无论红色再怎么折腾，如果她的第二色是绿色，也会把天性中的“折腾”抵消。

第二个故事：为何我的爱情总是“速死”

还有一种，在多段爱情里反复折腾的红色女人，每次爱情都很短，进去快，出来也快，进进出出，反复多年，也没找到归宿，而且还搞不懂自己在忙啥。

《色界》读者小蝶，读研开始就没缺过恋爱，一直谈到30多岁，每次恋爱的对象都是不同类型，阅尽多男，毫无结果，同龄闺密的小孩酱油已经开打，她自己还飘在空中，前来求助。

直到读完大学，我还没有任何恋爱经验。念研究生时，认识了我的第一个男朋友约翰。约翰是我的校友，当时他已

她更不会意识到自己多情或者花心，
她感觉自己是个弱者，需要同时抓住几根救命稻草，
害怕突如其来的变化。

经毕业了，周末回学校舞厅来跳舞，当时他和另一个男生一起追我，每次去舞厅，他们总是抢着邀请我。最终我选择了约翰，因为他更成熟。和约翰的恋爱是我恋爱史中最长的，持续了一年半，到了研二，他调去外地，最后那两个星期，几乎每天来学校，给我买零食、打开水，我当时觉得，我们那么相爱，距离没问题。

约翰走后，我的生活仿佛突然变得冷清，研究生毕业，我和其他人一样，忙着找工作，遇到很多问题，约翰都不在身边，一开始我还跟他说说，后来连说也觉得没意思了，这时，一个早已喜欢我的人出现在我身边，我叫他海哥，他是我室友的哥哥，从我室友那里知道了我，在我过生日的时候，给我发短信，我才认识了他。他应该是蓝色性格，很忧郁，也很有才华，会写诗，那时我一个人感觉很孤单，很迷茫，突然很想谈恋爱。他经常来我们寝室看他妹妹（他妹妹说，其实他是想来看看我），我也就顺其自然跟他们一起聊天。慢慢地，他写了诗给我，用了很多方法让我感觉他心里面的浪漫。我觉得，我已经离不开他了。和海哥这种似有若无的恋爱关系，我越来越享受，我觉得我不应该拖着约翰，就跟他分手了。

我和海哥正式交往只有六个月，那也是我第一份工作的头六个月。这份工作是在民企，老板刚从美国回来，公司规模只有十几个人，拉到了几千万的风险投资，一开始就是冲着上市去的，我喜欢公司的氛围，经常下了班也不回家，主动加班，老板很快就注意到了我，迅速把我提到主管。没想到的是，老板会追我，他比我大 10 岁，难得的是很有绅士风度，跟客户聊天的时候口若悬河，一个人的时候，会静静地宅在家里整天看书，我从未遇过这样的男人。

这段感情发展太快，我没来得及跟海哥解释，以至于当他捧着礼物来我家给我过生日时，正好看见我送老板出家门。他只看了一眼，就转身走了，我尴尬无措，愣在当地。后来海哥再也没联系我，连他妹妹都不和我来往了。

我和老板的关系逐渐被同事知道了，公司里开始有流言蜚语，说我凭身体上位，我觉得这简直是对我的玷污。我希望他能站出来保护我，可他却劝我离开公司，说会介绍我到他朋友的公司工作，如果我不想工作，在家待着也行。我选择了折中的路线，去读MBA，他出钱，我想两个人既然相爱，谁出钱都不要紧，反正我学完也要回来帮他，到时也许我们可以再开一家分公司，我来管理，两个人双剑合璧，多美好啊。

读MBA的时候，我认识了新加坡人大飞，外企中国区执行副总裁，他来中国八年，不但对中国非常了解，也通晓欧洲和美国的文化，他为我打开了一扇新的大门。每次上课结束，我们都会找一家安静的餐馆，聊上三四个小时，仿佛有说不完的话，我有一种找到了知己的感觉。也许是我这个人太真实，太不会掩饰自己了吧，男友察觉到了我的异样，原本很有涵养、很大度的他变得爱吃醋起来，翻看我的手机，调查我的宾馆住宿记录，甚至扬言要给我断粮，让我交不起下一年的学费，这些举动加速地把我推向了大飞那边。一次剧烈的争吵之后，我们分手了。

跟大飞正式成为男女朋友之后，没过多久，也分手了。很多东西，当没走近的时候，觉得无比美好，一旦朝夕相对，便发觉千疮百孔。大飞的思想非常洋化，他认为没有任何一段关系可以把他的自由给限制住，甚至他跟我住在一起的时候，也会经常去和异性朋友喝酒，第二天早晨才归来。跟大飞分手以后，我痛苦地反思自己，难道我真的是命不好吗？为何我每一段感情都真心投入，却都没有结果呢？后来，我也相过很多次亲，谈过好几次恋爱，有朋友介绍的，有参加交友派对邂逅的，每一次，我总是很容易吸引到还不错的男人，但交往没有多久，要么我发现他身上有我所不能忍受的致命的缺点，要么他对我兴趣淡了，越来越敷衍，我忍无可忍提出分手。现在，年龄大了，遇到好男人的机会越来越少，我真的很想抓住一份属于自己的爱情。我该怎么办？

小蝶的恋爱次数多、时间短，有个重要因素，每当一个新的有吸引力的男人出现时，她都会迅速看到那个男人身上有她现男友所没有的优势，从而为之投入着迷，这正是典型的“花蝴蝶”的特征。这种爱情，往往来去如风。

红色性格在做事时有浅尝辄止的毛病，恋爱时也有，只是表现形式不同。做事时，红色希望掘出黄金，刨了很多坑，但每次都在离金子还差几厘米的时候放弃了，再去挖新的坑；恋爱时也一样，一开始，就在没有充分了解对方的情况下冲动地投入，遇到新的诱惑，容易立场不坚，加上原来的爱情关系中也遇到些冲突和问题，更加速了她的放弃，这就是她的爱情“速死”的原因，不过事实上，无论她嘴巴上怎么说自己很沮丧，她的内心并不很介意。

假设这个红女有些姿色，但没有明确的方向，在男人甜言蜜语的包围下，很容易肆无忌惮地挥霍自己青春的资本。红色天生缺乏自控，对外界繁华喧嚣的好奇与向往，往往使她们在选择中迷失自我。东晃悠，西晃悠，美色不再永驻时，天天像热锅上的蚂蚁，看到一个，条件基本OK，当外界压力接踵而至，当她们认为自己快要迈入大龄行列中，会有饥不择食的惶恐，难免有人会匆忙上阵，赶紧把自己随便嫁了，然后过不了多久，再闪婚闪离。

红色在生命中一直寻求跃动和变化，因为对变化的向往和对新鲜的追求，红色常在二人世界中创造浪漫，时不时制造出意想不到的小插曲，并且以此为乐，对红色而言，把生活和爱情弄得有趣至关重要，否则生活显得毫无意义。

独嘉秘籍

本文看到此，如果你产生出一丝对自己天性居然如此多情的恐惧，那就证明你辜负了上天赐予你丰富情感的厚爱，很抱歉，你的理解，误入歧途啦。

杜拉斯对爱曾做过一个完美诠释：“爱，的确是最难的事。只是再难，也没有人可以避而不往。爱，是不死的欲望。”多情者的一生，为爱而生，为爱而死，这是天注定。如果你只有在不间断的爱的滋养中才能存活，那就从此刻起，忘记婚姻这回事，婚姻暂时不适合你。如果你向往婚姻，只是暂时没有合适的选择，而且你也没体验够被恋情彻底吞噬的美好，那就在浪漫主义的狂热中多待些日子。随着年龄增长，也许你对生活的理解会变的，等你变的时候，你可以慢慢选择你想要的日子；如果你从未改变，认为自己一生都要活在爱中，那很好，证明你始终如一，无比纯粹。须知，生命的形式本就多样，你我都是宇宙中微不足道的过客。

对多情者，有些人会称“多情是种不负责任的情感”，这种观点只能说明，说这话的人以己度人。他首先假设人的情感都有一定限度，在使用上理应分摊，一个人怎么可能有这么多的情感呢？故此，说这话的人推导出——多情者必定滥情。事实上，多情者之所以在情爱领域比别人有更多的情感可供支配，是因为他们内心的超常规，基于天性对体验的向往，以及对折腾的乐此不疲。由于常人跟不上多情者的情感节奏，遂使多情者有无限多的机会和时间体验爱情，同时也将体验孤独与挫折。所以，你大可不必因为自己的多情有丝毫负担，这个世界上伟大的才子少见不多情者。

想想林徽因，在美国孤单苦闷时，发了封电报告诉徐志摩，只有他的来电能让自己感到安慰，激动得徐才子通宵长信尽诉衷肠，第二天清早，兴冲冲地赶去邮局，被邮局小弟八卦告知，你来前，已有四个男人给林大小姐发过电报了，一对质，发现五个熟人收到的五封电报的内容一模一样。即便梁思成相陪左右，性情热烈的林徽因在情感上的需求和表达依旧不减，按照金岳霖的说法，她从来就是缺乏忍受寂寞的能力，但即便世人不理解林小姐的多情如斯，依旧不能影响徽因先生是个令人

正是基于天性中
对体验的向往，
对于广度的渴求，
多情者几乎有无限多的
机会和时间体验爱情，
同时他们也将体验
孤独与挫折。

尊敬的女子。

不过，如果你此刻想迈进婚姻，你希望自己能够拥有一场稳定长久的情感和生活的安宁，你本人也不愿意自己总像无根的浮萍，那你就必须冷静下来，明确意识到，你暂时还不是林徽因，也未必每个林徽因都能遇见梁思成。在你准备驱除掉多情的麻烦前，也许下面提到的一些观点可以对你有启发。

1. 刚开始和一个男人看对眼，势必飘飘然，请暂时不要把一切想得太美好，做好迎接挫折的准备，且行且珍惜。你可以慢半拍，有足够了解后，再进入下一步，否则又是重蹈覆辙。不过，甭管我怎么说，多数红色都会做不到，她们会对自己默念“三活咒语”——我要活出真我，我要活进感觉，我要活在当下。如果你想听到一个对你有用的建议，想听到一些不同的声音，要去找蓝色性格或黄色性格的朋友；如果你只是希望得到一些肯定的声音和信心，给自己打点鸡血，那去找和你一样的人吧。

2. 如果遇到新的诱惑，明显比自己现在拥有的那个要好，请更加谨慎，人都有优势和局限，假如拿新人的好处比旧人的毛病，没一个人禁得起这样比。多情者在体验中得到的快乐远大于失去时的痛苦，而情感也是多情者生命力的核心源泉。多情者的致命麻烦是他们永远认为“下一个一定比这一个好”，因为他们不愿意放弃下一个的美好，故此他们总是很难珍惜现在的好；有一天，你会明白——现在进行的这一个就是上一个的下一个。

3. 多情者常会自我安慰，“我貌似多情，那是因为我选择困难，几个对象都不分上下。要命的是，这几个男人对自己的态度也都差不多，更要命的是，她喜欢的程度也不分上下”。让一个多情的人不要继续多情的劝告是苍白无力的，我只能说，你要掂量你自己是否有能力同时控制几份情感，没有金刚钻，别揽瓷器活，否则惹了麻烦，坠入万劫不复的深渊，无人可救。

4. 诺贝尔经济学奖得主西蒙教授认为人可以分为两类：一是效用极致者，二是效用满足者，前者永远寻找最佳的选择，后者只要称心如意即可。这两种人，前者购物的时间长，会不断比较，相反，后者购物时间远低于前者，一旦觉得产品能达到基本要求，就快速决定。人们的错觉是，因为前者有了最好的东西，应该比后者快乐。但研究发现，其实前者更不爽，即便他们的东西比别人好，他们也不爽，尤其是当他们发现自己的决定比他人要差时，会更不爽。而且，这种人买东西后，容易后悔，对生活不太满意。这个研究的结论是——世上有很多选择，但并不表示这些选择都可被我们所用。当我们最后决定选择一个的时候，代表着放弃了其他，这当然会后悔。追求效用极致者，选择越多，算得越多，放弃越多，当然后悔也越多。相反，效用满足者，只求称心如意，考虑不多，所以，放弃了什么也搞不清，换来的是较少的后悔和更大的愉快。其实这和择偶的道理一样。

请享受你的多情带给你的美好吧，请小心你的多情带给你的伤痛噢。

写给追逐事业的你——

若为事业故
爱情必可抛

在小说及影视剧里，女人大多为爱而狂，为爱而生，凡是那些为了事业不顾爱情的女子，一定是早年受过情伤后，才不再相信爱情和男人，倾力寄情于事业，把事业操持得风生水起……可惜，这并非事实的全部。

以上描述，符合本书受伤篇中的“忘情”，但有一种性格的女人，她们本身就喜欢天天鼓捣事业，与她们的感情受不受伤没有半毛钱关系，她们追逐成功的快感和希望掌控一切的欲望，在她孕于子宫之时就已注定，这便是黄色性格。简而言之，世上有人是因为后天受到刺激才喜欢工作，而另一些人是天性就喜欢工作和追逐成功。

古龙笔下，这样的女子为数不少。有不想嫁人却想娶人的水母阴姬，有虽曾嫁人但常年单身的石观音，有想嫁人但无人敢娶的高老大，有压根儿没想过嫁人的枯梅大师，还有一个最该嫁人却没能下嫁的绝色美女林仙儿。这些人的共同点是：对权力的渴求欲望胜过男人。在她们看来，只要拥有权力，就会拥有世间一切，成为世间的女王和霸主。从古龙给这些女子起的名字，就可感受到古龙作为男人，对这种性格的女子有多排斥。不过，虽然古龙也搞不清什么红蓝黄绿，但他冥冥中有种预感，这些女性之所以成为绝世高手，性格都有雷同，算是一路人，现在，你可以看明白了，她们都是黄色性格。

黄色天生目标感极强，重事业轻爱情，是她们的天性。入学时，就蔑视一切看不上眼的男生的追求，认为求学期间除了学业，就该心如枯井；毕业后，进了“女人当男人使，男人当铁人使”的公司，无暇儿女私情；转为经理，拿着高薪，项目相托，责任巨大，日夜操心；升为总监，权势日隆，昔日同学个个鸟枪换炮，自己怎可屈居人后，发奋图强，儿女情长一律暂缓。

求学时期，黄色性格的女生不玩暧昧，并且拒绝所有看不上眼的男生，这和“好好学习不谈恋爱”无关，根本原因是眼界极高，认为这些普通男生实现不了她想要的未来，她有着自己规划好的前景和追求。毕业多年后，组织同学聚会，黄色不仅仅是不甘落后，她要的是第一，如果没成为一群事业有发展的同学中的佼佼者，她压根儿不愿参加同学聚会。

对她们中的很多人而言，如果说，男人因征服世界而伟大，那么她只需征服那个已征服了世界的男人，自己就可因此而伟大。换句话说，爱情本身对黄女，是没有硝烟的战场，是征服堡垒的工具，更重要的是，对黄女而言，爱情是爱情，婚姻是婚姻，完全可以割裂而存，她们早就知道这是完全不同的两码事。在这点上，她们不需要听什么名人讲座，也不需看成功女性传记，在娘胎里就早已主见明确，目的清晰。

我要人生巅峰的欲望，超过我要高富帅的欲望

朱丽尔，36岁，美容行业大姐大。她明亮开朗，坚定并果断。朱丽尔的父母均是大学教授，这样的家庭背景让她儿时没吃过什么苦，衣食无忧，并早早被送出国学习深造。

在极短的时间内，她用难以置信的效率取得两个学位后回国，并在一家国企很快成了重点培养对象。没多少时间，公司希望引进一个美容行业的投资，需要派人到洛桑和其他

黄色天生目标感极强，重事业轻爱情是她们的天性。

公司竞争这个项目。在当时国内此行业资源还十分匮乏的情况下，朱丽尔自己找来大部头文献钻研。三个月后，朱丽尔以仅她一个人的代表团和其他已经在同行业经营多年的竞争对手们，站在了角逐台上，在一场极富说服力的演讲后，朱丽尔击败了众人认为不可能被战胜的敌手，一扫在机场眼见别家庞大代表团时的那种孤军奋战的忐忑与酸楚。

凭借她的专注和敏锐，一年后，她脱离了原来的公司开始单干。她的美容帝国扩张之快，野心之大，令周遭瞠目结舌。在我的印象里，朱丽尔是永远没有时间的。十年前，我与她相识之时，她正忍受着严重的腰椎与脊椎的病痛发作。她一边做着理疗，一边在电话里谈笑风生，讲述着年轻时自己有幸目睹的一次李嘉诚的震撼演讲，给我感觉犹如刮骨疗毒。那天她和我谈论最多的是："乐嘉，咱不能停啊，这回出去看了下，才知道别人是怎么翻倍的，我不能慢啊，一慢，我的这些人怎么办，我现在有六百号人要养，一慢，就要被淘汰啊。"和她聊完天，我觉得自己是猪，可我在同事眼中，已经算得上是世上最努力的人了。

按照朱丽尔自己的说法，她到目前为止可圈可点的爱情也就那么一次，那场她现在开始后悔而当时却并未珍惜的爱情，持续了九年，最后还是分手。他们在国外留学时认识，在决定毕业去向时，朱丽尔毫不犹豫地否定了男友希望她留下的提议，选择了回国，男友则继续留在美国发展。之后六年，男友每两月回国一次做慰安夫，每次逗留两天，当中，这个绿＋蓝的男性无数次表达想要结婚时，都被朱丽尔婉言拒绝。以她当时的想法，把事业做大，是唯一的期望，对她来讲，生命＝工作。

男友每次在朱丽尔公司楼下接她下班时，她绝大多数都会让他从傍晚六点一直等到午夜。朱丽尔每次出来，都很歉意地告知开会开会开会；朱丽尔忙碌之余，报读了最贵的

EMBA，每逢读书时，男友如果回国，她就会让他到北京去陪两天。这也正是黄色在两性关系中致命的心态——这个世界上别人为我做的所有事情，都是理所应当的。朱丽尔的事业一天天飞速发展，她的男友却一直在默默无闻中静待了六年，当一个人在事业与感情中协调失衡时，生活自然会让她付出代价。男友终于离开了朱丽尔，分手时，正值朱丽尔的公司收购的关键时刻，她在情感上的痛苦瞬间便被事业的挑战压了过去，一晃，又是五年过去了。

当黄女努力投身于事业时，她们对目标的执着，连自己的感受都不会在乎，哪有闲暇去关注别人的感受。她们希望延迟婚姻的到来，从而换取更多的时间和精力来创造更大的成就。而正是因为对情感经营的忽略，让她们丢掉了后来发现对自己一生中很可贵的情感。之所以不在此处说“一生中最重要的”，那是因为，情感本身对黄色性格，并非是人生最重要的追求，“爱情”在典型黄女的字典里，谈不上伟大。

等到她们开始在事业上有所成就，会有些事业有成的黄男青睐于她们，这种青睐的背后是，这些男人也许在外面有很多情感寄宿，但落到婚姻，也担心女人贪图他们的地位钱财，所以，有时他们会愿意去找个同样成功的女性，这样就不需要多虑这个女人与自己结合的目的。

黄女是独立的，她们希望通过事业成功来证明自己的价值，掌控自我的生活。她们在工作上的投入，让她们的男性化越来越重。年轻的黄女如果早年恋爱对象是个黄男，两个黄色一起，艰苦创业，共同成长，只要大的价值观没有分歧，彼此相爱，有些结果还是美好的。两个黄色性格的人在一起，最大的好处是，双方都没有情感负累，彼此直来直去，

她们希望延迟婚姻的到来，
从而换取更多的时间
和精力来创造更大的成就。

假设目的一致，双方相互支持，在事业上相互督促，反而非常和谐。

对有权谋野心的黄男而言，黄男与黄女的配合，是绝佳的政治夫妻，会让双方彼此事业都更上一层楼，何乐而不为？遗憾的是，这样的组合，遇见的麻烦是，双方都很强硬，婚后双方难免争夺控制权，婚姻融合难度高，像《纸牌屋》第一第二季的主人公那样，两个典型黄色性格还配合不错的夫妻毕竟少之又少。（详见《色眼再识人》第四章）

是否所有的黄色性格都会为了人生巅峰而舍弃那个高富帅呢？非也！当她决定把找个完美的如意郎君当成是她人生的最高追求时，这就是她所渴望的人生巅峰，所有的一切都将为此服务，“我的野心大于我的情欲”。

如果婚姻被黄女当成要追求的事业，这种事业是否值得追求，尤其难以决定。她们没时间恋爱，行事雷厉风行，容易吓跑很多高富帅，只有少数能像小男人一样将就她的时间和性格；可麻烦的是，一旦高富帅像小男人，她又了无兴趣，因为段位差距太大，得来容易，让她丧失了征服的欲望和没有了征服的乐趣，她爱的是跟她一样强大的黄色——可以征服世界，同时还不那么容易被自己征服的大男人，可世上没几个。于是，她只好扭头专心攀登自己事业的巅峰。

别人抱团取暖，我自钻木取火

如果说朱丽尔还算存有上岸心态，另一大票朋友宁愿在水中舒服地待着，也不愿上岸。

如果问她们，你爸妈逼婚，你不肯，以后老了你怎么考虑？她们清一色地嗤之以鼻地说："结了婚，就一定老有所依吗？""现在80后的离婚率是50%，以后离婚率只会更高，不管结不结婚，等到我们这拨人老了，都是一个人过。与其费劲低三下四找男人，不如好好奋斗事业，确保老来无忧。""我一个人过挺好的，干吗要嫁？如果结婚之后，生活质量反而下降了，岂不是得不偿失？"旁边有个红女弱弱地问了一句："就算不想结婚，孩子也不要一个吗？万一将来想生的时候，生不出了，怎么办？"黄女问她："没听说卵子冷冻术吗？"

> 一个朋友，晓晓，律师，年近四十，云英未嫁，从30到33这三年，她曾从繁忙的工作中抽出部分时间，有规律地在网上相亲，每周约见两个不同的男人，按照薪资、年龄、学历符合基本择偶要求的男性进行评估排名。但见来见去，要么是对方觉得她太过强势，不想进一步；要么是她觉得这个男人的见识不足以让自己的精神摄取养分，每每交流不是擦不出思想的火花，就是对牛弹琴。最后，她实在觉得相亲就是在浪费生命，还不如把时间放在多研究几个案子让打官司有胜算更值得。至今，她不再请朋友帮她介绍男人，所有的时间要么上班，要么加班，要么在上班的路中。我问她，你到底需不需要男人时，她说，"结不结婚我觉得一点都无所谓，但我想找个精子，要个孩子，你愿意的话，可以借给我"，我头顶冒汗，掏心掏肺感激涕零地对她说，"承蒙高看，愧不敢当，如若借出，他日必定栽于姑娘之手……"她打断我说，"什么都不需要，我自己带自己养"，我郑重建议她，举凡杂交多优良，可以考虑借个老外的。一年后，我从别人那得知，她有了混血宝宝龙凤胎，这事人家早早给自己打了催卵素，然后亲自去美国到男模公司甄选，高价游说后取种，神不知鬼不觉地搞定一切。

黄色的自信让她们似乎可以掌控一切，包括自己的性欲，这也正是在工作上她们披荆斩棘、所向披靡的原因所在。一个独立的女人不只是在经济上独立，精神和肉体也要独立，才是真正的独立。那些一天到晚纠结的女人不是因为经济问题，而是精神和肉体问题。经济独立不难，精神独立需要一定的修行，身体独立是随着性经验的丰富慢慢建立的。但遗憾的是，在爱情和婚姻方面，过于忽视甚至故意漠视自己的情感需求，最终会付出代价。

黄色的反叛和富于挑战，让她们成为所有女性中最具勇气能质疑传统观念的性格。比如对“男大当婚，女大当嫁”这种俗语的不屑，她们会觉得，大多数人遵循的条条框框，是可以被挑战和打破的，所以，黄女身边的家人和朋友，越劝说她们不要沉迷工作，多考虑个人问题，越招致黄女的反弹。社会越来越多元化的今天，在工作中独自度过一生，其实是种不错的自我选择。

需要注意的是，工作的投入，势必换来生活的减少，在四种性格中，黄色最不善于工作和生活平衡，故此，子宫肌瘤、卵巢囊肿、乳腺癌早更，这些对黄女来讲，比其他女性更不陌生。身体上的危害，仅是一个方面。由于她们对工作的执着，使她们放弃掉自己身边真正应该珍惜的东西，她们总以为等到事业成功后，所有的东西“千金散尽还复来”，事实上，这都只是她们自己的想当然。人生的选择本无高下之分，只希望天下的黄女，不要只沉迷于事业所带来的成就感，忽视了婚姻和家庭所能带来的平衡的重要性，更不要亲手关上了通往更多幸福的大门。

独嘉秘籍

因为黄色天性追求成功，在四种性格中，黄色在工作上的成就通常远超其他三种，可与男性在社会上一较高下的女性，通常都有很重的黄色性格。追逐事业的黄女，如果想走入婚姻，她们到底希望找什么样的

别人抱团取暖，我自钻木取火。

婚姻对象？下面做些本书中关于这部分最详细的分析和建议。

黄女的择偶标准，会倾向于找比自己更强大的，能让自己欣赏或崇拜的对象，她们会毫不掩饰对成功者的敬佩和欣赏，她们对能力强的异性表现出极大的好感和认同，因为她们可在与强大男性交往的过程中，得到学习和成长。对黄女而言，好的爱情必然意味着，那个人可以带来个人成长，这是衡量一场好爱情的重要指标。

抛开个人成就，从性格来看，绿男不作为的人生态度，会被黄女鄙弃，绿男的乐天知命和饱含与世无争，黄女只会理解为不思进取和不求上进，对年轻的黄色小女生来讲，她们可以容许一个男人暂时没事业，但绝不能接受这个男人没有事业心，她们认为，只有饱含雄性激素，才有资格在情感中驾驭自己。

需要注意，黄女有个矛盾心态，她们既希望男人强大到可以引领自己，让自己崇拜，但同时，又希望自己能够驾驭这个男人。

为何黄女婚姻中一定要找个强者？因为黄女对未来恐惧吗？

黄女希望她带出去的男人能给她扎台型，让她有面子，带个强者出去，在众人面前，是可以证明自己有能力的本钱，所以，黄女有很多种，有时是那种为了梦想而愿意赌在一个“绩优股”男人身上的黄女，也有可能是为了权势和面子而钟情于豪门的黄女。

如果说红女希望找个强者，更多地是为了满足红色性格的虚荣心；那黄女希望找个强者，则是因为不能接受自己的男人比自己弱的现实，这个强者一定要在某方面比她自己强，当男人在收入上不如她强，或社会地位低于她时，要有某项才能让自己臣服。否则，黄女会情不自禁地以俯视的心态看待男性，而男人在没有自信的情况下，只能常到男科诊所挂号。

有的黄女会说，我只要觉得这个人有能力，我只要觉得相爱，我只要觉得值得，我不会在乎彼此收入上的差距；这种情况的确存在，不过这种情况，存于未婚黄女的概率将超过离婚黄女，就算她们这么做了，还将面临一个挑战，因为黄女天性中的不敏感，她们在表达爱的过程中，总是不经意地伤害人 。

黄色小女生成长了以后，有更多机会看到有更多成就、更多权力、更多资源、更多地位的男性，人们在理解黄女时有一个误区——黄女是现实的、趋炎附势的、喜欢金钱的，事实上，黄女内心要的只是一个比她更强大的男性，因为她们认为只有“强者才配和强者在一起”。诡异的是，和谐的黄女婚姻有不少都是和绿男在一起，真是滑天下之大稽。

强者！性格上的“强者”，以蓝男和黄男居多。

当她们看中蓝男和黄男，发起主动攻击时，忘了一件事，黄男和蓝男在白天也是拼杀滚打，他们回到家里，内心对女人的柔顺无比向往，而这一课恰恰是黄女最弱的。

黄女不会也不愿发嗲，让黄女学会温柔太困难，她们在处理问题上的毫不妥协让蓝男和黄男吃不消；黄女也鄙视红男的不稳重；绿男还没开始战斗，就早已被 pass。

总结一下，红男和绿男，这两种，黄女看不上；蓝男和黄男，这两种，人家又不喜欢太硬的女性，这就造成了黄女在择偶中的尴尬。

对黄女来讲，找不到合适的人，她就会告诉自己本文标题的这句话——婚姻不过是人生的一场经历而已。“多情自古伤离别，无情不似多情苦。一片芳心千万绪，人间没个安排处。”

感情姻缘这玩意儿，有，就有；没有，我还有工作。不会把自己搞得那么苦，有闲情逸致不如多干点工作。

如果要想找到合适的人，黄女不会改变自己的需求，找一个自己内心尊重的强大的男性是她对爱情的核心需求，绝对不可改变。唯一能够改变的，只有一项，那就是当她找到一个自己喜欢的男人时，别人不会因为她的强势和掌控而逃跑，只有当黄女意识到自己的性格局限，修炼自己的个性，让男人和她相处，成为向往的快乐，她所将面临的麻烦才有可能不出现，否则，本书中“强势”和“独立”这两节中陈述的所有悲剧，必将重新上演。

写给吃小鲜肉的你——喜欢少男的熟女

“少男”，代指年轻帅气的男人，现在网上俗称“小鲜肉”，与之相对的是“熟女”，各方面都较成熟的女子。有些熟女向往婚姻但走不进婚姻，是因为迷恋少男却不愿或无法和少男结婚。

暂且不论是否最终修成正果，少男和熟女的搭配，越来越习以为常，譬如王菲和谢霆锋，梅艳芳和赵文卓，张惠妹和王力宏；好莱坞更凶，喀麦隆与贾斯汀，还有麦当娜、黛米摩尔、茱莉亚罗伯茨、朱莉安摩尔、格温妮丝等，都有各自的小男人。

在胡文辉的《广风月谈》中，他对姐弟恋兴起的分析是：娱乐圈姐弟恋最明显的特色是，女主光芒四射，而男主相对黯然失色，有的也是默默无名。贾斯汀当年不过是以布兰妮的前男友而闻名，这正代表了一般姐弟恋的模式。那就是，女方在地位名望财富方面占优势，姐弟恋的关键，不在年龄，而在权力，徐娘风韵犹存是因超强的地位，女性的权力才是女性的魅力之源，因此姐弟恋和老夫少妻看似阴阳颠倒，实则社会学逻辑相同。老夫少妻成立，是因为老夫在传统社会中拥有更多的经济社会资源；姐弟恋成立，是因为姐在当代社会中拥有更多的经济社会资源。归根结底，姐弟恋意味着女性主导的情爱关系，姐弟恋之所以成为风尚，不过是女性地位上升，女性权势兴起的自然结果；而少男对熟女的依恋，有些是源于母性依恋，有些是希望吸阴补阳，向往自己能尽快成熟，有些是看重和熟女彼此的相处轻松，他们不用肩负经济、情感、生活上的压力。

这段分析，以社会学角度而言，非常精准。说白了，就一句话，找少男的熟女，多数情况下，女比男的社会条件与经济条件要好。以上这段话，更适合用在性格中有黄色的女性身上。而对那些在男女关系中，毫无主导欲望的红色性格女子，从这个角度分析，还不能涵盖和阐述她们的内心。

在四种性格中，愿意发展姐弟恋的性格，由弱到强排行如下：

最不愿意姐弟恋的是绿女，她们不会离经叛道，如果不是被少男猛追，绿女压根儿不会想到少男，因为女大男小所招致的亲友压力，对绿女而言，太难承受。即使初期因为少男主动，燃起星星爱火，也会因为身边人的反对而迅速熄灭。

排名第二，不容易接受女大男小的，当属保守的蓝女。蓝女对男人内涵指数的要求太高，她所希求的精神共鸣，在年纪轻轻的男孩身上很难满足，除非男孩年少老成，能读懂蓝女的内心，否则，很难达到蓝女所希求的灵魂默契。韩国电影《情事》，说的是一个已婚蓝女爱上比自己小 10 岁的男人，偏巧这男人又是她妹妹的未婚夫，但蓝女这时已 40 岁，小男人也已 30 岁，既有外表又有内涵，足以点燃蓝女内心深处的爱火，不过这属特例。

其余两种，黄女和红女，在和少男恋爱这事上，明显比绿女和蓝女所占的比例多得多。

黄女原本就是独断独行，我喜欢老的还是喜欢小的，关你屁事？就拿生理需求而言，我就喜欢男人年轻的肉体又怎样呢？历史上武则天御榻前男宠成行，能够做到年已七十，齿发不衰，丰肌艳态，宛若少女，最重要的一个原因，就是把满足性需要当作晚年养生保健的重要手段。女儿太平公主更甭提了，试用男妾觉得味道还不错噢，又分享给武则天，来个母女同乐。而乔治·桑直到 60 岁还在坚持洗冷水澡，只是为了让身体保持最佳状态和精力的充沛，好和那个比她小 22 岁的男人共享鱼水之欢。“我被一口口地断断续续地弄得筋疲力尽，我站立不住，多么疯狂的幸福”，看看，这就是两百年前的妇女解放性爱日记。

红女在喜欢老男人和喜欢小男人这两项上，是所有性格中接受尺度最大、跨越幅度最大的。不过，她们在喜欢小男人的问题上，有些自信心还不够、底气还不足的红女，内心会有既想追求自由快乐，又怕被说闲话的倾向，摇摆不定，进进退退，十分纠结。除此以外，从性格概率而言，红女远比其他性格，更能接纳姐弟恋。

第一个故事：抵不住少男的诱惑

性格色彩基础课学员安琪，在课前信中，写到自己的困惑。安琪和“小鲜肉”恋爱数年，明知没有结果，也不想继续，却又难以放手，十分痛苦，希望走出苦海。

> 我是大学老师，家中独生女，从小到大爸妈一直宠爱，所以我很任性、不成熟，已过三十可看起来还像个大学生。我喜欢接触新事物，喜欢的活动都是我学生这个年纪接触比较多的。对婚姻，我想找个能一起奋斗一起玩的，因为我不甘于生活平淡，希望每天都很精彩，可感觉同龄人的婚姻都很平淡，有点失望。
>
> 到目前为止，我一共谈过两次恋爱。第一段结束后，我单身几年，相亲不下三十次。不知道为什么，我很讨厌相亲，我觉得相亲就是把原本八竿子打不着的人牵扯到一起，两个人面对面坐着，很矜持地聊一些无关痛痒的话题，然后散席走人。每次相亲其实我都挺被动的，父母的好意让我没有理由不去，而去了以后看到对方，我就觉得大家都带有目的性，没什么意思……所以相亲的结果对我而言，就是走过场，然后彼此消失。
>
> 我一直在期盼有个人能突然出现，对我好，宠着我，志同道合，他可以没有房子没有钱，但是只要他上进，我就愿意跟他在一起……可万万没想到，让我脱离上一次单身状态

的人，居然是我的学生，一个比我小八岁的男生。

我 82 年生，他 90 年的。我们刚开始相恋时，他是班上最稳重的，而且兴趣广泛，什么都会玩，所以我们经常喊上班级其他同学一起去玩，每次都很开心。他向我主动表白，我其实很纠结，毕竟我比他大八岁，在世俗的眼光里，我们是师生，这样发展肯定会有很多舆论。可我可能是很想感受一下恋爱的感觉，最终还是答应他了。

谈了四年，开始感情很好，慢慢觉得他太依赖我了，消费都问我要钱，而且很直接，说："我没钱啊，出去的话你带钱哦。"因为这些事，今年年初，我就想跟他分手了，于是我买了个天梭表作为分手礼物送给他，可他拿到礼物后哄了我一下，竟把我哄好了，我也不知自己是怎么了，好像很容易就满足了。

我们分手半个月后他又来找我复合，我死活不答应，他就给我送这送那，没办法，我就又答应他了。但还是吵架，然后我提分手，我一提分手，他又来找我，就这样反复，以至于之后两个人玩冷战。我不想继续，但又舍不得，想着以后还不知道会碰到什么样的人。我很想分手，但又怕他来找我，我抵制不住，不分吧，我真的不开心。我现在想应该找个能照顾自己的人，但对他还是有些舍不得，我该怎么办？

喜新鲜、不甘平淡、重视体验、追求快乐，这是红色性格的典型特点。因为天性活泼、富有童心、好奇心重，红女很容易打破年龄的界限，去跟比自己小很多的人玩在一起。

在四种性格中，只有红色和蓝色把"精神交流"看得特别重。但两种人对"精神交流"的定义有区别。蓝色渴望的精神交流，是一种"盈盈一水间，脉脉不得语"的默契；红色渴望的精神交流，需要有大量语言交流，情绪的相互抚慰以及充分的全方位的认可。

蓝女假如已经判定一个男人不合适自己，就不会去见面，如果觉得有机会有可能，见了，也不会相处没几天，就轻易把对方踢出局，而是会有一个不短的考察期，两个人能不能精神交流，绝非一次就能得出结论。

在情感中，红女强烈需要被关注和认可，对方“表现得非常在乎”，加上可以一起玩得很开心，于是红女就从了。当情感带来的喜悦感足够强烈时，红色可以暂时逃避世俗的眼光。

熟女与少男恋爱，少男常把熟女当成自己的依靠，而红女却希望自己做被呵护的一方，于是难免出现矛盾。因为红女在意的是被关注和认可，所以当少男“哄”她，她的需求得到满足时，心情迅速就好，但过了一阵子，由于根本问题没有解决，又会陷入新一轮的纠结和轮回。

除非有外力介入，“没骨气”的红色想要自行摆脱一段情感比较困难，因为天性中对人的关注，对被认可的需要，当对方表现出不舍、依恋乃至疯狂追求时，红色脆弱的理智很容易被情感的潮水冲垮。

第二个故事：扛不住外界的批评

红女是感性的，享受那种感动自己的感觉和对爱情轰轰烈烈的向往。很多红女为了爱情可以不顾一切，但红女偏偏很难承受别人的批评。

另外一个外人看来条件不错，离异后一直没有再婚的朋友，是这么说的：

> 离婚后，被一位小我12岁的男孩死缠烂打，他是艺人，糊里糊涂他就住进我家。同居一年，关起门来，我们非常好。可一出门，被我的朋友嘲笑，传我养了个小白脸，我特别挂不住，而实际上他每月的收入全在家用上了，虽然不够维持，但他尽力了，我努力跟朋友争辩，仍然遭到嘲笑。由于不受我朋友的祝福，我还是跟他提出分手了。分得很惨烈，他不走，我叫来一位朋友的两个2米高的保镖把他拖出去了，我

红色性格中对被认可的需要，
当对方表现出不舍、依恋乃至疯狂
追求时，红色那脆弱的理智很容
易被情感的潮水冲垮。

让他们拖出去，实际上保镖几乎是把他搡出去的，他的东西也是被两个保镖装进大车拉到他家楼下的。分手后，我感到彻骨之痛，曾主动寻他回来，却找不到了。

自那次后，我发现内心里我由衷地喜欢和比我小的男性交往，好看的有肌肉的干净的没太多追求的知道品质的有点艺术气息的，至于有没有头脑，每个人定义不同，我其实没那么在意。

由于那次交往，我几乎无法再跟年长于我的男性交往，我一直偷偷摸摸地跟比我小的男性逗闷子，却从未明目张胆坦荡恋爱，即使公开，也是在很小范围内，把这种关系公开于我重视的朋友和生意圈子我有心理障碍，也不知道为什么。为什么我这么喜欢小男生，却又不敢暴露在大众面前呢？现在我自己把自己的路堵死了。

红色性格由于情绪波动大，为人处事容易两极化。也许你很难理解，为何这个平日作风豪放，从不扭捏，有时甚至不听朋友劝，硬要干出些飞蛾扑火事情的女人，却也会在意别人的看法，甚至要偷偷摸摸和少男恋爱呢？其实，解读红色有个秘诀，就是“看心情”。当红色情绪亢奋时，大有“死了都要爱”的气魄；但当情绪低落时，又会变得很敏感，受不住别人一句简单的调侃刺激。

红色嘴里最喜欢高喊“要做自己”，却也常无法无拘无束地做自己。在爱情和婚姻中，最终，每个人都不得不为自己的选择负责，故此，有些自我认知，红色需要牢记：

1. 过分在意别人评价，既是性格的局限，也说明内心虚弱。因为喜欢少男而害怕别人负面评价，只是表象，假如换成喜欢老男人，一样难免，也许遭致很多负面评价，每个人都无法讨好所有的人。因为不管你嫁给谁，都会有不堪的声音。你嫁给比你条件好的人，别人会说你现实，是看上了别人的钱权；你嫁给比自己条件差的人，别人也会说，你是找不到更好的

红色是嘴里最喜欢高喊“要做自己”的人，

却也是最无法无拘无束做自己的人。

了。中国社会的攀比心理，古已有之，嫉妒永远存在，人们嫉妒你是因为你尚有被嫉妒的价值，姑且不妨阿 Q 一下，把嫉妒当成仰望。

2. 要分清自己只是一时的喜欢，还是深刻的爱恋，再看要不要坚持。从这段恋情开始的方式来看，"糊里糊涂住进家里"，后来因受不了朋友的嘲笑，找保镖推搡少男出门，最后又舍不得，试图吃回头草，这一系列的事，可以反映出当事人目标感极弱，对自己将来要跟什么人在一起和如何度过余下的人生，毫无概念。

为何红色熟女喜欢少男?

主要有以下几个原因：

第一，对很多熟女而言，会觉得少男比大叔更加真诚，"真诚"这个词，在感情上绝对不是可有可无的词。红色熟女的想法是：老男人见多识广，对女人也许早已麻木，不会轻易付出真心；少男未定性，情窦初开，更容易付出真心。小男人的简单和干净，在渴望爱情的熟女看来，是那些成熟男人丢掉的最可贵的人性。所以，如果只想单纯地谈一场恋爱，心智成熟的少男是不错的选择。不过，这也最容易让熟女受伤，有一天，突然发现，少男也许并不单纯，这个打击就太大喽。

第二，因为红女内心一直拒绝长大，大部分时候，她们并不觉得自己和小鲜肉有年龄差距，甚至常常需要小鲜肉倒过来哄她们。但姐姐为何能被弟弟轻易哄到呢？其中有个奥秘。红女有个致命的特点——幻想！她们自己称为梦想与希望，就是 dream 和 fantasy 的区别。红色的幻想，绝对可以被语言勾引。而小鲜肉还正处在喜欢展望未来，勾画乌托邦的时候，于是红女就觉得，只要再过两年，这些生活便会成真，现在照顾弟弟，两年后便可收成。

第三，和比自己小的男人恋爱，还存在另外一种可能，是一种拒绝负责的潜意识的事情，男女都一样。如果对方的年龄较小，不用考虑太多婚姻和责任，正好切合了红女不愿承担生活重任的心态。

第四，对深谙床第之欢的熟女而言，少男显然更具性吸引力。一个强势有事业心的朋友毫不讳言“年轻的肌肤让我情欲蓬发，而年老的软绵绵的大腹便便，会让我性致全无，浑身鸡皮疙瘩”，她认为唯有少男才能给她万般温柔，但她选择只拍拖不结婚，原因是：“我敢爱敢恨，我们不爱了，就洒脱地分手，不必耽误大家，一棵树上吊死，就是放弃了整片森林。”这也代表了一些喜欢少男的熟女内心的声音。

第五，红色性格的人生观之一，就是人生不过是“好玩”。人生本来就无常，把握不了未来，就享受当下。金钱和物质是给看客欣赏的，身体上的满足和肢体的关切，才是最实在和切身的。对很多喜欢少男的熟女来讲，大男人的性兴奋点很高，缺乏激情，即使有，也会很好地控制，对女人的性行为也有诸多怀疑和猜测，目的性太强，而心里只有目标，没有过程的竞技肯定不爽。而一个对自己有足够自信的女人，才会选择小鲜肉。

熟女与少男为何很难走进婚姻?

仔细想来，中国古代四大爱情传奇的姐弟恋就有三对：白娘子和许仙，七仙女和董永，祝英台和梁山伯，每一对，女的都比男的大，而这三对都以悲剧收场。唯一圆满结局的是柳毅与龙女，估计女的比男的小。看来在古代，姐弟恋少有幸福，而且，在古代也不为社会文化所鼓励。中国现在的这个时代，在我看来，差五岁之内，根本称不上差距，那么，熟女与少男的情感，一旦触及婚姻，会遇见什么问题?

一个发誓再也不碰少男的熟女小鱼儿，对我说：“我可以迷恋一个少男，但绝对不会深爱一个少男。就算你以为的深爱，也只是短暂性的深爱，因为接下来，时间会一点点剥掉你积淀的爱恋。”

在小鱼儿自述的情感轨迹中，遇过两个比她小的男子。

因为红色女性内心一直拒绝长大，
大部分时候，她们并不觉得自己比小鲜肉老。

第一个少男，表演学府的校草，一副台湾偶像小生长相。是让人第一眼会喜欢的类型，优点是很会讨人喜欢，安静待着也不会闷。但一相处起来，就开始了母子关系，从照顾他穿衣吃饭喝水，到感冒买药接送，他随时丢一堆事情让你去解决。为了陪伴，只有放下工作、朋友，像家人一样在他身边。从我不太会做饭到研究菜谱，他打游戏我看电影。这样的日子初期也乐此不疲。一个多月后，一个深夜，我转头看着这张低头打游戏的完美侧脸，问他，你想过以后吗？他说，什么？等一下，我快要打过了。我默默把头转了过去，原来我们不在一个频道，他是在燃烧青春，我是在陪他燃烧我仅剩的青春。

第二个少男，歌手转型的演员，让人会迷恋的90后小鲜肉。大男子主义中带些温柔，情场的老练让他非常清楚女性的情感软肋在何处。这样一个体贴完美的小男生，却有着成熟的行为，实在难得。认识一段时间后，让两年没碰感情的我居然找到了心跳的感觉，紧张和在乎，包括“脸红”这样的词语，都出现在生活的字典里。我放下了戒备和抵御，试着接触，但生活的确是最好的编剧，在两个人情感最为浓密时，我去参加行内聚会，吃了个饭，饭毕，同行路上，一富豪女资方沮丧地低头发着信息，我多嘴关心问了句对方，旁人答道，她刚和XX吵架，心情不好，失恋吧。那一瞬间，我才明白，这个完美的少男，原来长期被友人圈养着。于是，这段情感便像烟花一样短暂地熄灭了，留下死一般的寂静。

有些熟女，觉得和少男谈恋爱，是无功利的真正恋爱，没有结婚的压力，没有未来的担心，纯粹而唯美，这样想，未尝不可，只是熟女要准备好接手之后的落寞，因为通常越美丽的事物，存在越是短暂。除非你能彻底想通，人生就是一个旅程，反正有好有坏，无非是种经历。

有些熟女，面对少男，有种隐蔽心态，估摸对方也没打算和自己天长地久，反正今朝有酒今朝醉，明日再担明日忧，既然现在两个人在一起不错，那就索性“你在，便享受所有；你走，不强留，不怨恨”。

有些熟女，希望可以因为一个男人而让自己变得更好。遗憾的是典型红色性格的女人，既贪心小鲜肉的温情和刺激，又希望自己仰视伴侣，知道只有老男人才能够带来，可因为当下自己还是两种感觉都想要，所以，才不想给未来早下定论，心里想的是，玩不动了，再找个男人相依到老，不问情事。

还有些熟女，她们的付出，需要未来修成正果得到回报。虽然最后时过境迁，红色捶胸顿足，大呼自己浪费了青春，但遇到下一个能造梦的小鲜肉，依然会莫名其妙地栽进去。倒并非是小鲜肉不为未来做努力，只是红色熟女被外界逼婚逼急了，自然而然就操之过急，没有足够耐心等待鲜肉成功，红女喜欢短时兑现，不具备李安老婆在漫漫岁月中等待老李爆发的心理素质。在与小鲜肉的经历中，她们会很纠结，时而觉得已经等了两年，你咋还没成器啊；时而又满心希望，其实为的是做给别人看。红女自己的这种情绪不稳定，也导致了和小鲜肉不能修成正果。

独嘉秘籍

小昊告诉我，电影《东京铁塔》中，18 岁的小透对长他 20 岁的有夫之妇诗史一见倾心，三年来，他心甘情愿地守在电话机旁，等待她的召唤。当然，也有不甘心，雨夜，他不让她回家，想让她脱离给她精致生活的老公。两个人情事败露。诗史被小透的母亲当众羞辱，小透则被诗史的老公踢下十米跳台。从游泳池里爬起来的小透不顾一切地走向晚会中寂寞地坐在一角的诗史，抱住她说：“我好想见你，我不是你的玩具。”诗史却说：“你不该到这里来，我不要坏掉的玩具。”小透在绝望中爬上高楼，望着东京铁塔，跟诗史说，要从此消失……

影片结局，诗史断了她的婚姻，到法国去寻找小透，两个人在黄昏的铁桥上相拥。真是孤注一掷！在爱情和稳定的生活之间，虽然后者会

还有些熟女，她们的付出是要未来修成正果得到回报的。虽然最后，时过境迁，红色会捶胸顿足，大呼浪费了为数不多的青春。

让人心有不甘，但选择前者却需要非凡的勇气。

而在萨冈的小说《你喜欢勃拉姆斯吗》里，高富帅少年西蒙在雨中等待比他大十多岁的宝珥从店铺出来，雨淋湿他的外套，两个人相视无言。西蒙瞥到街边招贴筒上的演奏会广告，痴痴地问：“你喜欢勃拉姆斯吗？”宝珥却苍白而美丽地叫他走，她不能爱他。

亦舒对此的注释是：恋爱过后怎么办？结婚？嫁一个小若干岁数的丈夫是需要很大勇气的。婚后开门七件事跟着而来，神仙眷侣也不得不面对现实，落入俗套。最可怕的是养儿育女，孩子一出生，那响亮的哭声，能把最洒脱的男女打回平凡的原形，这便是恋爱的后果。

恋爱后的婚姻带来的问题，不仅是熟女与少男面临的，而是所有走入围城的男女共同面临的问题。熟女与少男的问题是，他们在最美的一刻相遇，他沉迷于她的成熟之美，她借他的激情暂时忘却寂寞。但这最美的时刻，又是最短暂的，犹如玫瑰，美得愈烈，谢得愈快，除了伤感，就是叹息。

诗史的老公对小透说，比你大 20 岁的女人，你能跟她缠绵到几时？当你 30 岁，她就已经 50 岁了。小透的母亲对诗史说，你独占了我儿子最宝贵的三年。但这三年，何尝不是诗史最后最好的三年呢！这之后，可能就只剩下难以挽回的失去。

熟女与少男之间的相互吸引，首先是生理上配合的完美，这道理大家都懂。从人性来说，男十几岁与女三十几岁，性欲的强烈度在同一层次，同一年龄层的男女性需求反而没有这样般配。熟女与少男结合，有的是艺术美感，难的是延续到生活。作为熟女，必须作出判断和取舍，是纵身于激情，还是止步于未燃。不同性格的熟女必有不同的选择。

不需验证的是，纵有那么多前车之鉴，仍有那么多扑火之蛾，而且古老的情节被历代传诵，经久不衰，只能印证一句话——人性的需求无法被抑制。

写给钟爱大叔的你——

逃不出爱老男人的宿命

不少女人提起自己的爹，立刻眉目流淌爱慕的神情，择偶标准也常简化为一句话——找个像我爹一样的男人。之所以女儿觉得父亲完美，那是因为她深知世上很难再有另一个男人像父亲那样爱她，如果某人爱她如生命，还用她喜欢的方式爱她，那么此人的一切缺点，都将被自动屏蔽。

恋父情结，通常发生在两种女孩身上：一种是从小失去父爱，或没体验过父爱，从而渴望父爱；另一种是对父亲无比崇拜，认为强者就是像父亲这样的人。恋爱时，有恋父情结的女子自然而然地会转换为爱大叔，故而，也可叫作“大叔情结”。影片《这个杀手不太冷》堪称女孩爱上老男人执牛耳的代表之作。

喜欢老男人这事，女人通常有两种价值取向：

第一种，和老男人在一起，自己可以有更多成长，而不能让自己成长的男人，根本无法让自己尊重，那也就不会有爱，这是黄色性格。

第二种，更看重和老男人在一起，可以得到自己期盼的感觉，而这些自己要的感觉，就是爱，这是红色性格。

黄色性格“恋父”——要的是能降住自己的老男人

黄女在追求事业成功上，比其他性格的女性更强烈，倘若是黄女恋父，总想找个让自己臣服的男人为伴。

京剧名伶孟小冬，一名坚毅果敢的黄女，18岁只身到京城，以老生扮相赢得“冬皇”称号，与梅兰芳成就佳话。梅兰芳比孟小冬大14岁，当时已有妻室，孟小冬不顾流言，毅然下嫁。其后发生了两件事，摧毁了两个人的感情。一件，是孟小冬的一个疯狂粉丝，冲进她和梅兰芳的住所，并在混乱中打死一个人；另一件，是梅兰芳的伯母去世，孟小冬以二房身份去戴孝，却被梅兰芳的另一位夫人赶了出去。第一件事中，梅兰芳身边的很多人，怀疑孟小冬与这个粉丝有不正当的关系，梅兰芳没有站出来挺她；第二件事中，梅兰芳没站在她这边保护她，反劝她回去。因此，孟小冬感到这个男人不是她心目中想要的“强者”，甚至连当初的给她名分的诺言都兑现不了，断然登报离婚。离婚后，孟小冬寄情事业，将“冬皇”的名号做得更加响亮，最终，42岁时，嫁给了上海滩最厉害的男人杜月笙，彼时，杜月笙已年过花甲。

很多黄女，从小到大，一直不乏爱慕者，但总觉得同龄男生太不成熟，不是只懂耍酷的绣花枕头，就是只会死读书的书生。黄女的内心强烈期望，她们能从她们的男人身上学到很多东西，让自己快速成长，这男人的经验层足够丰厚，可以在知性或理性上足够营养自己，一定要让自己仰视。

什么叫仰视呢？看看下面的故事：

大四下学期，我在广告公司实习，我学的是财务，带我的是我同校同专业11年前的前辈严。公司刚好接了一个大案子，严是执行人之一。每天他都忙得昏天黑地，有时甚至熬上几个通宵。初来乍到的我被分配的只是打字，我很郁闷一直没机会表现。

一天，严把我叫到办公室，原来我把合同上的金额打错，少了一位数。严劈头盖脸训了我一顿，不过是个数字嘛，至于吗？严看我不以为然的样子，气不打一处来。我哭着走出他的办公室，对我的反应，他也慌了，连忙发消息向我道歉。

我没理会他，而是一味地顾影自怜。晚上，严约我吃饭，我们谈了很多，我也知道了他的不易。要是没有这次风波，我和严可能就像两条平行线，永远不会有交会的一天。那次之后，我心中情愫暗生，认真的男人最有魅力。看着他忙碌的背影，谈判时的游刃有余，我觉得男友就应该是这样的。

为了不被别人说闲话，我应聘到了另家广告公司。公司正在起步阶段，我一去就被委以重任，我暗下决心不能辜负老板的期望。那一年，我学会了拜访客户、独立策划、提案、执行。所幸，有严的技术和精神支持，我进步很快。但渐渐地我发现，我已经不再像从前那么需要他了，他对我的有效建议也越来越少。记得有一次严问我："你一直说需要找一个让你仰视的男人，可是如果有一天我不再让你仰视，你会不会离开我？"面对表情严肃的他，我竟一时不知如何作答。严从我的沉默中得到了答案，我想他大男人的自尊心一定很受伤。

我曾采访过很多喜欢大叔的女子，为何在自己青春豆寇、年华正茂完全可以男人随抓一把时，却找个比自己大许多的男人？她们的回答通常是，我很崇拜他，他人生经验丰富，可以教我很多，那些年纪差不多的人连自己的生活都搞得一团糟，怎么教我？

一个小友，跟比她大20岁的男人在一起，在一起的时候，也没打算嫁给他，那段时间只是很希望有个人能照顾自己并且觉得可从他身上学习，在她看来，那个老男人总能用最快速度帮她解决问题。记忆最深的一次，办公室保险柜钥匙有两把，领导都放在她那儿。有一次她在国外休假，领导让她带着钥匙回去开柜子。这女孩事业心很重，心想钥匙放在自己这儿，是领导的信任和器重，但万一下次要开柜子时，人还在国外，领导联系不上，耽误了工作怎么办。把钥匙给其他同事，肯定不行，而领导自己又不肯拿。惆怅的时候，老男人给她出了个主意，两把钥匙，把其中一把用胶带黏在领导办公桌下面，另一把自己拿着，下次领导有紧急事找，

黄色性格女人的内心强烈地期望，
她们能从她们的男人身上学到很多东西，
让自己快速成长起来，这个男人一定要让自己仰视。

就对领导说，我走前黏了一把在您桌子下边，交给其他同事我不放心，也怕耽误领导您工作。事实是，从此之后，领导对女孩更满意。这事搞定之后，女孩更加仰慕这个老男人，感觉跟他在一起成长真是神速。

黄女为何恋父，又为何失去了本来可以依恋的爱人，在性格色彩咨询师课程上，另一位学员的分享中袒露无遗：

我从小就是个很狂妄和自以为是的女孩子，年少时，就一直认为自己能出人头地。我想之所以表面低调，是因为家境贫寒和父母经常不和而引起的自卑，于是幼年我总是不爱跟人交流，后来考上了重点大学。在大三时，决定要考中科院的研究生，而且一次没考上，便租个房子，独自一人很艰难地又考了一年，终于成功。

刚毕业时我谈过几次恋爱，男朋友对我的印象是统一的，开始觉得我应是一完美的女孩，聪明漂亮善良坚强；交往一段时间，觉得跟我在一起少了点什么，因为我总是很主动，而且有太多想法，好像让人跟不上来一样，感觉开始下降；再过段时间，觉得我有些心理缺失，而且很强势；总之，最后就是觉得不合适。

后来，大约八年时间，我不再谈恋爱，把重心放在其他方面。直到有一个比我大 15 岁的优秀男人爱上了我，他向我表白时，我才注意到他。后来我发现他很适合我，就是很能包容我，他很有男人气，也很温柔，我发现我其实需要的是这样父亲式的能够降服我的男人。他离过婚，小孩跟了前妻，对这点我并不介意，因为每个人都有过去，我要的是我们两个人的将来。但当我发现他对前妻和孩子还放不下的时候，便对他产生了不满，尤其是他总是瞒着我接前妻的电话，我觉得这意味着不尊重我。后来，我们之间的冲突升级，他的一些做法，激发了我的挑战欲，我禁止他接前妻的电话，也不允许他去外地看前妻和孩子。而他变得越来越逃避这一切。

> 最后我对他失望了，放弃了。这件事情以后，我陷入了迷茫。我觉得男人应该是强大的，但现实中遇到的男人都太弱了，也许我应该抱定独身主义，不再浪费时间了。

前几任男友，均因为这个黄女“过于强势”和“跟不上节奏”而分手。最后一段，不得不说，是这个女孩的悲哀。在她火力全开的攻击下，这个富有包容心的男人逃之夭夭。可怜的是，她居然认为是对方太弱的缘故，她以为限制这个男人去看前妻的举动，让对方屈就妥协，说明了自己在这个男人心中有多重要啊，但事情的本质，是她妄想割裂这个男人所有的历史。遗憾的是，她不明白这种强迫，只会让这个男人觉得自己是不仁不义之徒，对这个男人而言，既不相信自己，也不近情理的女人，不可能长期接受。

黄女一生都需谨记，工作和爱情是两个完全不同的领域，切勿把工作中对事情的强大“控制力”，复制到情感中，变成让人无法忍受的“控制欲”，也不要把婚姻变成权力争夺的战场。在这个问题上，最有代表性的当属邓文迪，因为她黄色性格的执着和目标坚定，她完成了世人认为不可能完成的任务，在30岁时成功拿下68岁的默多克，后来在英国议会上向袭击者作出一巴掌的护夫神举也被世人津津乐道，但很遗憾，在与默多克的婚姻战斗中，最后不欢而散，故事大家都知道，此处不再展开。

红色性格“恋父”——要的是备受宠爱的感觉

> 才女张爱玲是红色性格“恋父”的代表。她出生于金粉世家，4岁时，母亲离家出走，父亲教她念诗读书，还带着她出入咖啡馆、夜总会，她对父亲有一种特别的依恋之情。后来父亲另娶继母，当听到这个消息时，她正在阳台上，想：“如果那女人就在眼前，伏在铁栏杆上，我必定把她从阳台上推下去，一了百了。”后来继母进门，果然发生了很多不快，父亲还因此把她关在家里，她感到十分痛苦。

> 26岁时，张爱玲遇到已有妻室的胡兰成，两个人年龄相差14岁，这段爱情，已经有了几分恋父的味道。婚姻失败后，张爱玲正式成为大龄剩女，独身多年。一直到36岁时，张爱玲在美国文艺营分到了宿舍，有了自己的工作室。在这里，认识了一个叫赖雅的65岁男人。张爱玲孤身一人漂泊异国他乡，没有绿卡，举目无亲，寂寞苦闷，而赖雅则是第一个从精神等各方面关怀她的男性。

因为童年缺失父爱所导致的“恋父”，常见于以红色性格为主的人群。

红女“恋父”，恋的是父亲般的宠爱和呵护，执着于此的女人，往往认为，同龄男生给不了她们要的关注和认可，而年龄相差10岁甚至20岁以上的男人，事业更发达，为人更成熟，有足够条件和阅历给予她们渴望得到的爱。

一个叫小唯的学员，因为恋父情结，已耽误多年，感到迷茫，课堂上说：

> 我有个糟糕的父亲，这个不讲道理、脾气暴躁得像魔鬼一样的男人，用我母亲的话说，他吃喝嫖赌样样有，恶俗到经常跟我母亲讲他的风流韵事。我们一家人一直活在无奈与恐惧中，我跟哥哥亲眼看着他打了我母亲一辈子。有一次他对母亲动手的时候，我挡在前面，他居然拿刀指着我说要杀了我。在我的心里，没有父亲。
>
> 十年前，我认识了人生中第一个男友，48岁，离异，韩国人，而我那时只有23岁，对男人一片懵懂，从未谈过恋爱。
>
> 他是我公司的老板，很关心我们，记得有一次他看到我们的办公桌坏了，用棍支着，他一脚把棍子踹了，并大骂负

责人，说怎么能让员工用这样的桌子。他经常带韩国糕点来给我们吃，对我也尤其好，知道我加班回去太远，让我单独住公司员工宿舍，并给我配全新的家具，我当初并没有想太多，因为我觉得我工作够努力，这些都是应得的。后来我开始关注他，我发现他每次开车经过门卫处都跟门卫挥手，喜欢毛绒玩具，是个善良而且很有魅力的男人。我爱上了他。

我们刚开始交往的大半年很好，后来他越发忙了，他忙起来无暇顾及我，别人告诉我，他现在跟他的秘书住在一栋楼里，虽然他后来解释，秘书的父母给他做保姆，但我还是排山倒海地怀疑以及嫉妒。

后来上海分公司成立，我主动请缨去做财务，我很忙很累，但他很少打电话给我，甚至几个月都不会去看我，在我听到他种种复杂的关系后，再也忍不住，像疯了一样质问，他总是回避，让我痛不欲生。后来我跟他商量后，辞了职回家，他去机场接我，我们又和好如初。

突然他又很忙碌，我独自去旅行，旅行完直奔他家，想给他惊喜，晚上在他家门外等了三个小时，大约十点多，我等来了他跟另一个女人……我在他家小区坐了一夜，第二天早上我敲门，他刚外出，我见到了那个双手叉腰的女人，她使唤着保姆，并嘲弄着我的无知，我跑去追他，想问个清楚，那个女人居然开着奥迪跑车过来说带我去找他……

事情已经过去五年了，五年来，我一直单身，我不再相信爱情，我怕失败，也不知道什么样的男人适合我，我怕不能给未来的孩子一个幸福完整的家庭，我怕的是，在以后的爱情里把握不住自己。我想要找的男人，是无条件地爱我、包容我的，但似乎再也遇不到这样的人了。

假设你是一个没有成熟的小女人，老男人能敏感地发现你的情绪，细腻地引导你的情绪，了解你的全部心思，知道你的全部需要，但不会明显地让你感觉到他早就知道，这正是他们的高明之处。最后，老男人让女人们对他形成生活和精神上的双重依赖，犹如回到少时饭来张口衣来伸手的日子，觉得他像真正的老爸，所有的事情他都能解决，不会让你跟着操心；所有的事都能解决得很好，只等着你由衷地敬佩和欣喜。

老男人可以不厌其烦地每天为你准备好一杯牛奶，可以絮絮叨叨地问你头还疼不疼，感冒药吃了没……总之，他不会在电话里第一句就问“想不想我呀”之类小儿科的话语，他把女人当孩子照顾的感觉，让女人感激涕零。

老男人表达爱的方式很含蓄，你在肯定与怀疑之间的徘徊，让他有足够时间来表现成熟自信和对你细心的关怀。

红色性格的小唯从小缺失父爱，当遇到一个无微不至关怀呵护她的男人时，老男人的呵护，让她无忧，老男人的稳重，让她发现自己可人；这个老男人还有些经济底子，那基本满足了所需的一切。在老男人的魅力下，难免彻底迷失，七荤八素，神魂颠倒，陷入情网。对小唯来讲，这个老男人就是她人生中全部爱的寄托，但因为对方种种复杂的情感关系，小唯一再情绪化，本是要去给惊喜，结果变成惊吓，“逼宫”面前，老男人干脆提出了分手。

但小唯可能从没想过，她爱上的其实并不是这个男人，而是这个男人给她带来了她需要的那种感觉，而这个感觉，本应是她成长中由她父亲给予的。

红色有时爱上的其实 不是这个男人，
而是 这个男人给她带来了她需要的那种感觉。

像小唯这样的红女，有强烈的情感需求，在成长过程中容易遭遇外力打击，因为长期得不到情感满足，会貌似沉默寡言的蓝色性格，可内心的触点一旦被启动，便无法被压抑。当她自己内心成长，让自己内心变得成熟坚定后，对大叔的渴望也就没那么强烈了，或许反会发现，年龄相仿、志趣相投的男人，才是她真正的幸福归属。

我在《超级演说家》第三季带的一个学生，是来自台湾的小朋友——林孟欣，在培训过程中，我们聊了很多关于她的爱情。本书出版之前，我把这篇文章发给她看，她给我回了封信：

小时候因为父母离婚，爸爸几乎没怎么陪伴过，所以，潜意识里，就喜欢能陪伴我、让我长大的男生。初恋时我15，对方32。他脾气不好，我总能包容他、等他，他也总向我道歉，我觉得当时很喜欢他的原因就是：他总会很细心观察我需要什么，买热水袋温暖我的胃；知道我手机常没电，就买充电宝给我；知道我考高中，就督促我念书，而不是像其他同学一样每天谈情说爱。他可以带着我成长，陪我哭，陪我笑，我也可以尽我所能成为他的小助理，我们互补得很不错。也许他很适合我，可我不在他的计划之中，这也是我们最后分开的原因。

后来，和一个刚大学毕业的男孩在一起，刚开始很开心，可以玩到一起，但渐渐地当我身体不舒服，脸色很差的时候，他只会觉得为什么出来玩还要摆脸色。让我们在一起不到3个月的导火线是，他总觉得我和他那些兄弟们的女友不一样，不爱打扮，不喜欢穿裙子，嫌我腿粗，我那时为了他穿了裙子，当身边闺密都难以置信时，他又开始嫌弃我。我实在和年轻的男孩没法在一起。

以前认识了一个网友，我们无话不谈，偶尔打电话，他给了我很温暖的感觉。有一次演讲比赛，彩排前我紧张到哭，打给了两三个朋友，只有他刚好有空接了我的电话，我才发现我竟然愿意把最脆弱的一面摊开给一个从未见过面的三十岁男人看。我记得去年圣诞节，他准备到台北来陪我过，可节前他出了车祸，躺在家里一个月，我有点失望，周围朋友一直要我去看他，一直到上周才见了第一次面，感觉像认识很久，但也没发生任何事。然后开始变得更热情，我面对突如其来的改变，反不知道怎么面对，朋友问我："真的喜欢他吗？"其实，我现在才明白，自己根本不喜欢他，而是乐老师您说的"这个男人给她带来了她需要的那种感觉，而这个感觉，本应是她成长中由她父亲给予的"。

其实，乐老师您解开我父亲和我的"心结"，不仅仅我开心多了，现在想起爸爸，也没有委屈和失落，反而多了和他相处开心的回忆。现在面对爱情，我也终于不再需要其他男人给我那种父亲的感觉。虽然如此，但我还是无法保证自己不会再爱上年纪比我大十岁以上的大叔，因为朋友中年纪与我相仿的大概一个手掌数得出来，不过除了年纪，找到一个志趣相同的男生，应该才是最重要的吧。

独嘉秘籍

朋友 KIKI 和我讨论时，曾有个强烈的困惑。她过去一直以为，假使父亲对女儿的好，好到样样包容，事事宠爱，导致这个女儿在找男人时，想找"父亲那样的男人"，这才叫恋父情结；可如果这个女人此生从未得过父爱，何来"恋父"？在她的心里，自己的父亲就是个反面教材，一向妈妈主外，爸爸主内，但爸爸从小到大没给她买过一个玩具，说话也是命令式的，从不听她的想法。当她懂事之后，就会叛逆，觉得爸爸没道理的话还必须要求一味服从，他身上又没自己可学的东西，导致父女关系陷入僵局。在她的恋爱记忆中，男友都比自己至少大 8 岁，她不喜欢同龄人，觉得像小屁孩，还没自己成熟，找年纪大的，可以教会自己很多东西，难道这种爱大叔也算“恋父情结”吗?

我明确告诉她，是的，这个就是本文中“恋父情结”的一部分，虽然与传统心理学的定义可能有所区别，但毕竟本书不是一本心理学教科书，我们每个人也并不希望成为理论家，而我也只是希望通过这个实用的心理学工具——FPA®性格色彩，帮你快速解决当前的困惑和烦恼，并且提供一个“色”眼识人的视角。

在本文开篇，我明确指出有两类人内心都有这个情结，其中一种，就是因为从小失去父爱，或自己没体验过什么父爱，从而渴望父爱。对KIKI来讲，就是属于这样的情况。

不管你是恋父也好，爱大叔也好，使用什么名词并不重要。重要的是，你一定要搞清楚自己为何会喜欢那些比自己大很多的男人。是因为过去一直有太多美好的父爱，长大了还要不够；还是因为过去从来没有父爱，长大了想要补上？是因为黄色的那种要成长，还是因为红色的那种要关爱？搞清楚这些本质，你才可以明白未来怎么做。

当你明白这些后，你会发现答案显而易见。

那就是，无论要成长，抑或要关爱，见了大叔就兴奋，核心原因都是：内心有个固有思维——年龄大的就成熟，年龄小的就不成熟。

因为他们成熟，所以，不会像年轻男人那样爱玩；不会像年轻男人那样不分轻重；不会像年轻男人那样没有安全感；他们比我懂得多，他们可以教我很多东西；他们经历过情感沧桑，他们应该更愿意过稳定的情感生活，他们应该更懂得包容……

亲爱的，你陷入了一个巨大的误区，你的这些想法是建立在一个假定之上，那就是——老男人一定比小男人成熟，年龄大，一定比年龄小有优势。从概率上分析，年龄大吃过的盐比年龄小吃过的饭要多，但如果这个老男人，一辈子没离开过他出生的地方，一辈子打交道的人掰着手指头都可数过来，一辈子做一成不变的工作，一辈子只谈过一个女朋友；而那个小男人，儿时就流浪江湖，每天要和三教九流各式人等过招推挡，要在不同的环境和经历里遍尝人间冷暖，小半生已在情感上死过好几回，那么这两个人中到底谁更成熟呢？

你要小心噢，我并没有在这里给你任何暗示，并没有引导你得出一个结论——上述假设，说明小男人比老男人成熟。我只是提供给你一个思路，不希望你被生活的假象所蒙蔽。

决定一个人是否成熟的，并非只根据他的年龄，也不仅是根据他的经历，经历肯定比年龄更重要。每个人底子不一样，经历的事不同，感悟和认知也不同。除此外，还和这个人的性格有关，有的人从一个跟头中就可快速成长，触类旁通，举一反三；而有的人则只会一生不停地在同一个地方摔跟头，永远是扶不起的刘阿斗。

如果你想找个成熟男人，你当然会在开始，容易被大叔外表吸引，你要小心，不是所有大叔的外表下都有大叔的心。心理上的成熟，绝不仅仅是外表成熟，而是有经历、懂得珍惜，可为你师，可为你父……大叔的外表可能有颗小鲜肉的心，而小鲜肉的外表也可能藏着一颗大爷的心。

最后，再啰唆一句你早就烂熟于胸的常识，除非现在阅读本书的你，是个对男欢女爱体验尚浅的菜鸟。

通常的生物规律，在身体的欲求和原始战斗力上，男人的巅峰集中在 20—30 岁，女人的巅峰布局则在 30—45 岁，男人过了 30 开始走下坡路，女人过了 30 才开始进入万物生长的好季节，这就是为何老夫少妻不如老妻少夫性和谐的根源。所以，女性在不同的年龄有不同的选择很正常，当心智不成熟时，需要一个心智成熟的男人滋养心灵；当心智成熟时，希望有个身体强壮的让我春光明媚。天下父母是过来人，总担心自己的女儿要是找个年纪相差太多的，以后会毫无性福，为闺女的下半生着想，愁煞人啊。其实，老人家无须多虑，万事万物都有人性的需求在指引。时间到了，姑娘们自己会明白的。

总之，姑娘，只要你知道自己要什么就好。须知，老的未必是熟的，小的也会慢慢变老。

写给插足偷菜的你——爱上已婚男人的苦恼

因为爱上一个已婚男人不能自拔，苦苦等待，从而耽误了自己的婚姻，有这种情况的单身女子，世上为数不少。

爱上已婚男人，到底是该马上放手，还是该勇往直前？这种问题，被大家谈得早已烂掉，可哪怕天天有，天天聊，永远都没聊出个正解，人们依旧那么热衷于为此辩论。

对不关己事的看客而言，普遍持有的观点是：第三者的介入破坏了婚姻稳定，如果没有外力介入，婚姻必将一帆风顺。可如果爱的这个已婚男人，刚好婚姻中夫妻双方都不想继续，但没有外力推动，双方都在苦海中挣扎，而这个第三者的出现，刚好帮助他们都解脱，让彼此都找到了新的幸福，这种爱该不该呢？自由派认为，噢，听起来不错，舍己度人，有观音娘娘再生的风范；保卫派认为，屁，纯属扯淡，那你也须等人家关系解体了后再去下手，只要婚姻的一丝气息尚在，胆敢靠近者，就是逆天反贼，人人得以诛之。

以上这种情况，大家的分歧还没那么重。在现实中，人们刀戈相见的情景，多见于婚内只有一方劈腿，瞬间，人们对第三者的讨伐就来了。

有趣的是，如果出轨的是已婚男人，第三者是个女人，人们会称这个女人为“小三”；如果出轨的是已婚女人，第三者是个男人，却没人称这个男人为“小三”，也似乎没人为此发明一个专属标签。由此可见，男女平等其实未必。不得不承认，世俗观念里，男人出轨似乎比女人出轨，大众在心理上更认为稀松平常。

对第三者的鄙视，我一直觉得是因为历史传说和文艺作品里，男人的形象是陈世美居多，一旦婚姻破裂，原配最终都人老色衰，为家庭和男人辛苦一辈子，全为他人作嫁衣，自己一无所有，只能眼巴巴看着那二人逍遥快活，所以，人们认为，都是第三者造的孽。可是，假设财产分割时，历史一直流行的是另一个版本，男的净身出户，第三者死死跟随，两个人另起炉灶重新来过，而原配滋润芳华，顺利地重新燃起生命的另一春……果真如此的话，人们是否会对第三者的态度变为敬佩呢?

看来，大众评价婚外恋当否，多是从结果来看。婚姻解体时，是否能给双方都满意的善后交代（情感交代就别指望了，双方只要有一方仍在两个人的历史中不能自拔，是不可能满意的）。否则，没爱的还要强留，那就没意思了。至于婚姻中的一方还爱着另一方，而另一方已经不爱了，这种情感的痛苦，那是属于本书中“旧爱”章节的诠释，请前往参详。

对当事人而言，由于彼此站的角度和立场不同，大家对“第三者”的定义也不同。有两种“插足者”的概念，市面上比较常见：

第一种，原配认为，凡是第三者，必定是狐狸精和心机婊，看上了我男人的年轻有为或事业有成，所以，才仗着姿色不知廉耻地勾引男人，妄图快速便捷地换取男人的金钱，缩短自己的奋斗时间，直接攫取糟糠之妻的我多年来苦心栽培和患难与共的胜利果实，还处心积虑地妄想篡夺正宫地位。

第二种，插足者认为，我虽是后来者，但未必是“第三者”，爱情不分先来后到，爱情至上，不计回报。《泰坦尼克号》中的萍水因缘，还可成就露水夫妻哪，也许世人觉得这种爱情不道德，但泰坦尼克号沉没的那一刻，不离不弃同生共死的两个人，瞬间让私通天经地义，何况，现在都什么时代了，婚恋自由，人人都有选择自己幸福的权利。只要真爱，那就道德。无论外人如何评价，也要向世人昭告，就算没有天长地久，爱情依旧存在。怀揣这种想法的，多是插足者自己。

本文无意评论“第三者”的对错，这种道德问题，容易把读者带入复杂的情绪，很难客观冷静地面对自己身上的困惑和痛苦。我想表达的最重要的观点是：对女子而言，若真爱上已婚男人，可能会面临道德的拷问和负疚感的包围，前面说的两种概念，也许你早就知道。可有些也许是你不知道的，有很多爱上已婚男人的姑娘，正是属于两种情况都不沾边，她们的自我认知很迷茫，走一步，算一步，根本不知自己要什么。

走一步看一步

前段时间，老友来看我，坐下就唉声叹气，她表妹和一个已婚男人深陷情劫十二年，她想帮表妹斩断乱麻。

> 表妹比我小两岁，大学读书时就听到传言，说每天上完课就有黑色轿车在门口接她，风雨无阻。我找她求证，她闪烁其词，末了说：“姐，你别管我，出不了什么事。”我真的就没多管，想着她才 20 岁，不管找个什么样的男人，不过是给未来加点经验而已。毕业后，我去了另一座城市发展，逢年过节去她家看她和她妈。她爸很早就没了，她妈极温和，常年吃斋念佛。她一毕业就搬出去自己住。又过了很久，我隐约听说，她辞职了，她男友给她买了一座别墅，她就住里面，没事抱着金毛出来遛遛弯，见到熟人都躲着走，我觉得不对了。
>
> 我特意请假回家，跑去找她。她承认自己当了第三者，但说不是为了钱，是为了爱。至于婚姻，可以不要。男人做生意，常年在几个城市之间来回落脚，老婆儿子都在外地。我劝了她三天，越劝越拧巴，最后我气了：“再也不管你了！出了事别找我！”终究我也不敢把这事告诉她妈，那时候她妈的视力已经不好了，还以为女儿成天忙工作。

> 一晃几年，我已是孩子妈，忽然接到她的电话。虽然早已说了狠话不管她，但毕竟是亲表妹，还是去见了一面。她告诉我，她还和那个男人在一起（算算有12年了吧，多恐怖啊），男人两年前说要离婚，给她一个名分，但到现在也没离，一会儿说儿子不让，一会儿说公司股份不宜分割，会有大损失，现在索性完全不提离婚的事了，还是按照老的规律，每个月回来看她两次。我说："别傻了，他不会离的，赶紧把别墅卖了，卷铺盖走人，我给你介绍一个更好的男的。"她说："姐，我已经习惯了这样的生活，要是以后的生活里面没有他，我不知道该怎么过。"听了她的话，我气不打一处来。你说我这么干脆爽利的人，怎么会有这样的妹妹啊?!像摊烂泥一样，一点主心骨都没有!

劝她少安勿躁后，我跟她确认"你希望表妹怎么做？"她平静下来，说："我也不想逼她做什么，但她现在心情很消极。在我看来，不管是和这人摊牌，还是和这人切割，都比现在这样耗着强！"

老友的激动和愤慨，让我想起一则相亲广告。有个女孩没结婚，每年回家，九十祖母都殷切关爱，"啥时结婚啊？"年年重复，直到老太太躺在病床上，口角滴落着哈喇子，还执着地问："你到底啥时给我带个男朋友回家啊？"这则春节时播放的广告，引起网络一片争议，许多单身表示，结不结婚是自个儿的事，过年回家受到盘问，已经不痛快，在团圆饭桌上广告又把所有人的注意力都集中在这事上，继而升级到众人开始讨伐她们的"不孝"，用"道德绑架"做广告，招数实在阴损。

我问老友：假如逼宫，以你对你表妹性格的了解，她成功的可能性有多大？假如逼宫失败，结果会是什么？假如放弃，以你对你表妹性格的了解，她能做到与那个人断绝联系吗？假如分手了，她又忍不住联系，接下来会怎样发展？

假如此刻想帮你表妹，最应该做的，是帮她认清自己的性格，看清形势，以及将来可能发生的事，至于她的人生要选择什么戏上演，她愿意一辈子吊着，抑或走出苦海，还是死磕到底，由她自己来决定，并承担自己决定的后果。

无论最开始是为了爱、为了性，还是为了安全感，一旦相处时间久了，男人的原配又是温顺贤良的那种，已婚男往往会拖延不断，对年龄越来越大的情人而言，无异于被“套牢”，这种进退不得的感觉，犹如百爪挠心。

我爱的那个男人突然离开我

爱上已婚男人，如果最终男人回归到他原本的那个家庭，给你空留下一片情感废墟，情况会更糟。以下这封来信，就讲述了这样一个被套牢姑娘的心酸。

> 我叫小米，写下这几个字，我就不知从何说起了，我以为自己情商还行，32岁守寡到今，和他爸妈一起生活9年。当初选择和公婆一起生活，除了替夫君尽孝，也是为了筑起一道围城，专心守护对夫君的爱。
>
> 树欲静而风不止，一个男人闯入了我的生活。他有家有室，他用了三年的时间发了不少于一万条信息，几百封邮件。他告诉我，他老婆从开始结婚就对他不忠，结婚十几年都不肯替他生小孩，甚至怀孕了都去流掉，直到39岁才生了个儿子（因为她亲口承认了她的不忠，他怀疑儿子都不是他的，当时说想去做亲子鉴定。我劝他不要做了，因为我了解他，即使不是亲生的，养育了这些年，感情是深厚的。更重要的是，不做鉴定还有些希望，可以自欺欺人也好，老怀安慰也罢）。我和他相识多年，对他和他的家庭都有一些了解。他说，已经无法继续这段婚姻了，但希望等到儿子上了高中以后再结束。
>
> 去年5月，我接受了他的感情。今年5月，他弟弟患淋巴癌去世，他突然说对生命有不一样的体会，他老婆拼命折

爱上已婚男人，
如果最终男人回归
他的家庭，留下一片情感废墟，
情况会更糟。

> 磨自己，已经瘦得皮包骨了，他看了心如刀割，对我说：“即使再耻辱，也要回归！”我崩溃！在鬼门关徘徊4天后回到人间。到现在，半年了，我知道自己走了条不该走的路，每次，当我的心情平复些，他总会在我的生活中出现，但，跟我已经结束了。
>
> 我原来靠对前夫浓浓的情，和他留给我深深的爱，忙碌平淡却充实地生活着。如今，一切都没有了，我告诉自己要坚强，要忘记，可是，我做不到，我感觉自己被欺骗被利用。我也对自己说，不要紧，跌倒了爬起来继续前行，但是，我无法做到，我知道这样下去不行，可是，我该怎么办？遗失了最珍贵的——对男人的信任，颠覆了对爱、忠诚、承诺的一贯认知，呵呵，很傻很天真！最不应该的是将一个很好的朋友变成了一个最熟悉的陌生人。我才发现自己是那么不了解他，你告诉我，这个世界有这样一种男人存在吗，再耻辱也要回归的男人？

很不幸，我必须告诉小米，在这个世界上，有很多这样的男人存在。男人与老婆情感不好，也许是真的；但无论老婆如何背叛，他依然可能回归家庭。这个故事最有可能发生在红色性格男人身上，原因如下：

1. 三年，一万条信息，几百封邮件，平均一天十条信息，几天一封邮件，尤其当他在婚姻中感到痛苦时，需要用大量的倾诉来宣泄。这个特点属于典型红色性格强烈的交流和表达欲。

2. 身在婚姻中，尚不知何时婚姻结束，就主动表白，开始另一段感情。这点可以排除蓝色和绿色，因为这两种颜色都很难主动表白，绿色不主动，是怕给别人添麻烦，蓝色则会把一切埋藏在内心，即使表达也用极为含蓄的方式。

3. 黄男为了追求她，也许会用各种方式来与她交流，赢得她的心，但黄色通常不会自曝其短，自揭其丑，不会告诉她自己老婆不忠这样的事情，因为这等于在贬低自己的能力。

明白了男人是红色性格，一切就很好理解，为何他回归得如此“突然”。红色受到心情波动影响很大，这是他们很多时候做出突然决定的原因。因为弟弟去世，让他强烈震荡。对红色而言，“情感牌”最有效，当他看到老婆“瘦得皮包骨”，一下被触动，“即使再耻辱，也要回归”无异于是他“自己感动自己”的宣言，从这句话，可以看出，他把自己看作一个忍辱负重、回归家庭的英雄。我唯一担心小米的是，她以输赢结果来衡量自己的付出是否值得，这种想法很普遍，但的确是错误的，小米只是对读懂男人的性格无知而已。

不同性格的女人，当男人突然离开时，按照承受力和应变力由强到弱，排序如下：

冠军，黄色性格，她不会花时间来抱怨、苦恼，或哀求其他人的怜悯，会立刻把全身的能量倾注在快速解决问题上。对黄色而言，不需建议。

亚军，绿色性格没啥应变能力，但她也不太可能被悲痛击倒，因为绿女有很强大的修复心情的能力，就是自动安慰自己，“这样也挺好”“虽然他离开得很突然，但是也免去了分手的纠缠和麻烦，这样也挺好”“虽然没有爱情了，但我又恢复了单身，一个人也挺好”“反正是没有结果的恋情，早点分了，这样也挺好”……对绿女而言，找到能支持和帮助自己的亲人、朋友，很重要，因为一旦男人离开，会留下很多现实的生活问题，而绿女在解决问题上并不强。

季军，蓝色性格的预防做得最好，假如突然变数，多半她已有了应对之策，只是蓝女的情感极为细腻敏感，即使早有预料，遭此打击，还是会陷入深深的负面情绪中。对蓝女而言，需要给自己一段足够长的时间来疗伤，并且，假如平时能多结交一些大红色“没心没肺”的好朋友，则可以更快走出痛苦的心境。

最弱的，大概就数红色性格，就像小米一样，爱的时候轰轰烈烈，毫无保留，一旦对方撤退了，巨大的失落感像冰雹一样，把她砸得迷失了方向。好在，红女虽情绪大起大落，却不会在低谷停留太长，只要有合适的渠道宣泄情绪，身边又有好友认可她、鼓励她，她还是会走出来。对红女而言，迅速找到自己感兴趣的人和事，将注意力转移到积极正面的活动中，尤为关键。

四种性格插足者的分析与建议

如果两个人相好日久，这个男人跟女人表态，信誓旦旦说自己一定会离婚时，不同性格的人会有什么反应？

通常，只有黄女对此事是坚决有时间界限的，到了时间，你若还没搞定，要不我走人，要不我出手帮你解决。能够安安静静做个情人的，恐怕只有绿女，也就是前面故事中好友的表妹这样的角色。

站在男人的角度说话，婚外情中最不惹事的当属绿女，最容易出事儿的必定是红女。红女，在情感上高度需求，不是那盏安安心心的省油的灯，婚外恋除非对方也有家室，否则必然要花大量时间关照，除此之外，如果自己老婆是个精明的“盯关跟”，只要一个失误，必然一团乱麻。

给四种性格插足者的建议：

第一，给红色性格的建议

由于你天性中心态开放、情绪丰富且多变，你的情感闸门一旦打开，就会汹涌澎湃，甚至完全失控，对你最重要的建议就是，避免冲动下的决定。

假如你准备为了这段婚外情，放弃自己现有的婚姻，务必事先做好独立生活的一切准备，包括找好外援和你的支持者，让你不至于一下子把自己逼入生活毫无保障的局促境地。假如希望争取，与他谈判之前，

一向恪守规则的你走到如今这一步，也许在你心中正编织着一个类似《海的女儿》一样完美而悲哀的剧本，所以，你甘愿固守着这份没有名分的爱情。

想清楚自己在他心目中的位置，以及自己有何筹码，并做好最坏的打算，即使争取失败，也不要因此怀疑爱情或自暴自弃，一段感情的结束，只是人生漫长旅途中的插曲。

第二，给蓝色性格的建议

一向恪守规则的你走到如今这一步，也许在你心中正编织着一个类似《海的女儿》一样完美而悲哀的剧本，所以，你甘愿固守着这份没有名分的爱情。

每个人都有权利做出自己的选择，每种选择亦都需要付出相应的代价，如果你愿意坚持，那就学学红色性格的乐观、黄色性格的坚定，别让负面情绪在心中累积；如果你打算放弃，就别因为天性的谨慎而反复思量、裹足不前，须知放手也要趁早。

第三，给黄色性格的建议

以你的理性，你很清楚自己要什么，在这段关系中，要么你已经获得了足够的自己想要的东西；要么你只是暂时停留，目标在更高更远的地方。

无论是哪一种，在搞定目标的同时，还需尽可能地照顾他人的感受，否则的话，一时的胜利会让你在未来失去更多。

第四，给绿色性格的建议

如果没有外力打扰，你可在任何一种关系中停留数十年，就像这个故事里好友的表妹一样，因为天性追求稳定，不愿变化，你几乎很少去考虑是否可以得到更多你应得的东西。这固然可以让与你相处的人感到很舒服，但须知，这个世界上任何事物都在不断变化，即使你自身不变，也会逆水行舟、不进则退，为了将来的安稳，或许该是你走出安全区，

如果没有外力打扰，绿色可以在任何一种关系中停留数十年，因为天性追求稳定，不愿变化。

为未来做些谋划的时候了。

不过，我也曾认识一个女人，为了等个男人，等了十几年，男人先说孩子小学毕业就离婚，孩子太小不能伤害。后来又说，孩子上中学处于叛逆期，这个时候离婚，孩子以后心理会受影响。后来真等到孩子上大学了，这个女人最终也算等到了。

我说这话，没有丝毫想打击第一个故事里好友的表妹或鼓励表妹的意思，事实上，任何外界给当事人的都只能是建议，唯独当事人自己最清楚内心的感受，如果你不知道自己要什么，一切建议都是废话。

独嘉秘籍

我的朋友美南子，有一次和我谈过关于插足这个问题，她的观点是：把插足看成去别人田里偷菜，如果你实在喜欢，想下手，当你在动手摘前，要考虑清楚，只是摘下吃一吃，还是打算搞移植？两者有完全不同的摘法。

如果只想尝个新鲜，就非常简单。月黑风高夜，穿上夜行衣，走向蔬菜地，对蔬菜说：“怎么样，爽一把？”通常少有正常的蔬菜会极力反抗。每棵蔬菜都知道，它们生下来就是被吃的，多被几个人吃，是蔬菜的福利。没有蔬菜会拒绝这种福利。这样，你尝了鲜，蔬菜也活出了精彩。记得天亮就离开，主人要来施肥了。这种情况，对那棵蔬菜主动来招惹你，希望被你吃的情况，也同样适用，总之，你们双方目标都很一致，就是希望曾经拥有。

可如果你是真心想做移植，就要比较负责了。首先，这棵蔬菜到了你的地里，要搞清楚能不能活。一般蔬菜，并不适应在不同的地里生活。受各项因素影响，有些蔬菜在这块地可活得滋润，但去了别的地，就会蔫儿巴，枉费你一番心思。当然，如果你有信心这棵蔬菜到了你这儿还可以茂盛，那么花点心思搞移植，也许还有点意思。

假设这棵蔬菜确实更适合你，只有你这么觉得还不够，必须蔬菜也这么觉得。每棵蔬菜都长脚，要让蔬菜自己走到你的地里，你就必须开出优惠的条件，让蔬菜觉得你这块地更舒服，更适合它待。如果你有本事让蔬菜主动走过来，那就是成功了一半。但一棵长脚的蔬菜，它分分钟也有可能走回去，或走去别的地里。

故此，在你吸收上面具体针对每种性格不同建议的时候，还有一件最重要的事情，需要你自己事先搞清楚。

我和你说“姑娘，不要去挖别人的菜，这样不道德”，但这话虚弱无力，符合世情，却不符合人性，这话是卫道士讲的。从人性层面，我认为你真正需要思考的是：

1. 你是否真的搞清楚了你自己的需求和目标？

2. 你是真心想做移植，还是因为你喜欢的那棵菜所在的菜地不肯放走那棵菜，所以激发了你想要争夺的欲望？

3. 你是否一厢情愿地认为你想要的移植也是别人真心想要的移植？

4. 会不会也许你想要的是移植，而菜想要的只是尝鲜呢？

5. 你确定移植后的生活是你想要的生活吗？

6. 你确定这棵菜就是你一生想吃的吗？

7. 你确定你是真心想移植而不是一时兴起吗？

8. 你确定你和菜都坚信菜移植到你这里对你俩都好吗？

9. 你确定那棵菜和你是铁定一条心吗？

这些问题，天性怕麻烦的绿色性格懒得去想；天性目标明确的黄色

你是真心想做移植，还是因为你喜欢的那棵菜现在待的那片菜地不肯放走那棵菜，所以激发了你想要争夺的欲望？

性格在看这篇文章前，自己早就已经有了打算；天性被道德感强烈束缚的蓝色在关系还没到这一步之前，就已经砍断了。所以，这些问题，说白了，是专门给红色设计的。

对情感丰富却不知道自己到底要什么的红女而言，反复思考这些问题，可以让自己对于人生的道路上到底要得到什么这个问题变得清晰。对性格是“红 + 黄”的女子而言，除了前面的特点，你还会有强烈地希望能征服的欲望，因为你对结果的执着，不愿轻易认输，不愿承认自己是个失败者，所以，你最容易在一个问题上栽跟头，那就是——其实并没有那么爱，只是被激发起争夺的欲望，在感情问题上，再也没有什么比为了争一口气而把自己的时间赔进去更傻的事情了。

无论我说什么，对你来讲，该来的还会来，该走的还会走。愿你少苦恼，喜乐平安。

肆·相处篇

写给善于折腾的你——作女的出路

《色眼再识人》中，有一篇深度探讨“作”的文章，在那篇文章中，我详细说明了两种不同性格的女人“作”的手法和后果。总而言之，蓝色性格的作是——“难伺候”，红色性格的作是——“爱折腾”。在单身女子追求爱情的道路中，有很多人是自己把幸福给赶走的，可惜，她们懵懂不知。

蓝女的“作”是内心戏，属于不声不响折磨人的那种。默默掉泪这种戏，虽然红色也会演，但着实憋不了太久，而蓝色可以，她们很容易进入自我对话，内心自问自答，不亦乐乎。而这样的纠结，让对方如同进到古墓，完全辨不得方向，阴森森地恐怖。除非蓝色自己找到出口，或对方终于做了件让她很舒服的事，这事才算了。但还没完了，只是记上一笔，下次继续叠加。

而红女的“作”，才是大众通常意义上的“作”。红女爱作，会作，把“作”当成情趣与女人的特权。认为我“作”，你就该哄我，哄不哄得好，得看姑娘我的心情，可惜，红色又是最不会把握分寸的性格。

> 大学里，一群女生出去玩，其中还有一个女孩的男友。不知她男友怎么惹她了，就开“作”了，一直发出各种唠叨，而且冲在最前面，男朋友一路哄，不停解释，都没用。一直这样，当着所有人的面，作了三个多小时，还是不依不饶，以至于最后其他人已经崩溃，要求分开玩时，她自己还没意识到。

作天作地，其实就是说的红色性格。红色的“作”具有戏剧张力，怎么夸张怎么来，而且需要观众。如果只有她和男友，那么男友既是对手，也必须是观众，要不然这么好的演技给谁看。琼瑶剧的嘶喊，最适合红色。红女作起来，就是女诗人和女疯子的结合，又能说又能演。而红女情绪激动时，也最易翻旧账，作起来，会把你之前以为已经过去的一桩桩事拿出来又数落一遍，并且痛不欲生。这也就是为何红女发作时长难以控制的原因，而且，红女哪怕翻旧账，都跟她第一次说一样激动和新鲜，哪怕说过的话，再说几遍，那又何妨？红女常用来刺痛对方的一句经典台词就是——你敢做还不敢让人说吗？

因为红女活泼、善于玩笑，很能给男人制造惊喜，这点颇受喜欢，但由于红女易情绪化，很多单身红女，不是没人爱，而是她们的“作”把爱情赶跑了。

故此，本节只写给红女。

红色女人如何“作”出婚姻幸福

一位刚恢复单身的读者爱莲写信来求助，从这封信中，我们能清晰地看到，她是如何把自己的婚姻给“作”没的：

> 那天晚上，我在QQ上跟我老公说话，当我满心欢喜地告诉他，我给家里新添置了一个时髦的书桌时，他极其冷淡地说：“哦，怎么又花钱了？”难道他不知道我买这个书桌也是为了让他开心吗？他怎么可以如此忽略我的感受、误解我的好意呢？我忍无可忍，一气之下，砸碎了一面镜子和两个杯子。他下夜班回来后，看到一地狼藉，吓坏了，以为家里遭了贼。当我哭着告诉他原因之后，他厌烦地说：“你有完没完？”我的心彻底死了。夜里，他睡着了，我却完全不能合眼，一想起他说的话和他的表情，我就忍不住泪流满面。
>
> 其实我们结婚没多久，起初是在网上认识，一步步向前发展着。当我年底说到结婚时，他似乎已经意兴阑珊了，这会不会是对当初他热情似火地规划未来时，我总是泼凉水的

蓝女的“作”是内心戏，属于不声不响
弄死人的那种。默默掉泪这种戏码，
虽然红色也会演，但着实憋不了太久，
而蓝色可以，她们很容易进入自我对话，
内心自问自答，不亦乐乎。

复仇呢？可我已经身陷其中，我觉得这辈子要是还想找个人过日子的话，只能找他。于是我曲意拉拢，尽力周旋，终于嫁给了他。

我 37 岁，他 41 岁，我们都是初婚。他是某电台的总编，我曾做过十年中学教师，后来在报社做主笔，婚后辞职，专心写作，与他算是门当户对。但就在我摔杯子的那天晚上，我感觉我们的婚姻到头了。

又过了两天，我心里仍旧很凄凉，他却好像完全忘记了这件事，还说要带我出去吃好吃的，我说：“你跟小琴去吃吧。”小琴是他的前女友，我也认识。他一下恼了，问我“什么意思，是不是不想过了”。我气得眼泪直流，立刻打电话给学法律的闺密，问她应该怎么办离婚手续。她劝我冷静，说法院已经下班了，即使要办手续也得等明天。我说我等不了，就要现在办。我开着车把他拉到法院，法院已经关门了，我围着院墙兜了三圈，又回来了。

这次闹过后，我们的关系缓和了些，他跟我说话都赔着小心，我也想着还是好好珍惜吧，毕竟都这个年纪了，找到相爱的人不容易。

但后来又发生一件事，我无意中看到小琴发给我老公的一条短信“你挺不容易的，一直在包容她”，一下就火了，他怎么可以把我们夫妻间的事告诉别的女人呢？更何况这个不是普通的女人，是他的前女友?! 于是我又摔了东西，他洗完澡出来不小心，玻璃把脚扎了。我们大吵一架，谁也不让谁。吵完后冷战半个月，爸妈和朋友们调解都无效，把婚离了。

现在距离我们离婚已经有两个月了，我心里特别难受，一直很想他。之前不觉得，离婚了才发现，其实他对我还是很好的。最重要的是，离了后才发现，找个合适的男人好难啊！比之前还要难！我试着给他发消息，但他不回；我也想托朋友去跟他说说，但又觉得太掉价儿了，好像自己真的没人要了一样。我该怎么办？无比纠结中。

这个心智不成熟的37岁女人和17岁的无知女娃没有差别，对自己的情绪毫无自控，一点小小的刺激，就令她作天作地。对这种“作”，刚开始，男人或许会试着包容，但只要多来几次，男人必定受不了，两个人的情感关系也必然会被严重破坏。

从这封来信中我们看到，当红女有所付出时，会强烈期待对方认可和情绪呼应，假如没得到，就启动“发作”模式；当红女发现男人在关注另一个女人，比如看到男人向前女友倾诉，也会发作。可惜男人也是红色性格，一旦她执意“作”，男人也开始“作”，同样的情绪化，她的“作”就像不定时炸弹，让男人防不胜防，最终，只能决定放手，不予理睬。

我的一个朋友是这么评价太“作”的女孩的：“我觉得很多80后、90后，在文字中大量描写自己的内心及痛苦，视野狭窄，对人生的观察不够，确实是阅历的问题。她们总是觉得自己受了委屈，别人都对自己不好，其实是心理上还没断奶，她们从小就习惯受到别人的关注。她们不明白人是需要付出才能得到的，一旦别人不关注她，她就受不了了，她一定要成为世界的中心，得到所有人的关注和喜爱才行。”

这里他所描述的80后、90后，恰恰都是说的红色。在他的个人经历中，曾被好几个红色性格女友害惨。他的初恋，每次都会言语不合就跑掉，然后，他就得一个个教室去找，找到后，女友红着眼睛责怪说：“你为什么没有早点找到我？”而他把这一切都归于女友年龄太小，不懂事。还有一点比较好玩，初恋的他，忍受了女友整整六年，而第二次恋爱又碰到红女的他，仅仅忍受了几个月，就火速逃离。

红色很多时候的"作"
受到 情绪的控制。
当情绪占领高地时，
智高便下降。

对掌握不好“作”的分寸的红女，建议如下。

红色的“作”，其实就是情绪化。当情绪占领高地时，智商便下降。红色在冲动地做出决定后，定会后悔，她们往往是叫嚷“离婚”声音最响亮的人；也是最冲动地做出决定，可碍于面子，明知不该离，可还是离掉的人；更是离婚后，找不到新的伴侣就开始后悔的人。红色性格若想控制自己的情绪，不让情绪发作最终伤害到自己，就必须按照“情绪控制五步法”进行自救，正所谓“生气不见人，见人不说话，说话不评论，评论不决定，决定不行动”。

未婚红色“作”女的表现以及自救法

在爱情中，也有很多渴望结束单身的红女，因为自己的“作”而让想要的男人离她越来越远。

> 我34岁，和38岁的男友恋爱交往半年。做过色友会APP上的专业性格色彩测试，他测试的结果是“蓝＋黄”性格。
>
> 这半年里，他每天早晨6:50 叫醒我，平时周末在一起，对我关心呵护，是个用实际行动表达爱的人。
>
> 最近男友从上海总部外调到合肥分公司工作，过去4天后，完全变了个人，保持沉默，不回短信、邮件，屏蔽了我的手机号码，尽管我的电话短信不多。以前在上海时，也基本是他主动联络我，我也当然关心他，女人矜持所致。
>
> 我觉得他已不爱我，所以这种情况持续一周多后，我觉得没必要一直僵持。因为很爱他，也不想为难他，打算自我牺牲，便主动写分手信给他，以为这样他会感到轻松快乐。
>
> 他终于不沉默了，回信给我，说看到我的决定，感到很痛心。回信大意是：这儿的工作是个烂摊子，惨不忍睹。那边100来号工作人员，只知争名夺利，阳奉阴违，不实干，

项目推进很慢。老员工对他和另一位新总监强烈抵触，他根基很不牢固。为了自我保护，不让对手看到任何破绽和弱点，不被轻易击倒，所以，他不再每天给我 morning call，同时，为了集中精力投入这场没有硝烟的战争，他下狠心屏蔽了我的手机号码，不回短信和邮件。他说，他以为凭我对他的了解和信任，我会理解和包容。他说他低估了工作的状况和我对他的信任，并表示自己错在太专注事业，忽略了我的感受，能理解也能接受我的决定。他本打算周末回上海后，当面跟我解释。

为此，当晚我很自责，觉得误解了他，哭到凌晨 3 点。并在第二天晚上回信给他，表示我是无奈才写的分手信，初衷是为他好。并希望他早日回上海，我很想他，愿与他共同承担今后的意外，但请他在发生变故前通知我一声。此信他未回复，仍沉默。

我想也许他需要清净和空间。所以，上周我只发过一条安慰关心的短信给他，也没 call 过他。周末他无任何音讯。

前两天在看您写的《本色》，书中提到，您此生永记一名女子以及她那句“你，可以的”，她在您的事业低谷期一直不离不弃地鼓励您。所以当晚我冒着自尊受挫的风险，发了一条短信给他鼓励，并表示我很好，勿挂念。他仍沉默。

昨天我的大学同学说，可能我的分手信令他伤心，劝我放下自尊，大胆争取一次。所以，昨晚 11 点多，我又鼓起勇气，发了一封邮件，向他道歉，不应鲁莽之下写分手信，伤了他的心，请他原谅。并表示无论他事业处于低谷或高峰，我都会陪伴左右。然后又发短信告知。——他仍沉默。

我不懂他的沉默，我怕遭拒绝碰壁，每发出一条短信或一封邮件，他无回应后，我便感觉尊严一次次降低，并产生退却放弃的念头。

因为我们一见钟情，这半年来恋爱也很稳定，我还记录了很多有关我们的博客与微博，这些已在前一封分手信里交与他。

> 从爱的角度讲，我很想珍惜，毕竟这个年龄遇到心心相印的人是难得的。同时，感觉自己未找到他沉默的真正理由，有“死不瞑目”之感——事业压力大可以联络少，不能照顾我我也无怨言，但给我回复一条短信的时间和心思都没有吗？

复盘解读下：

1. 她的性格确是红色，而且情绪波动极猛烈，“作”得厉害。男友去外地工作，失去联系一周多，她首先是判断男友不爱她了，并迅速写下分手信，理由是打算自我牺牲。如果男友本来天天联系你，现在突然不联系，而且还屏蔽了你的手机，你会觉得他早有预谋，这完全可理解。这个并不算“作”，可问题是，在没了解清楚真相前，就轻易做出决定，写下分手信，这种情绪的发泄，造成了一系列冲动。可惜，事实并非有如她的想象，而她冲动之下的开口，对这个男人而言，显然是完全不信任，若想弥补不信任带给对方的伤害和打击，可能要事后付出数百倍的投入。

2. 她对男友的性格洞察有严重偏差。蓝色性格不会突然消失，即使要关机一段时间，蓝色也会给出明确的预估，并提前通知她。绿色当然更不可能不顾她的感受消失，她的男友最有可能是“红＋黄”。因为对合肥那边工作的烂摊子有极大的烦恼情绪，所以斩断了联系（也是因为深知她的性格，怕她的干扰令自己情绪有波动），以免影响工作。当收到她的分手信后，他觉得自己被冤枉，感到愤怒，说明情况之后消失，是为了令她后悔，以弥补自己受到的痛苦。

3. 分手时，她犯的错误——不停地联系、打扰对方，因为很明显对方还处在烂摊子里，对她还有很大的情绪，这种不停的打扰，更加重了他对她的预判——一个很“作”的不识大体的女人。从来信可以看出，她对自己的问题似乎一无所知，这才是最大的问题，即使此事风平浪静后，真的有机会再遇到这个人，她也会重蹈覆辙。

善作的女人进天堂，不善作的女人下地狱。

下回，在你准备大"作"一场之前，先看看你要作的对象的性格是否适合你作，再掂量掂量自己作的技术，别弄巧成拙。

4. 我的建议是，这个男人未必会回来。如果想解决这个问题，必须同时做到两件事情：第一，对自己的情绪化，有深刻的洞见和彻底反省，详细写下一封信，自我忏悔和表示歉意；第二，在相当一段时间里，能够控制自己情绪的稳定，因为对方一定要能够看到她的变化，否则绝对不可能相信。可这两点，我估计她是做不到的，原因是她自己心里还没有完全想明白，并且会一直死咬“为何你早早不和我联系”这事不放，而且会翻来覆去地说：“如果你早和我联系了，不就没有这事了吗？”说白了，她还没有发自内心地意识到自己的问题。

5. 如果她的“作”不解决，会成为通往她的幸福之路的最大绊脚石。假如日后再遇到相似的场景，建议她学习蓝色的理智，多看多听多分析，在尚未弄清真相之前，把想法藏在自己的肚子里，不要轻易露出，覆水难收。也要学习黄色的专注和绿色的淡定，当另一半不在身边的时候，自己做自己的事情，真爱并不需要不断地联系，来证明它的存在。不联系，反而是一种很美好的念想。这个问题，又和本书下一章“依赖”息息相关，“作”的女人通常情感依赖性极强，尤其是那些工作上非常独立，情感上一直寻觅不到可依赖的对象的红女，突然捕捉到一个人时，就可能发现，只是她们自己意识不到。

事实上，“作”这个东西很难戒，看你如何看待它，假设你从小在家能够通过撒娇而得宠，从而得到自己喜爱的玩具，从那时开始，你就早已懂得女性“作”在两性关系中的妙用。适当地“作”，发嗲撒娇，可增加女性的魅力；完全不“作”的女人，难有情趣之美。唯一困难的，是你如何学会把握“作”的大小，“作”的合适时机，“作”的时间长短，“作”的收放自如……

善“作”的女人进天堂，不善“作”的女人下地狱。下回，在你准备大“作”一场之前，先看看你要“作”的那个对象的性格是否适合你“作”，再掂量掂量自己“作”的技术，别弄巧成拙，“作”出情趣和“作”出风格是需要修炼的。

写给无限依赖的你——

我就是不能一个人待着

你自己或周围是否有这样的人？把爱情当作氧气，少了它就无法存活；害怕孤单，身边似乎有很多朋友，但真正感觉孤单时，却也没什么可说话的朋友。所以，每当这种人开始恋爱，就会将男友看成自己的整个世界，时刻关注对方，恨不能两个人 24 小时做连体婴，以为少了这个男人，自己必将活不下去。

这种症状，我们称为“依赖症”。罹患此症，多数情路都难免悲催。

刚接触性格色彩的人，都觉得软绵绵的绿色性格没主见没想法，必定依赖性最强，深入钻研和对比后，方知大谬！

依赖性有两种，一种是对人情感上的依赖，一种是做事时的依赖。

绿色性格，做事时缺乏主见，没有目标和方向，啥都不知道，需要别人代替他（她）做决定。

绿女做事时，有强烈的依赖性，但即便没人陪她，一个人待着也能自得其乐，不需要变化和刺激，习惯并且享受着周而复始的平淡生活，在情感上对人没有依赖，你所看到的她如果是夫唱妇随的依赖，其实不是真正的依赖，只是生活的惯性而已。

红色性格，做事时想法太多，经常下不定决心，不知怎么选择，需要别人给他（她）鼓励和建议。

比如出门买衣服，绿女是没概念，不知从哪儿下手，常问的是“我该买什么呢？”红女是想买的衣服太多，在需要割舍的时候，亟须外界的推动和肯定来帮自己理清想法，常问的是："这件和那件到底哪件更好啊？"故此，做事和做决定时，红女和绿女一样，也有依赖性。而在情感上，红女不像绿女那样无所谓，依赖性更强。做个情景模拟，你就明白了。

假如男友去外地出差，说好后天回来，短信通知你，临时突然有事，要推迟到两周后才回，接到这个消息后，你会怎样反应？

绿女：噢，你要晚点回啊？那无所谓，我还是一样每天下班回家烧两个小菜，吃完饭看会儿电视，到点了就洗洗睡呗！

黄女：晚回就晚回呗！只要有正当理由，没什么关系，正好我多出了几个晚上的空闲时间，可以再加几天班，把这个月的指标提前完成，刚好手中几本书也等着赶紧看完呢！

蓝女：为何说好的时间变了？那边到底发生了什么事？工作原因到底是什么？会不会有些事他不想让我知道？如果真的出了事我该怎么办？（蓝女会预先想好很多种可能，但除去以上的这个因素，单纯在情感需求上，晚回来几天，也会把自己的事情安排好，不会觉得一日三秋，活不下去。）

红女：当下感到失望、沮丧、生气、伤心、闹心等，打电话抱怨："说好后天回，为什么变了呢？我不要！我不要！"立刻退回到了小孩子的状态，如果是不熟的情况下，有可能拉黑对方。在没事的情况下，只有红女才会没事就给男人打电话撒娇，求关注、求表扬、求抱抱、求呵护、求关心、求温暖，红女也知道不该这样，可就是很想他，想每分每秒和他在一起，得不到就会拿让对方失去相威胁，就是因为红女对被关注有巨大的需求。

为何她们总要黏着男人

恋爱中，红色一旦投入恋情，会把自己的依赖性彻底释放，心里想着"终于找到一个依靠啦"，这里谈的依靠与经济无关，无论这个女人

红色一旦投入恋情，
依赖性彻底释放，
心里想着“终于找到一个依靠啦”，
内心希望的是，自己的
人生由别人来负责。

经济独立还是不独立，“我把自己交到你的手心里”。更多的“依赖”，其实内心希望的是，终于找到一个人可以“管”自己啦！殊不知，崇尚独立的黄男，对此非常排斥。

芳妮在一家公关公司工作，因工作原因认识了一名马来西亚华裔山姆，山姆长相俊朗，工作能力很强，欣赏芳妮的调皮可爱、活泼开朗，两个人很快就发展为男女朋友。但一旦关系确定、搬到一起住以后，山姆发觉芳妮变了。原本在他心目中，芳妮是个时尚而充满活力的现代女性，但一起住了之后，她便不再愿意一个人外出了，上下班都要求山姆接送。山姆偶尔工作忙，不接或不送了，芳妮就会不开心，说山姆不爱她。不仅如此，来大姨妈时，芳妮要求山姆必须给她买卫生巾，否则就是“不体谅她”“对她不好”。

山姆愿意为了爱情付出，但问题是，芳妮的要求总让他觉得很幼稚，不像个成年人应该有的样子。当芳妮察觉山姆不太愿意被她依赖时，反而变本加厉地要拖住他。每当山姆应朋友之约出去玩时，芳妮都一定要跟去，理由是自己一个人待在家里很寂寞很孤单，问题是有些场合可能并不适合她去，比如几个好兄弟一起喝啤酒看球赛这种，其他人都不带女友，山姆也不想带，这时两个人就会发生争吵。芳妮把一切冲突都归因于“你不爱我了”。最后山姆不厌其烦，主动结束了这段关系。

芳妮是典型的红色性格，没有男人时，她自己可以搞定很多事情，但当有了男人之后，她的依赖性越来越强，这种依赖其实不是一种实际的需要，而是情感上的渴求。比如她提出的一些“幼稚”的要求，“天天接送”“买卫生巾”等，其实一个人单身时，这些事她自己也搞得定，她只是想要这种依靠男人、撒娇的感觉而已。

学生时期，会发现一种普遍现象：两个关系要好的女同学，整天形影不离，上学和放学都手挽手，认真观察她们，排除掉拉拉的可能，你会发现，两个人的关系，一个偏公主型一个偏女仆型，也就是一方依赖于另一方，处处受另一方照顾。但这种模式并非恒定不变，会因为其中一人的性格变化而转换。女人与男人恋爱时，也是这样，不是每个人她都愿意黏上去依赖，有些对象也让女人毫无依赖的想法。譬如，蓝男太冷静，恋爱起来缺少如胶似漆的蜜糖感，心理上对他依赖还行，只适合柏拉图式的依赖；而和红男谈恋爱，就想依赖他，不是因为他真的值得依赖，而是觉得，依赖起来能得到甜蜜的恋爱感，腻死也不怕。

假设男人是红色和绿色性格，对这种依赖性的接纳度相对会高一些。需要说明的是，面对红男，红女要看其当时的心情，当红男心情爽时，会乐于陪你过家家；而当红男心情不佳时，对这种依赖性的接纳度极低，会觉得烦躁。

绿色男人虽然不介意女人依赖他，可由于他主见性很弱，永远都是你手往哪儿指，我就枪往哪儿打，打得不准我不管，反正我打了就行，这往往不能提供给红女“可以依赖”的感觉。

蓝色男人需要安静的独立空间，依赖蓝色在一些事情上做决定是可以的，但要注意分寸，假如过分依赖，蓝色会有很多悲观负面的看法，甚至会对两个人的关系未来能否走下去有强烈的担忧。

黄色男人完全可以扮演保护者的角色，这在任何时刻可以满足红女做事上的依赖需求，但黄男痛恨不独立，哪怕是自己的另一半，黄男也认为你应该支撑起自己的人生，不能全部寄希望于别人身上；另外，当黄男处于高压状态和工作状态时，最痛恨被红女所打扰，而恰恰红女很多时候的依赖是不注意场合、时机和分寸的。

依赖性是如何害了自己的

除了在热恋时，因为依赖而和男人黏在一起，容易让男人厌烦外，因为红女对情感的依赖，导致她们在一段不甚满意的关系里痛苦不堪，

人在外逗留甚晚，抚今追昔，哀叹昔日自己人见人爱，如今却毁在此男手中，心有不甘，与友人追忆当日追求者待她种种，泪流。待红女返家，见黄男手握电话，正与女同事聊得痛快，一时悲恸万分。

如此纠葛多日，红女下不了决心结婚，又不知如何新生。终有一天，黄男提出分手，任红女啼哭，扭头而去。

红女恋爱的一大特点，就是在初相识时，觉得对方完全是零缺点，恋情迅速升温，日后发现与想象不符，怨恨渐生。其实对方本没有错，也没有蓄意欺骗，错只错在，红女自己进入太快。

红女单身时可以做到很独立，工作上力争上游，生活上把自己照顾得很好，为了爱情更是视金钱如粪土。

黄男的认知是，每个人都该有能力照顾好自己，无论处于任何逆境，都应自力更生奋发图强，否则只有可恨没有可怜之处。偏偏红女的恋爱格言是："你爱我就该照顾我，如果我没有照顾好自己，那就是你的责任。"单身一个人的时候，她自己全能搞定，有了男友以后，本来自己可以搞定的事情也搞不定了，希望他人为她拿主意。

对红女来讲，没事就折腾一下，只是为了随时随地能得到"我在他内心很重要的"一个证明，红女需要不断强化这个概念，来让自己心理上得到满足，耍小性子，闹脾气，故意说反话，希望别人哄她，这些行为都是为了得到这种感觉。故此，红女是活在感觉中的动物。

红女一辈子都不会发现，自己的依赖才是让两个人的关系恶化的重要原因。对红女而言，当把自己的一切都交付在别人手中的时候，代表着信任，代表着投入，代表着至高无上的爱。红女认为，我既然这样，你也要这样，当发现别人的反应和自己并不一样的时候，就会直接得出"他不爱我了"的结论；而在黄男眼中，那只是红女的没事找事而已。

这个悲惨的故事，红女因为依赖而让黄男日渐厌烦，因为依赖而承受各种不如意，到了最后，还是挥手拜拜。

独嘉秘籍

“你若不离不弃，我必生死相依。”这话似乎一直被恋爱中的人们拿出来表白，无比推崇，就是只要你不抛弃我，我死也要赖着你。这种死抓不放的背后，只是红女骨子里的依赖性而已。

罹患“恋爱依赖症”的女人，其实分为两种：

第一种，以“依赖”为荣，认为这是一种崇高的美德，爱情就该像连理枝，你挨着我，我挨着你，假如你给我冷屁股，我誓要贴上我的热脸蛋。假如实在贴不上，那我就继续寻觅，直到找到一个可以和我当连体婴的男人为止。假如你清醒地知道自己的依赖感有多强，并且就是要通过这种方式来得到爱情里面的满足感，那么我祝福你，并且附赠一个温馨提示：多尝试去找绿男，随便你黏；去找另外一个依赖性极强的红男也不错，你们会越黏越上火的，他比你还喜欢黏。

第二种，在爱情里吃了很多苦，已经不想再继续依赖——抛弃——依赖——抛弃的循环。我的建议是：修炼自己身上蓝色和黄色的优势。像蓝色一样条理分明，规划好自己的一切事务，把自己的生活安排得井井有条，让自己不去依赖男人；像黄色一样热爱事业，从工作中得到足够的关注和认可，便可减弱一部分对男人的依赖。深刻洞见到，红色一生中获得幸福最大的障碍便是情绪化，当对方没有给你你想得到的依赖时，最关键的一条是，先保证自己不情绪化，再去分析和处理事情，一旦感觉到自己有情绪，及时中断抽身，宁可把这件事搁置下来，改日处理。

归根结底，患上“情感依赖症”的女子，内心深处拒绝长大，希望自己永远可以是个长不大的孩子，她们总觉得会有人来为她们的人生负责，她们害怕为自己的人生负责！其他三种性格的人都希望尽早成熟，唯独红色喜欢幻想，她们只希望快乐地享受生活，而不想去承担和面对很多社会的烦心事和压力。对红色来讲，学会为自己担起责任，学会放弃“总会有别人来承担照顾自己的责任”的想法至关重要，和本书中“独立”这一章的女人相比，她们刚好位于世界的两端。

写给被动等待的你——守株待兔的悲哀

在所有大龄单身女性中，按照性格排序，最少的是绿色性格，本书的故事细剖中，你也少见绿色的身影。这一切都是因为，绿色对伴侣的要求没像其他性格那么多。按照老人的说法，这种性格的小孩，给碗泡饭，扔在房间，一个人自娱自乐，不声不响，很容易养，长大后，和谁都能过。她们的适应力和将就的本领，远超你的想象，深得江湖中“无所谓”门派的精髓。

虽然她们对自己的关心远逊于其他性格对自己的关心，但作为一本从性格视角分析单身并力图帮助她们更加圆融快乐的工具书，不指出绿色性格在追求幸福过程中的毛病，说不过去，本文主要为她们服务，希望以后当她们看到自己喜欢的男人时，知道该怎么做。在本文中，顺便可得到福利的，也包括那些由于种种原因不敢表达真我的其他性格的姑娘。

以好脾气著称的绿色性格女性，恋爱中如果把男人搞崩溃，主要的原因必然集中在，恋爱时，绿女对别人没有太多的要求和想法，除非她遇见一个和自己一样的绿色性格男性，否则，不可能别人对她没有期待。而绿色在捕捉对方的期待和感受上，是最弱的，再加上绿色不愿改变——须知，黄色也很难捕捉对方的感受，但是黄色如果觉得重要，就会瞬间要求自己改变，可绿色不愿改变——当长期不能满足对方内心的需求，两个人关系必然出问题。

不知道你葫芦里藏的是啥药

芊芊三十岁，每天准时上下班，老爸老妈把一切家务早就料理好，她只需安心吃饭睡觉。她唯一的爱好，就是养多肉植物，一小盆一小盆地密密麻麻排队，占据了半个阳台。这姑娘养植物从来不挑，人家给她粒种子就种，几十盆植物，品种竟有大半相同。在没对象这事上，她自己完全不急，人家介绍，她就去见一下，见完没戏，回家接着养植物。

她爸妈着急，拜托我的学生帮她寻觅。我学生帮她介绍了一个型男，型男长相一般，但体形线条很好，在外企做中层管理。两个人第一次见面后，介绍人分别私下问两个人感觉如何，两个人都说不错。于是我的学生心满意足，觉得她大功告成，接下来两个人自己过招那可。不知不觉一年多过去了，她知道他们二人交往，却不知进展到哪儿了，随手给型男挂了电话，问了后，郁闷胆边生。

原来，两个人交往一年多，吃过无数次饭，看过无数场电影，但手也没搭过。型男说，无论带芊芊去做任何他认为好玩的事，她都没反应，问她去不去，她说“你定”，去了后问她好不好玩，她说“还行”。有几次他本来鼓足了劲儿想表白，到浪漫的地儿以后，芊芊像木头一样，令他意兴阑珊。型男沮丧地说：“我从未追过这么难追的女生，要不还是放弃算了。”我学生转头打电话问芊芊：“你对型男到底感觉如何啊？不喜欢就直说，不用顾及我的面子。你不喜欢人家还吊着人家，那不是害了他吗？”结果她居然回答：“我觉得人蛮好的呀。”再追问一番，确定芊芊其实对型男是中意的，也打算要往下发展，只是她天生的性格让她无法像型男期望的那样，很“激动”地表达自己的喜悦之情。

以性格而言，绿女最符合中国男人在传统婚姻观中对女人温良恭俭让的要求，不需学习就知道夫为妻纲的道理，最能满足大男子主义的心理需求。但假如绿女对自己的性格没有任何自我洞见和调整，在情感中总这么温暾如水，长期相处，强烈渴求情感互动的红男和蓝男必将崩溃。

假如绿色对于自己的性格没有任何自我洞见和调整，在感情中总这么温暾如水，长期相处下来，强烈渴求情感互动的红色和蓝色男人必将崩溃。

等得花儿也谢了

在写给我的十几万封情感求助信中，绿色性格来信极少，她们笃信天塌下来当被盖，她们不想求助麻烦不认识的人。但下面来自惜弱姑娘的这封信，是个例外。

我和他是初中同学，关系很好。他很喜欢摸我的手，经常这么做，他总说我的手白白嫩嫩的，那时人小，只是觉得挺有意思的，一个大男生竟然喜欢女生的手。偶尔觉得不该这样，阻止过，不过拗不过强势的他，也就听之任之了。十几年后，重新回想那段时间，发现他除了喜欢摸我的手，还经常盯着我看，这是不是说明他曾对我有朦胧的感情呢？

初中毕业后，我们没见过面，也没任何联系。后来，他在 QQ 上联系到了我，那时，我对他已很陌生，也没想过同学聚会前会和他单独见面。直到大年初二，他突然约我去海边广场看烟花，于是 12 年后，我们重逢了。开始有点生疏，一路上回忆过去，瞬间隔阂好像就消失了。他一路上的小心呵护，在绚烂烟花漫天燃放的时候，我望着这个成熟稳重的男生，一瞬间，我看见他的眼睛亮了下，我的脸红了，身子发热，仿佛有种特别的生理反应。

这之后，我俩差不多每月都能见，几个月后，我过生日，他请我看了电影，那天，我知道了他记着我生日十几年，当时真是又惊讶又感动，但我又不想让他觉得我大惊小怪，所以什么都没说。

后来聊天，他谈了很多打算，说将来要找老婆一定要脾性相合的，其他都不重要，他也说，我该找个成熟稳重的老公。我当时就想，他会不会在说自己，因为他平常总说自己很成熟很稳重，不过我没敢问，这个问出去太直白。有时我觉得，他对我好像超过了一般朋友，但我总告诉自己，顺其自然吧，如果他喜欢我，自然会主动，如果他没那个意思，我要是把话说开了，岂不是连同学都做不成了?!

我俩一起走路时，他会很自然地搂着我的肩，不知道他是有意还是无意，但可以确定，严肃的他不会随便对女生做这种举动。但过马路他却抓住我的胳膊，不是握着我的手，他说抓着胳膊比较稳。从初中到现在，他好像都喜欢跟我有肢体接触，这是不是也能说明他对我并不完全是对同学的感觉呢?

老同学告诉我，因为他家境比我差，而他内心又要强，所以不愿主动表白，如果我给他一个台阶，他肯定就冲上来了；但我的一个闺密又说，男人如果喜欢女人，一定会主动表白，如果不主动，说明没那么喜欢。我不知他俩谁是对的。过了段时间，他突然跟我说要出国了，不知什么时候回来，这下我更不知道该怎么办了。您能给我一个答案吗？其实我心里是有他的，只是这么多年，可能我也在期待他能迈出这一步吧。

如果看到这儿，你疑惑这丫头是个不开窍的傻子吗？如果你有哀其不幸、怒其不争的想法，说明你跟惜弱是两类人，你肯定不是绿色性格，当然无法理解绿女无知无觉的境界。

对“他到底喜欢我吗”这种问题，总体说来，红女本能会做出乐观解读，这儿的确会让一些本来没可能开始的感情误打误撞地发生了，“上错花轿嫁对郎”就是说的红色。当然，自作多情的高手，难免也出自红女。可绿女对所有的信号，则会更愿意理解为“他对我应该没什么吧”“用不着大惊小怪吧”，因为绿女心湖平静无波，不愿主动，无欲无求，生命中靠她自己，不可能制造出任何意外的美好，按照惜弱姑娘自己的描述，绿女更喜欢男人对她的求爱方式是阿Q式的，如果对她直接说“惜弱，我想和你结婚”，料想不会像吴妈那样上去就扇个耳光，最有可能的回应会是“啊？这样啊，太快啦，不好吧……”再让她说出其他的，恐怕绿女也说不出来了。

因为绿女心湖平静无波，不愿主动，无欲无求，
生命中靠她自己不可能制造出任何意外的美好。

绿女的情愫萌动，没有红女那么激烈，没有蓝女那么深沉，没有黄女那么直接，天性在情感方面不太敏感的她们，会用“生理反应”来形容这种奇妙的感觉，其实是主观上不太有想象力，不像红女可以想出各种比喻，恣意联想起电视里的各种情节。

恋爱中，当对方没有满足绿女的需求，绿女的典型反应就是“算了吧”，换作红女，多半已经有各种奇奇怪怪的表现了，要么撒娇、卖萌、求关注，要么生气、发火、摔碟子，绿女的“不作”，是不喜欢在情感中折腾的男人的福气，但凡事过犹不及，太“不作”的结局是生活了无生机。

绿女最擅长的时态，是过去等待时、正在等待时和将来等待时，她们是这三个时态的完美结合体，她们期待一切都由别人主动，并且也不会为了对方能主动而自己先去做些什么。

爱情中的等待和不行动，蓝女貌似也有，在这点上，绿女与蓝女的差别是：蓝女不直接行动，但会用暗示来“会意”，逐渐酝酿出情感共鸣；但绿女不主动，主要是因为她们的欲望实在太淡，连暗示都不会去做。绿女在意人际关系，多过自己能得到什么，所以，总在平衡点附近缓慢摆动，给你的感觉就是，一个咬了半天还不知道馅儿在哪儿的包子。

绿女列举了很多对方对自己好的例子，其实她心里也有个倾向，但因为性格温暾和被动，两个朋友给了两个完全相反的思路，她蒙掉了。假如你没学过性格女彩，看到这儿，你可能会百思而不得其解——真正和那个男人相处的人是她啊，为何她完全没有自己的判断，而只能从两个朋友的见解中做选择呢？很抱歉，这就是绿女的典型特征。她们的被动顺从、没有主见，确实不会去招惹任何人从而引起冲突，但对和她们恋爱的人来说，有时未必是件幸事。

写给不会追求的你——

怎么追，他才不逃

听说韩国有个恋爱专家，备受不知怎么恋爱的单身女子的吹捧，奉若神明。这位大师傅专教女追男的四招必杀技，要诀如下：第一招，每次见他，满面微笑，让男人觉得这个姑娘在期盼我们的约会；第二招，借酒醉靠身，拉近距离，或在酒会上对他耳鬓厮磨，请他送回家的路上假装醉酒踉跄，以激发他护花使者的责任；第三招，精心选择约会地，如果想让他心动就去游乐园，过山车的兴奋和恋爱的兴奋感觉相像，让他误认为是恋爱的心动，打算进一步发展，就去水族馆等充满家庭亲情的地方，既可展现自己的卡哇伊，又可对未来有所暗示；第四招，约会当场就把下次约会拿下，比如约会时看到介绍赏红叶的杂志，就不经意地撩拨：我们下次去这儿看红叶怎么样啊？

这四招里，除了第二招在影视作品中被老掉牙地使用，其他三招似乎都是销售员上岗培训的基本功，见了客户要微笑，约见客户场地的原则，当场要快速拿下订单……看来只要学会灵活运用任何一套本领，即可行走江湖，不愁没饭吃。

只是爱情洁癖者，难免觉得这些恋爱的技巧太不特别，不管是欲擒故纵，还是欲拒还迎，方法太多，道理都懂，但用的技巧越多，必定就不是真爱；凡是真爱，理当水到渠成，浑然天成，无须刻意雕琢，使用的方法太多，爱情必不纯洁，动机值得怀疑。

我对以上几招，坦率地说，确实有一丝哭笑不得和不屑之心，认为只有恋爱白痴才会奉若神明，但转念一想，万万不可有此想法！因为这位大师傅的绝技也许很多，这四招可能只是流传在外的皮毛。何况，天下众人，资质和悟性不同，爱情经历和经验不同，一个阅尽天下男色的女子也许无视这样的技巧，但对见了男人就脸红不知怎么开口的姑娘而言，这些招式易于上手，正是当下的奇珍异宝。我若这样鄙视别人，难免他人也这样鄙视我，比如，你正读着本书，你旁边那个对性格色彩毫无了解的人可能对你说："切，谁不知道人的性格不一样啊？别听那个光头瞎掰，啥方法都没用。人找对了，没技巧也成，人找不对，啥技巧也没用。"他鄙视你的这句话，可能当头棒喝，让你信以为真，万念俱灰，突然觉得，这样看来，你只能啥都不做，一辈子伸长脖子干等着那个真命天子的到来。如若你果真这么想，你要小心啦！我想强调一下我的观点。

我的观点是：爱情的发生存乎于内心，但两个人的相处，必然需要方法，必然需要学习。否则，也不会天底下那么多人每每相爱时，皆信誓旦旦，而分手时，理由却如此相同——性格不合。

独嘉秘籍

从前的人们还会拿女追男说事，现在，女追男因为几乎和男追女一样普遍，再拿这个说事，自己都不好意思，太老八股。不过，知道怎么追的很少，有的人要么不主动表达情感，对方完全不知你的想法；要么拼死追，直到吓跑对方。其实，中国社会的倒追传统早已有之，七仙女追董永，田螺姑娘追谢端，白素贞追许仙，祝英台追梁山伯……要知道，女追男的最高形式，就是当你把他追到手之后，他还觉得是他主动的。如今这个时代，倒追的说法已经过时了。

性格色彩优酷网络节目《独嘉秘籍》中（总共12期，每期10分钟），曾有一期小试牛刀，展示过不同性格的男人是如何用巧克力追求他们心中共同的女神，大意是：

四个男生都喜欢一个女生，知道女生喜欢吃巧克力，各显神通，前去追求。绿色性格，不喜欢激烈竞争，发现其他人都在拼命，就退缩一旁，心想：我不想对抗，搞不过你们，俺先退，你们力竭而衰时，俺再出战；蓝色性格，要调查清楚姑娘喜欢吃什么品种及什么类型的巧克力，每天包好一颗，固定时间送上，坚持到毕业，未有间断，一招用到南天门；黄色性格，只管送上最好最贵的巧克力，几天内如果发现这招不行，就再改换其他东西往死里砸，方法可以不断尝试，不管用什么方法，总之，就是要搞定你；红色性格，每天花样翻新，巧克力豆、巧克力糕、自制巧克力粥……要用无限创意带去无限激情，坚持了几天，发现女孩还没被自己的激情感化，沮丧之余，突然另一个美眉擦肩而过呼啸而来，嘿嘿，好像不错噢，嗖，转移目标。

以上男追女的套路，以人性而言，大体与女追男相似。差别在于，绿女从不主动，即便那个她喜欢的男人正处于空窗期，她也不主动；而蓝女受社会规则的制约影响，也不主动，如果一定要说有，最多不过是暗示，希望对方意会暗示后，赶紧过来追自己；而对黄色和红色性格而言，男女追求的套路如出一辙。

那么，这黄色和红色两种性格的女子是如何追求自己喜欢的男人的呢?

当黄女看中一个男人时，一般会先让这个男人对自己产生兴趣，然后开始用各种方式了解此男，从兴趣爱好到家世背景再到学历程度。黄女不会太操之过急，节奏最好由她掌握。聪明的黄女，会先跟此男成为好友，扫清他身边的莺莺燕燕，摸清他最难拒绝的那个点，关键时刻出

不同性格的男人会如何
用巧克力追求他们心中共同的女神？

牌，让男人认定她的核心竞争力；愚钝的黄女，节奏掌控有问题或点没踩准，突然亮剑时，男人会被吓到。

红女容易去追，是因为她们天性乐于尝试，加之男人身上的一点闪光都会被红女恣意联想，无限放大，哪怕这个男人只是指甲剪得干净，红女都会联想他也许家境优越、教养良好、日浴三次，房间精致，甚至开始想象他家里的装修，抑制不住内心的幻想，让红女芳心难耐，赶紧出招。红女追男，不担心创意稀缺，但可惜懂放不懂收。往往之前的热情凶猛，容易拿下男人，但时间一长，男人会觉得，你是不是缺根弦啊？就像《安娜·卡列尼娜》里的安娜，为人太热情，心里时时有团火，她自己被那团火烧得难耐，经常透支过度的热情，学不会调节温度，弄到最后，常常是被自己心里的火烧死。

红女追得最猛烈，也最易放弃，放弃之后也最易复燃。男人要想把喜欢自己的红女给弄疯，方法很简单，只需对她忽冷忽热即可。不过，要谨慎使出此招，因为你面临的后果不堪设想，指不定这个红女会做出什么惊天地泣鬼神的事。与此同时，闺密们的话也会影响红女的判断，如果闺密对这个红女喜欢的男人，有泾渭分明的两派，要么红女自己纠结死，要么开始逐渐疏离那些反对的人。

所以，红女如果要追，就要把握好分寸和节奏，切不可操之过急，也不可喜怒无常。懂得收放，事半功倍，当然前提是你不让男人反感。我经常会遇见一些特别小儿科的问题哭笑不得，比如，爱的时候应该全部投入还是有所保留？这种问题，从前我不屑并且鄙视回答，现在发现，这个问题的提出有深刻的性格根源，只有那种每每投入巨大激情，烧得自己遍体鳞伤的姑娘，才会问出这样对她们来讲无比“高难度”的问题。

多年后，我终于想明白了这事。对红女而言，擅长上来就用烈火猛攻，不太懂得小火慢熬的妙用。有时只有慢慢爱，一点点注入爱，才能爱得更多更深，而不会搞得很狼狈，所谓“爱情的保留”，不是作假，而是要将其真正变为生命中的一部分，若把爱情视为全部时，就会搞得很糟、很危险，最后会搞砸。这就好比英国哲学家罗素有篇文章谈到希特勒，他说，希特勒如果不花100%的时间来征服世界，他就可能已征服了这个世界，他就是花了全部的时间来设计、策划如何征服世界，最后他已想不清楚，反倒失败了。所以，不要把100%的时间投注在一件事上，包括爱情在内，这对红女来讲，是很危险的。

下面详细阐述在追四种不同性格的男人时，分别要注意的事项。

追红色，短暂交欢后的噩梦

物流公司高管莉莉在跨年派对中邂逅了五星级酒店的大厨，与莉莉年纪相仿，阳光帅气，活泼爱玩，在美食选秀节目上小有名气。派对结束前，每个人掏出手机微信摇一摇，有缘的就会相互出现在对方的手机上。这一摇，莉莉就摇出了顶级厨师。此后，两个人约会了几次。

莉莉恋爱时每次都优雅时髦地赴约。前几次，约会不是在意大利餐厅，就是在法国餐厅，后来有一次，因为要看场电影，时间有点紧，大厨说就在电影院楼下的麦当劳随便吃点，那顿饭，莉莉吃得超级不爽，心想你怎么可以这么草率地打发我呢？前几次都吃得够档次，难道就因为你觉得已经把我搞定了，所以就对我这样敷衍？吃完后，走到电影院门口，莉莉闹情绪说不看了，男人大惑不解，说有啥想法就直说。莉莉说，我觉得你对我不够好，男人不解，莉莉磨叽了大半天才说明白是咋回事，大厨也不爽了，那就不看了吧，各回各家。

这次不欢而散之后，男人不再联系。莉莉开始傲娇，硬

红女容易去追，是因为她们天性乐于尝试，加之男人身上的一点闪光都会被红女自己恣意联想，无限放大。

> 憋半个月后，实在忍不住，主动约男人出来一起吃了顿饭，男人态度平淡，就像对普通朋友一样，结束了说自己有事，也没送她回家。莉莉越发着急，过两天再约，男人说忙，不出来了。莉莉忽然觉得自己好傻呀，把这么好的一个男人放跑了，于是突然有了要追回这个男人的强烈欲望。此后天天给这个男人打电话，没事就发微信。男人开始还装模作样地客气一番，后来变成不耐烦，最后直接把她拉黑。

在一顿麦当劳引发的“惨案”中，作女莉莉遇到的男人是红色性格。红男无论外表如何稳重，内心始终活跃，向往新鲜事物，喜欢体验，追求快乐。两个人在一次有趣的活动中偶然相识，符合红色性格喜好新奇的特点，感情进展顺利。在吃饭事件中，莉莉无理取闹，情绪化发作，尤其是对男人说“是否因你搞定我，故而敷衍”的话，无论哪种男人都会难以接受。在当时，男人虽然表面克制，其实心里早已情绪化，搞得不欢而散。如果事后莉莉能够迅速认错，抚平男人的情绪，或许还有转机。但冷战半个月之后，男人对莉莉的好感也骤降。而之后，莉莉又倒过来追男人，给红男带来极大的压迫感，所以，只能人间蒸发。

如果莉莉日后还想和红男恋爱，需要谨记：发现并赞美他的长处，有意见可以交流，但不要批评和否定他。如果想提醒他，可以用开玩笑的幽默方式，他比较能接受。与其追求红男，不如诱惑红男，因为诱惑的压力没那么大，而且更有趣，符合红色性格的心理需求。

追黄色，鸡蛋碰石头

> 第一次跟朋友唱卡拉OK遇到约翰时，莎莎压根儿没看上他。在一群男生中，他个头略显矮小，长相、衣着都不出众。唱完歌，几个男生推搡着说：“我来埋单！”“今天不用你，我来！”……约翰从外面进来，说：“别吵了，我已经搞定了。”这时莎莎才多看了他一眼。

聪明的黄女，会先跟黄男成为好朋友，然后扫清他身边的莺莺燕燕，摸清他最难拒绝的那个点，关键时刻出牌，让男人认定她的核心竞争力。

此后，每次聚会，无论哪群人约莎莎，不管玩什么，约翰铁定都在。再后来，其余的朋友都退场了，变成只有他们两个人出去玩。莎莎忍不住问了约翰："你是不是喜欢我呀？"约翰说："我觉得你适合当我老婆。" 莎莎说："可我比你大四岁呢！"约翰说："我妈也比我爸大四岁。"听了这话，莎莎觉得味道无比香甜。由于对年龄问题的介意，在犹豫了很久到底要不要接受，在约翰用尽各种方法投其所好后，最终她扛不住，从了。

两个人同居一段时间后，约翰在外地有个很好的发展机会，要过去两年，莎莎不愿分开，但约翰说："两年而已，况且随时可以回来看你。" 莎莎只好同意。刚分开那阵儿，每天都微信联系，过了一阵儿，似乎约翰很忙，回复消息总在几个小时以后，甚至隔天才回，有时干脆就不回，莎莎打电话过去，约翰那边声音很嘈杂，说了两句话就说有事，挂了。莎莎的家人都知道约翰的存在，因为她年龄已不小了，家人问他们什么时候结婚，莎莎想和约翰谈谈，但约翰总是那么忙。莎莎问一个好姐妹，姐妹说："男人这种态度，肯定是变心了！要是我，立马追到外地去，当面和他摊牌，要么结婚，要么分手！" 莎莎不知该怎么办，眼看着彼此的联系越来越少，心急如焚，终于忍不住跑到了约翰的所在城市。约翰一见她现身，立刻脸就沉下来了。莎莎说："我太想你，所以来看你。"约翰打断她："我在忙工作，你先回家，我忙完会联系你的。" 莎莎受了刺激，加上想起了姐妹说的话，头脑一热就说："要不我们还是分手算了，我妈天天催我结婚，你要不想和我结婚就分手。"约翰回答说："晚上回去再聊，你先回宾馆等我。"可亲爱的莎莎小姐香泪横喷，大声嘶喊："现在必须答应，要么结，要么分。" 约翰愣了一下，说"好吧，那就分"，莎莎当场傻了。

可怜的莎莎揣着颗破碎的心回到自己家，蓬头垢面待了三天。三天后，她懊悔自己的鲁莽，给约翰发短信道歉，哭诉自己对他的思念，都石沉大海。又过了一段时间，她听说约翰已经有了新的女友，受不了了，跑到男人家楼下，打电话哭求约翰“下来见最后一面”，没想到，约翰理都不理。

可怜的莎莎被她那完全不懂性格色彩的闺密害了，害得很惨，你要小心你生命中那些虽然爱你但总是乱提馊主意的烂闺密。对像约翰这样目标感和掌控欲都极强的黄男，从遥远的地方追到他身边，突然给惊喜这种事，不会加分，只会把惊喜变成惊吓。

黄色性格本能地会认为：“你是有目的的，你来，就是不信任我，想探测我到底在做什么。”当黄男喜欢一个女人的时候，他会投其所好，用最高效的方法去搞定她；但在事业的大好前途和情感的暂时分离中做选择，他必定会选择对黄色来讲更重要的那个——事业发展。如果莎莎对性格色彩早早有所了解的话，用这段分开的时间，把自己搞得更好，按照江湖上各种治愈系书籍的说法，就是——让自己变成一个有魅力的女人。当黄男发现女友一直在进步，会更加喜欢。

记住：黄男不需要追，只要他看到你身上有他需要的东西，他自然会来抓住你。你追他，不如让他来追你。他们喜欢征服、搞定别人的感觉，而不喜欢被人征服、被人搞定的感觉。

追蓝色，你怎样才能走进他心里

一名在悉尼读书的女留学生铛铛给我来信，诉说她追求蓝男的困惑历程。

2010年圣诞节放假，我回深圳，去弄头发，认识了他，他是一名理发师。我不知道自己为什么对他有感觉，也许因为他的表情有种淡淡的忧郁，对我问的问题，他回答得特别细特别专业。我拿到了他的名片和手机号，常跟他联系，问关于头发的问题。后来我跟他们店的人都混得很熟，经常一起出来玩。我记得我的第一次表示，是和他的几个同事以及我表妹一起去酒吧，喝得差不多了就去吃夜宵。之后我表妹和他的同事们先各自回家了，剩下我们两个人聊了一会儿，他送我回家。下车的时候，我主动要亲他，但他拒绝了，他说到该亲的时候再亲。我生气地走了。等我到家收到他的信息，只有两个字“晚安”。

后来有一次，我直接跟他摊牌说：“要么我们在一起，要么就做普通朋友。”因为我讨厌暧昧不清，但他跟我在一起的感觉就是有点暧昧。他给我的回答是：“怎么在一起？你不回去读书了吗？”我说：“我可以放假回来看你。”他说：“影响你的学习怎么办？”

这次以后，有很长一段时间，他不接我电话，也不回我信息。就这样我的圣诞假期结束了，我回到澳洲继续上课。但我一直没有忘记他，就从澳洲打长途电话给他。大概每两周打一次，也许是被我的傻劲儿感动了吧，他没再拒绝我，每次我们都会关心彼此的近况，聊上四五十分钟。

7月放假的时候，我听说他辞职回四川老家了，所以特意买了去北京的机票，然后转机去他老家，打电话告诉他时，他没有夸张的反应，但从他的声音中，我感觉是有一些惊讶和高兴的。在他老家，他给我当导游，到一些景点玩，我说我一个人住酒店害怕，不敢睡觉，他来酒店房间陪我了，但一个多星期的时间，我们之间什么也没有发生。

后来我一个人在悉尼，还是很想和他有发展，但是又完全不明白他的心理。我去过他家，他家里条件不太好，他也说过“需要一个能和他一起吃苦的人”，我告诉他我一毕业就回国，和他在一起，但他没有任何回应。我很迷茫，也很

蓝色爱一个人的方式，就是体恤她的心意，
默默地为她做很多事。

绝望，我想他肯定是不喜欢我。到了临近毕业的时候，我在网上问他：“你到底怎么想的？”他还是不回应。我发狠了，说：“你再不回话，我就留在悉尼不回来了。”他回了一个单词：“OK.”我把自己关在悉尼的家里，痛苦了很长时间，等到我恢复过来，想再找他问清楚，可他的所有联系方式都联系不上了，手机也停机了。我一直想他，一直放不下，因为我始终不明白，他到底是怎么想的。

蓝男不主动表达情感，但他们的内心极其敏感细腻，从这封信来看，如果这位蓝色理发师不喜欢铛铛，后来根本不会和她通电话，也不会陪她在家乡玩。但由于家庭背景的原因，由于女人有钱男人没钱的原因，他心里有很多顾虑，出于蓝色的习惯，他以暗示而非明示来表达顾虑，而铛铛仅是口头承诺“我会回国和你在一起”，这句话是断然不够的，对蓝男，不听你怎么说，只看你怎么做，做远远大于说。

因为铛铛只是口头说要回国，实际并没有行动，只是不断追问蓝男的想法，所以蓝男内心会觉得：“她还不成熟，即使现在我要求她回国，她回了，也没办法陪我一起吃苦的。”

如果想成功追求蓝色，其实什么也不用说，只要用实际行动打消蓝男的顾虑即可，而且，不要指望蓝男给予很多的口头表白和抚慰，因为这不是蓝男所擅长的，如果想知道蓝男喜不喜欢自己，可以观察蓝男的行动表现，因为蓝男爱一个人的方式，就是体恤她的心意，默默地为她做很多事。

追绿色，因为他态度模糊而放弃

正如您的自剖录《本色》中所说，像我这样的“红+黄”性格是敢爱敢恨的一类人。但是如果遇上绿男，便似拳头打在了棉花上，让人不知如何是好。两年前，因为无聊，我参加了一个羽毛球俱乐部，不是很正式的那种，就是朋友的朋友私人组织的，一半熟人一半陌生人。第一次参加活动时，我忘了带球拍，一个穿套头毛衣、中等个子的男人把球拍借给我，一开始，我以为他带了多余的拍子，说了句“多谢”就开始玩了。大约过了半小时，我玩得很爽，偶然一回头，发现他静静地坐在球场边上。我跑过去问他：“你为什么不玩？”他说：“没有拍子。”我才猛然意识到，他把拍子给了我，自己没的玩了，不由得有点不好意思，连忙把拍子还他，歉疚地说：“原来你只有一个拍子啊！干吗不早说？”他朝我露出孩童般的可爱笑容，说：“没关系，坐在这儿看你们打也挺好的。”我突然觉得他其实挺可爱的，于是加了他微信。

聊了一段时间后，我越来越喜欢他，因为他是我喜欢的那种成熟包容的男生。所以我对他表白了。他当时没有拒绝也没接受。然后我主动邀请他出去看了两场电影，第一次，我尝试把头靠在他肩上，他没有推开我，也没有拥我入怀，身体的姿势没有一丁点变化，像木头一样，我很沮丧。第二次，看完电影后，我约他去喝一杯，他同意了，我们在一家情调超好的爵士吧喝到晚上12点，他接了一个电话，要走，我问他是谁，他居然说：“浦东下雨了，我妈要我回去看看窗户关了没有。”我彻底崩溃。也许是没有那么大的耐心来等待他动心，也许我不该太主动，因为我觉得他的心门一直没有打开，否则的话不会一点反应也没有。

您知道带有黄色性格的人，凡事必定会要个明确的结果，不喜欢不清不楚，在一段时间后，我发短信给他，说即便不能交往，也不必刻意躲避我，毕竟以后还要见面。绿男回了信息，说以后还做好朋友。过了一年多以后，我偶然遇到我和他共同的球友，聊天的时候，球友不经意说起，说那个时候除了我，还有另一个女人在追绿男，他们逼问过绿男，到底更喜欢哪一个，绿男说是我。我惊讶极了，当时就想打电话向绿男问清楚，但球友劝我别问了，因为绿男已经在几个月前跟另一个追他的女人结婚了。

在四种性格中，追求绿男，看起来最容易。因为绿男在意人际关系，关注他人感受，很难拒绝女人的主动邀请，假如女人持之以恒地邀约他，加上周围朋友的起哄和撮合，没准儿就此成就了一段姻缘。

假如，女人期待很快就得到绿男的反馈与回应，就像这个故事中的女人一样，必然失望。因为绿色天性缺少激情，也没多少表达自己的欲望，他们更愿意别人把决定做好，自己跟着走就可以了。很多时候，绿色是没有反应的，但并不代表绿色不喜欢或排斥，他们只是觉得任何事情都顺其自然，不需要那么夸张的反应。就好像故事里的这个绿男，其实是喜欢这个红女的，只是红女太缺耐心和恒心，并且也完全不能理解绿男“没反应”的反应。当红女发信息说“即便不能交往，也不必躲着我”，绿男理解为红女不想继续了，因为在意对方的感受，所以，自己也听话地放弃了。而另一个追求绿男的女人，也许并没有红女这么吸引绿男，但胜在持之以恒，最终取得了胜利。

现在，你已经掌握了恋爱中“如何追求”的至高无上的心法，那就是——因人而异，因色而追。切记，如果你不了解对面是什么人，不知道怎么进入他的内心世界，一切方法都是白搭。

有时你表面上的无所作为，其实是一种有所作为，追求男人，其实也要无为而治。当你让他明白你喜欢他后，一段时间内啥也不做，在某一天突然发动攻势，也许会自然水到渠成。也就是说，如果你对男人的性格一窍不通，无法把握对方心理，那么，在你什么都没做的这段时间，会比不断瞎做，效果更好。静态中一动不动，有时反而让人觉得充满神秘和引力，从而产生接近的欲望，但也千万别天天安静地坐着，就只等着天上掉馅儿饼。

好莱坞演员梅尔·吉布森曾经主演过一部《男人百分百》的电影，

讲述一个受伤后拥有特异功能的男人，从原来情场屡屡失败，到后来战无不胜的神话。这个功能让他可以听见所有女人心里在想些什么，这个功夫让无数男女竞折腰。试想，如果有男人拼命用你不喜欢的方法追你，你会怎样？你会喜欢吗？可是，如果有人理解你，知道你心里要的是什么，用你喜欢的方法追你，你又是怎样愉悦的感觉？

女追男与男追女的道理，表面大不同，本质却一样。用适合不同性格的方法去追他，才是正解。故此，了解男人的性格很重要，不同性格的男人有完全不同的追法，方法用错，只会让自己喜欢的人越逃越远。

写给独立坚强的你——男人对你到底有什么用

独立的女人分为两种：真独立和伪独立。真独立的女人，天性从不愿依赖，是真老虎，属黄色性格；伪独立的女人，骨子里一直想依赖，但没机会依赖，是纸老虎，被生活磨炼得独立，随着时间的推移，已渐渐忘了依赖是什么味道，只不过被逼无奈，强装独立，是披着黄皮的红色性格。

黄女的独立，是能把很多男人逼疯的独立。当她们在做决定时，很不愿听取男人的意见，她们觉得这是独立女性可以让他人省心的宝贵品质，遗憾的是，在男人看来，那只是自说自话的强势而已。

有个朋友，是标准黄女，貌似苍老师，童颜巨乳，声如林志玲，轻声细语，迷倒天下宅男。但她的婚礼，让你无法想象。黄女因当时已有身孕，让她老公（当时的未婚夫）回自己的老家领结婚证。老公带着自己的妈妈兴冲冲地赶去黄女的老家，一到那儿就傻眼了，原来不光为了拿证，而是在他过去的第二天，便要举行一场轰轰烈烈的婚礼。老公顿感措手不及，质问她为何不事先与自己商量，一件人生大事怎可自说自话?！她回答得云淡风轻：“我都安排好了，你只需婚礼上去站一站就好了。”老公当时甩头就要走，被双方老人死死拉住。你无法想象，这个婚礼对这个丝毫感觉不到被自己老婆尊重的男人是怎么熬过去的。

虽然在女方老家，婚礼办得越大，证明对这个女婿越重视，但问题是，这个黄女从根本上就没尊重这个男人，本是两个人的大事，自己却全权定夺。婚礼后，自尊受挫的老公干脆不理她，把她扔在老家，一个月未与她联系。没过多久，

只有那些外硬内软的女性，
不愿意自己真正柔软的一面
给人看见，才用全身的盔甲
巴不得全天下都知道自己是女汉子，并且以为
河以和男人一样平起平坐共争天下而心中窃喜。

便跟前女友旧情复燃，在长达两年的分居中，对黄女不闻不问，不管不顾。但这个黄女的厉害之处在于，无论男方怎么软磨硬泡，就是死也不同意离婚，直到老公的那个前女友因为年龄关系拖不起，最终在三人的情感耐力赛中败下阵来。黄女感觉自己最终成为这场战斗中的胜利者，一切忍耐都值了。

而红女的独立，则有点悲剧性，算是故作坚强的独立。她们经常会说的是："又不是我自己要做女强人，都是社会逼的，我有什么办法？无论表面上多么坚强多么鄙视男人的女人，也会选择一个愿意让自己臣服的男人，大女人内心深处有个小女人，只会在她愿意臣服的男人面前释放出来，这该是女人的天性吧。"

这种独立，很多时候只是留着给自己讲故事和顾影自怜时用的。她们在深夜，常会自怜自艾，摆摆造型，一边舔伤，一边自我表扬，其实内心无比希望被呵护关爱，可因为惯性，当把那种习惯了的伪装，那种伪独立，不小心展示在男人面前时，没有意料中期待的被欣赏，有时甚至还会被反感。红女在得到这种评价后，一定痛骂男人有眼不识泰山，不懂欣赏，品位低下。然后自个儿回家，问苍天问大地，苍天不长眼啊，世上那个最懂我的人怎么还不出现啊……

黄色女人的真独立

确实是真独立，而且也不在乎男人的看法的黄女，当男人离开自己时，她们往往会告诉你，如果这男人是因为我太独立而离开我，只能说明他们幼稚，这些男人完全不值得去爱。

琳达跟老公是大学同学，两个人都是黄色性格，彼此欣赏对方的智商和情商，大学毕业就结了婚。大学里还有一个红男追求过琳达，因为琳达对当时的男友（也就是现在的老公）比较满意，所以根本没考虑红男。红男被拒绝后，见琳达结婚了，于是也跟一个喜欢他的女生结了婚。五年后，琳达夫妻二人事业发展都比较顺利，琳达在本地一家外企节节高升，老公自己创业，分公司也开到了外地。

由于老公平时一般不在身边，开始时每周回来一次，后因工作忙，改为每两周回家一次。买房、装修，屋顶漏水找人来修，停电换保险丝，所有这些事，琳达都自己搞定，做的时候很轻松很自然，久而久之，她也就不在意老公在不在了。她渐渐发现，每次老公回来以后，臭袜子往沙发上一丢，便回屋去忙自己的事情，对她在家务劳动上的付出，从来也没表个态或主动做点什么。她对此分析，老公常年在外地，经常飞来飞去住酒店，对他而言，家只是别样的酒店，无形中老公已将自己当成了服务员，对自己的付出熟视无睹，并视作理所应当。得出这个结论后，她突然意识到，其实老公在不在，对她来说没有差别，黄色发现问题解决问题的思维，让她只关注如何解决一个人在生活中所面对的困难，却一直没有去关心他们之间是否已出现问题，他们的爱情是否还如初。

就在此时，红男再次出现向她表白，告诉她，这么多年依然思念深爱。红男崇拜她，将她奉为女神，这让她体会到了自己的价值和存在感，加上老公对自己的淡漠，让她开始质疑自己当初的选择。但红男的红色性格老婆，听说了他们的事，闹得很激烈，威胁，自残，从二楼跳下来摔伤。当红男心怀歉疚地述说此事时，琳达不屑地说："真要寻死，为何不从高点的楼层往下跳？"因为琳达的毫不心软、油盐不进，一段持久战后，红男的红色性格老婆熬不住了，自行告退，红男离婚。等到此时，琳达才去找到老公提出离婚，老公问其原因，琳达毫不避讳地说自己有了外遇。老公冷笑了一声，爽快分手。

因为两个人的事业刚发展，离婚分割极快速。她和红男结婚也很快，没婚礼没酒席，花九元钱领了证，去了趟巴厘岛，就算搞定。婚后，红男包办了所有家务，把工作之余的时间都用于为“女王陛下”效劳，她也很享受她指哪儿红男就打哪儿的彼此协作。蜜月期过完，她有点小郁闷，因为红男风雨无阻都会接她下班，这让她觉得体贴过头了，更糟的是，每每大街上或熟人前，红男总要和她搂抱亲热，每遇此时，她总会毫不客气地甩开他的手，他就会眼泪汪汪地看着她，像条被主人遗弃的小狗。最麻烦的是，她逐渐发现，红男虽然人很聪明，有份不错的工作，但缺乏上进心。而且她还找到了原因，那就是，红男从小在父母的呵护下长大，缺乏对恶劣环境的抵抗力。有一次在家里吃饭，公婆都在，她对红男说：“少吃点，最近你又胖了。”红男便可怜巴巴地放下筷子不吃了。公婆见状，认为恶媳虐儿，一个跑到阳台，一个躲进厨房，暗自抹泪，心疼儿子。见此状，琳达觉得这家人简直不可理喻。

最后，琳达和红男还是离婚了，但提出离婚的人却不是琳达，而是那个红男，红男说：“你太独立了，我感觉你根本不需要我。而且你这么难以取悦，我做什么你都认为是不对的。”签署离婚协议书的那天，忽然，琳达有点想念她那黄色性格的前夫。

独立的黄女，有种归宿，就是找到一个能彼此认同，和她一样是黄色性格的男人，大家携手组成生产互助合作社式的家庭，有共同目标时，则共同合计，没共同目标时，互不干扰各行其道。（参考《色眼再识人》中对《纸牌屋》中弗朗西斯夫妇的性格分析片段。）但黄色也有情感需求，虽然不像红色那么旺盛，而且有时连黄色自己也忽视了，但这才是最要命的，当发现时，有些情感中的化学反应已经消失了。

没错，总会有男人喜欢独立的女人，譬如，这个故事中的红男，因为独立的女人身上有很多吸引人的特质：自信、尽责、有主见、可依靠、爽朗、简单。但像琳达这样的黄女，她们展现自己的独立时，也在男人面前同时不经意地散发出一种气息，仿佛在说：“你没用，我根本不需要你。”和她们相处，不会有纠缠不休的累，但会有种冰冷和硬邦

和黄色女性相处，不会有那种纠缠不休的累，
却会有种冰冷和硬邦邦的感觉。
红男本想用自己的热情将她暖化，
结果自己却被冻伤。

邦的感觉。红男本想用自己的热情将她暖化，结果自己却被冻伤。

到底什么是女人真正的独立？作家黎戈在评莱辛老奶奶时，曾经探讨了“自由女性”这个命题，并且表达了她对独立女性的看法，深以为然。她说，独立不是一种坚硬的两性对抗，而是我根本就懒得对你施力。老奶奶曾经写过一篇文章，主人公朱迪思有一个男朋友根本不关心她的精神生活，她也懒得解释，乐得大家各自保留私人地带。那男的说，要离婚去娶她，她说，不用啊，你和老婆生活很好啊，我们这样不错，我比较喜欢一个人在自己床上醒来。朱迪思很漂亮，她朋友送了条裙子给她，一穿就光彩夺目，但她马上给脱了，换上自己的旧袍子，把自己的好身材给盖住。比起那种花几个小时穿衣打扮，以期夺目的女人，那才是真正的自我。你想，女人穿漂亮衣服不外乎是悦人和自宠，我谁都懒得悦，怎么舒服怎么来！她绝对不会为了成全你的顺眼，而牺牲自己的自在，她的选择是脱掉它。

红色女人的伪独立

第二种，红色独立女（包括红色性格和“红＋黄”性格）比典型黄色性格的独立女要悲催，这种貌似独立其实内心依赖的红女，当务之急不是找男人，最迫切的是，首先搞清楚自己是谁。因为不认识自己的痛苦以及即将来临的痛苦，远大于暂时没有男人的苦。

> 乐老师，怀着最后一线希望，想找您解惑。我用尽信念支撑着自己，可依旧心力不足，太折磨人了。我看佛学、哲学、《圣经》，练瑜伽，学习灵修，让自己保持乐观心态，一直这么做着。身边所有的人都说我是好女孩，独立、善良、大方，相貌外形其实都挺不错的。我今年 37 岁了，在外企做产品经理，讨厌欺骗和做作。相亲无数，还是单身。我不图名利，只想找个和自己差不多，乐观积极能聊得来的伴，可是好难啊！

> 最近先后认识两个北京男生，都觉得我太独立，没给人小鸟依人的感觉。呵呵，难道独立也是错？难道都要女人儿童化吗？难道女人的柔弱依赖都要从嗲声嗲气中来吗？第一个男生说我各方面都很好，也很聊得来，可就是没感觉。第二个男生说我性格很好，但没给人黏人的感觉，说我太独立，天哪！独立也是错？（我其实还一直在努力修炼自己要独立，要有自己的空间）。
>
> “感觉”这东西到底是什么啊？我希望自己是刘若英那样独立的女人；我也一直那么努力着，不是说事业上非要怎样，只是有个努力提高自己的目标和方向。难道这也不对吗？到底要怎样啊？

这个写信来的姑娘，从她的提问中可以看出其迷茫、犹疑和不确定。她的初恋，因为觉得生活压力太大，故而和她分手，因此她认为，只有自己变得独立、优秀，才能赢得男人的心，爱情才会有稳定的保障。当她努力做到了后，却又被相亲中遇到的男人抱怨“太独立”“不黏人”，所以她迷惑了，不知该何去何从。

因为她一直以来努力的方向，就是按照杂志上教的“女人要独立，要有自己的空间”，一步一个脚印，而她努力的目的就是为了得到男人的认可，而去改变自己。从这点来看，她必定是红色性格，容易受到他人评价的影响，内心不坚定，时常受到情绪左右，虽然努力改变自己，但世上众口难调，有人喜欢黏人的，有人喜欢不黏的，假如她只是因为男人的评价标准而调来调去，最终会连真实的自己都找不到。

因为她的红色性格，所以她喜欢的是真实、自然、不做作，但却因为别人的评价而动摇着自己的标准，她内心的迷茫和痛苦，源于不知道自己是谁，也不知道自己该怎么去做。她需要做的第一步，是看清楚自己性格中的优势和过当，由于她的红色性格，当她想像黄女一样坚定时，其实很难做到。

红女的内心极其脆弱，容易受伤。红女的独立是伪装，是自尊心作祟，其实内心想要被关注和依赖，但嘴上却高喊独立，心口不一，有说不出的苦。号称独立的红女，喜欢到处叨叨，说出一堆看似有道理的理论。由于红女天生的渲染力，经常会让人以为那是真独立，事实上却禁不起琢磨，有时候，一句话就能让她的伪装崩溃。故此，独立的红女是打肿脸充胖子，最容易喝醉。

这种表面独立，内心却依赖的女人，在职场上比比皆是。当这类女人遇到不那么喜欢的男人时，会将自己由工作训练出的黄色性格的坚硬外壳尽情展现，当然他人无法触摸到自己的温柔与依附；但当她遇到自己真正喜欢的男人时，很快就会有小鸟依人的本性回归。犹如张爱玲，原本高傲不凡的才女见了胡兰成，完全变了样，只想卑微地对他好，见了他，变得很低很低，低到尘埃里，但心里确实喜欢得似尘埃里开出花来。

独嘉秘籍

无论你是第一种真独立，还是第二种后天被训练成的伪独立，对男人而言，如果是绿男，巴不得女人独立自主，这样他可全然地听从女主的召唤，记住，也只有绿男才能全方位欣赏并且真正依赖独立的女人。而其他三种性格的男人，既希望你能独立处理麻烦，又希望你能在该依赖的时候表现出依赖。

《我是演说家》第一季里我的学生——与癌症已经斗争三年的单亲妈妈章早儿，和我说过，因为她的独立性太强，当初自己曾经吃过苦头：

> 可能因为母亲教育的缘故，我从小就觉得不应太依赖别人，不应太麻烦别人。我以前有个男朋友，条件不错。他喜欢我乖，喜欢我听话，他愿意赚钱养家让我负责在家貌美如花。可是，我太没安全感了，我认为，他愿意养我就是因为

我无能。我固执地认为男人始终会爱上优秀的女人，而优秀的女人，首要条件就是要让自己独立。于是，我放弃了所有的一切，离开了这个让我舒适的家。这个男人，是我儿子的父亲。分开后，我不找他要生活费，我自己赚钱，买房子，养儿子。后来，遭遇了很多变故，我拖着病体，其实特别无助。但是仍然不想叫苦，想死撑。孩子的父亲跟我有了一段对话："我一直很喜欢你的好，我们不是因为仇恨分开。但是你太逞强了，即便我们分开，给儿子生活费，那也是我的责任，我也想对儿子表达爱，而你的逞强剥夺了这些机会，这些逞强也会让你变得更苦。"

独嘉秘籍

那么，女性，要在两性关系中怎么调整呢？

伪独立女性，一句话，要认识到你不是真独立，而是伪独立，找到那个对的人，回归真实的你即可（如何自剖做真实的自己，参阅《本色》）。

真独立女性，可参考如下法则：

1. 多说废话。诸如"辛苦了""其实你已经做得不错了""你为我做了这些，真的太好了"，这些看似无用的慰问、认可、感激的语言，如果能发自内心带着真诚的感受去说，就能让对方体会到你的柔软和体贴。

2. 不要总处于紧绷状态。有些时候，比如工作状态，有紧急重要的事情时，紧绷，也许是有益的，可排除干扰，更快实现目标；但在恋爱状态中，亲密相处时，用不着紧绷，有些事儿慢些做，暂时死不了，总比由于你的紧绷让你真爱的男人心死要好。

3. 跟随对方。因为你做决定太快，剥夺了男人主导事情的乐趣，久而久之，他越来越消极被动，无法发挥出他的优势和特长，有时可以注意多给他一些表现的机会，即使他不如你英明神武，但没准儿他的思考角度和做事的方式，也会带给你启发。

4. 学会依赖。我的一个性格色彩学员在课后修炼得非常好，她这么描述她在平衡独立与依赖两者上的心得。

> 我在厨房做鱼，剖开鱼肚后，这条鱼居然活蹦乱跳，我故意吓得高声尖叫，老公急忙赶过来，抓住鱼身，用菜刀在鱼头上狠劲一拍，鱼就不动了。然后他心疼地搂着我，像哄小孩似的。此后每当有英雄救美的机会，他总是夸张地发挥一番，似乎没了他，我就没法活了。男人向往充当女人的庇护者，哪怕只是一瞬间的感觉，也能为他们带来莫大的鼓舞。每到这时，我甘愿做一只受伤的小鸟，依偎在大树的怀抱里撒娇。为了使老公强大，我有意识增强自己的依赖感。其实我的独立性很强，对事对人很有主见，但我总是经常问他："这事怎么办？"老公便来劲了，给我出很多主意。其实我最后是否采纳了他的意见，事情怎么办成的，他并不在乎。

想起两个美人，赫本和嘉宝。赫本小时候被她爹抛弃过，她骨子里情绪化，没有安全感，这也许是她最楚楚动人的地方，有着一种惹人爱怜的无助；而嘉宝整个人融进了她的角色瑞典女王中，将那个硬朗、专权、独立、完全不介意外界评价的女王范儿刻画得犹如真身在世。在她们两者之中，显然，赫本更容易激发起男人的保护欲望，而一个本身已经有女王范儿的嘉宝，在男人看来，是不需要任何保护的。正如嘉宝在《克里斯蒂娜女皇》中的一句著名台词总结了她自己的这种伟大宿命："我将以单身终生。"

所以，你自己要想清楚，到底你要男人，是派啥用处？

如果只是为自己找个能夜战安神的陪练，无须多虑，随你怎么来；可如果除了肉身所需外，你还想发挥他作为男人应有的其他功能，切记：时刻让他觉得自己是有用的，让他觉得你是需要他的，这是最重要的。

女人无限崇拜的眼光中，就这样，一个超人冉冉升起，这种感觉，对一个长期生活在女强人阴影里的男人，真是久旱逢甘雨啊！在无数影视剧中，放着美艳少妇不要，跑到按摩房和洗脚小妹聊得情投意合的桥段比比皆是，个中奥妙便是如此。

真假女汉子

几千年来，“男主外，女主内”的中国传统文化，让男人们很难接受各方面都比较强的女人，这样，那些条件优秀的女性，尤其是性格也强的女性，在爱情与婚姻之路上，难免坎坷。更悲情的是，女性自己的性格其实并不强，只是因为自己的成功造成男性巨大的压力，反过来，给自己带来命运的悲剧。

有一部我记不得名的小说里，描述了两姐妹的一生。姐姐持家有方，嫁人后深得夫君敬畏；妹妹温柔贤淑，因为父亲的虚荣，从小她就被当成男孩来养，以长子身份驰骋朝廷，15 岁做了探花，16 岁做了侍郎，17 岁挂帅出征，18 岁平定南疆，功勋盖世。但可怜的是，结婚后，因为老公不爽她的成就，始终得不到老公的欢心，饱受老公精神上的漠视和肉体的摧残，加之积劳成疾，最后悲惨死去。

这部小说里，两姐妹的性格对比极其强烈。姐姐是黄色性格，足不出闺房，性格却很男性化，威慑力强，所有人见了都畏惧，在婆家这个庞大家族中如鱼得水；而妹妹是红色性格，女扮男装文武双全，但真实的性格，确是无比女性，纤弱善感、忧郁多情，被她自己老爹活生生地压迫加压抑，给拧成了一个外表王熙凤内心林黛玉的混合体，而最大的遗憾，就是她这一生被迫去扮演强者，取得的成就也并非她自己想要的，而那应该是像姐姐一样内心有力的黄色性格的人想去做的事，这正是她人生的悲剧。其实，她姐姐的一生，才是她内心真正渴望的。她的姐姐虽然表面上没取得像她一样的成就，貌似遗憾，但姐姐经营夫家家族的成绩斐然，同时家庭圆满，而这个妹妹一直在做和自己天生的红色性格完全相悖的事，人生彻底毁了。

像这部小说里出现的悲剧，就可称为“性格错位”，一个人不能按照自己的天性去正常舒展，是人生莫大的悲哀。所以，在性格色彩亲子教育中，我经常强调：对孩子最好的教育就是因色施教，根据孩子的性格因势利导，而非按照你希望孩子成为的样子强力改造。

回到本文探讨的单身女性强势问题，从人性的需求来讲，弱势的女人有强势的男人喜欢，强势的女人也有弱势的男人喜欢，这符合人性互补的规律。然而当下社会，比较多见的是，能力强且性格强的女性，男人宁愿绕道而行。可无论女人怎么批判现在的男人怎么孬怎么㞞怎么阳气不足，在短时间内，多数男人并不愿接受太强的女人，这是一个不争的事实。而这种强女，当下比较流行的称谓就是“女汉子”。

需要特别说明，这个词，现在有点被滥用了，使用者并不理解此中真谛，只要隐约觉得这个女人像男人一样能干，就把这个帽子给戴上去。

按照性格色彩学的分析，女人中，只有“红＋黄”性格或做事有黄色性格特点的红色性格（披着黄皮的红），才应被称呼为“女汉子”；而那些真正的黄色性格，譬如章子怡、杨幂、张静初等，大家很少称呼她们为“女汉子”。

我观察到的一个秘密是，真正内心很强硬的女性，从来不愿以“女汉子”自居，她们巴不得天下所有人都认为自己是充满女人味的，对这个词唯恐避之不及；只有那些外硬内软的女性，不愿意自己真正柔软的一面给人看见，才用全身的盔甲武装自己，巴不得全天下都知道自己是女汉子，并以拥有这个词就可和男人一样平起平坐共争天下的荣耀而心中窃喜。

你是否觉得这是由中国的传统文化造成的，在国外不多见？看看美国首位女国务卿奥尔布赖特是怎么说自己的，在她的自传《国务卿女士》中，她曾经这样描述：

在波兰出差两周后，回到美国时，接到了老公“抛出的一枚重磅炸弹”。刚回家，老公说我们必须谈一谈，然后，没有任何预兆，开口说道：‘我们的婚姻已经死了，我爱上了别人。’”

“他告诉我，要去亚特兰大，因为那个女人就在亚特兰大。我尽力回想自己是不是什么地方疏忽了，可想不明白。我在白宫的那段时间，每天确实要工作很长时间，但那种生活一年多以前就结束了。”

审视自己的婚姻，奥尔布赖特问自己：“难道是我对事业的执着造成了婚姻的失败吗？我憎恨这个问题，因为这不仅是对有事业心的女性的侮辱，更是因为我找不到真正的答案。

“成为国务卿后，我终于意识到，如果我仍然处在一段美满的婚姻中，我是绝不会爬到这么高的位置的。可作为一个女人，我还是一想到离婚就难过。如果当初他愿意重新回到我身边，我一定会义无反顾地放弃我的事业，心甘情愿做一个贤妻良母……”

奥尔布赖特一直到最后都没能找到真正的答案，答案很简单，因为她前夫的性格和撒切尔夫人的老公的性格不一样。如果性格能像铁娘子的先生那样温和内敛，且甘愿居于人后，并且乐意看见自己的老婆比自己强，又有足够的方法可以让女强人回到家里俯首帖耳，那自然过得神仙般逍遥。当然，这里还有一个重要的前提，那就是，即便男人是这样的性格，是否女强人自己知道应该怎样处理女强男弱时的家庭平衡？如果做不到，势必会付出生活的代价。因为，一个女强男弱的家庭在没学性格色彩之前，在女人不了解如何和男人相处之前，通常女方越强，幸福和事业成功的反差越大。

黄女斗红男

（一）斗争实况

我演讲班的学员如雪，黄色性格，四十出头，生意做得很大，早年艰辛，她和我讲了这些年来的历程。

> 如雪的父亲早年是部队高官，非常强势，家里五朵金花，如雪排行老二，继承了父母的强悍性格。因为当过老八路的父亲不许家人沾一点光，所以，自如雪18岁自立，在江湖上都靠自己，凭借年少无畏，硬是闯出一条好路。20岁时，喜欢上了一个机械厂的小会计，对这件事，身边遍布批判与反对。
>
> 如雪毫无动摇，觉得这小会计未来可以成事，给了他无比的信心和勇气。小会计不愿在工厂里待下去，如雪就鼓励他做生意，拿出自己的积蓄，遗憾的是小会计不是做生意的料，屡做屡亏，还屡亏屡做，直至有一次，在外地倒卖旧钱币，竟被骗得精光。
>
> 小会计从精神上彻底垮掉，此后完全失去自信，如雪却从未放弃，继续鼓励，为了还债（小会计做生意的本钱是如雪借的，如雪的本意是希望小会计用自己的本事赚到钱后可让自己有面子，让周围的人知道自己的选择是正确的）如雪开始白天黑夜轮番打工，最辛苦的时候，每天下班后，再打字8小时，以赚取每小时1.4元的打字费，就这样，硬是打了一年半工，如雪把男友欠的债给还清了。
>
> 有一天，如雪在给小会计洗衣服的时候，发现一张其他女孩写给小会计的情书，这个晴空霹雳，让如雪天旋地转。

红色性格的小会计，对从天而降的高官千金，开始又惊又喜，由于红色骨子里的幻想，他感动于如雪给予的信任。很快，面对现实的压力，他希望能迅速做成事来表现自己，可当你意图走捷径时，风险就大，一旦失败，红男的抗压性又不强，事情总没做成，就会因自卑先击垮自己，后来做生意的屡次打击，更加重了认为自己是废物的心态。当最终小会计需要借助自己的女人来帮自己还债时，他的自尊心已被击打得粉碎，曾有的那么一点信心也彻底崩盘。

我在佩服如雪坚定的同时，也能理解小会计在那时心理的巨大压力和自卑。他注定了在这个女人面前，一辈子都抬不起头，这种感觉，很遗憾，被如雪完全忽略了。因为，对如雪而言，她唯一想的就是，我要不停地付出，用事实证明我的爱最终是有结果的。除非这个男人是啥都无所谓的绿色性格，否则，其他任何一种性格的男人，如果发现无论自己怎样努力，女友永远是高高在上时，势必内心会有反弹和不满。

很多读者看到此处，得出一个结论——黄女是否应该多让对方做决定，而非自己做决定呢？理论上，这是对的，可问题来了：在这个故事中，如雪的男友是自己做决定选择的，如雪也一直都在鼓励屡次失败的他，可结果还是很糟，那问题到底出在哪里？

问题就在出事后的反应！起初，小会计自己造的孽，可事后却要让如雪面对，小会计所有的债务全由如雪来偿还，不要忘记，如雪当时自己也不是财主。从如雪的角度来看，她做了一个勇于承担责任和敢于付出的好姑娘，可她并不明白，她成了好人，而小会计却成了众人厌弃的不仁不义之人。其实，处理此事唯一正确的做法，应该是两个人共同面对压力和挑战，携手并进，共渡难关，这样，这个男人才能从残酷的生活中汲取二人并肩的爱情合力，而如雪的做法，实际上，依旧是把这个男人和自己割裂开来，无意中，让自己占据了道德制高点，扮演着处理麻烦的高手，这不仅会让小会计觉得自己卑鄙，而且更会让他觉得自己一无是处。当一个男人在一个女人面前有无能感时，离 game over 的时间就不远了。

相反，给小会计写情书的另一个女孩，也许啥都没有，却会让他有做男人的感觉，对小会计来讲，重拾自己做男人的感觉，远比爱情本身重要得多，所谓“生命诚可贵，爱情价更高。若为尊严故，两者皆可抛”。在和如雪这个强势的女人相处的过程中，他知道自己永远只会沉沦在无限的自卑中，而如雪除了帮自己解决问题，只能给自己增压，并不能帮自己解压。如雪完全不明白，她尽心尽力，为这个男人付出自己所有的一切，却只会加重男人本身糟糕的感觉和巨大的压力，分手对他们来说是必然的，只是时间问题。看到此处，如果你心生“好人不得好报”的感觉，你开始同情如雪了，为她深深不值，证明你和如雪性格类似，你要特别小心一件事情，那就是，你对别人好的方式，真的是别人需要的方式吗？（详见拙著《爱难猜》）

从如雪身上，你可以看到黄女显著的情感特点：直接，抗压性强，用给予最好物质和结果的方式表示对对方的好，她们用自己的方式表达爱，从婚姻的勇敢而言，无人可与黄女媲美。而黄女实际是外强中干的性格，如果小会计不是“红＋黄”性格，在两个人的情感中，基本是由黄女控制。黄女的叛逆和反抗，往往在巨大压力下，仍能扛住重重困难，最终有情人成为眷属。只是在交往相处的后期，黄女缺乏足够的技巧，往往用强权来处理情感裂痕，这会导致对方反抗。

通常情况下，在男女经济地位相同的家庭，黄女基本占据绝对控制权；在经济状况男不如女的家庭中，自然更不用说。所谓绝对控制，是指黄女会内外一把抓，永远保持老婆大人的先进性和控制权。

在黄女和红男的情感冲突中，还有些你务必知晓，可助你走出苦海的重要信息。

（二）斗争模式

红男在生命中充满激情，他们对人始终那么激情澎湃和兴致勃勃，与红女一样，他们也高度需要被人关注和呵护。尤其是情感越丰富的男人，情绪化必定越严重。

处理红色性格的人情绪化的技巧，我在之前的作品中多次强调，就是一定要让他们有宣泄的渠道。因此，红男发泄时，他们特别希望对方静静地倾听，帮其缓解波动的情绪，他们首先需要的不是解决问题的方法，而是有发泄的适宜环境。遗憾的是，黄女本能认为强者不该哭泣。当看到红男情绪化时，她们会毫不掩饰地鄙视，她们不善于安抚，而只是一味批判。愤怒的红男一旦与黄女冲突，难免张牙舞爪地狂躁，抗议黄女的不温柔和不解人意。

红男需要有人欣赏他们的有趣、聪明、快乐和表现力，而这些在黄女看来，是无聊、幼稚、疯癫和不成熟，红男从黄女那里感到的只是强大的压力，而黄女也不在乎对方到底对其有什么不满，心想反正我是对的，我对你说的一切都是帮助你在成长。

任凭红男怎么反抗，情绪化在黄女面前是如此无力，掀不起丝毫涟漪。红男宁可别人和自己大吵一番，也无法忍受黄女的冷酷无情。可怜的红男，他们在外面不敢发泄，怕被耻笑，回到私人空间，原本希望能在自己的女人面前尽情流露自己的脆弱，可惜黄女不给机会。就像黄女“示强”的本能一样，“示弱”也是红男的一种本能，可红男只要出现这个苗头，就被黄女击打得荡然无存，那还有什么乐趣呢？没有乐趣，红男就只能到其他地方寻找了。

黄女斗蓝男

（一）斗争实况

黄女是勇敢的，她们敢于挑战世俗的眼光，冲破一切阻力去追寻自己认为是正确的爱情，在外界舆论倾向于负面时，她们的坚定益发凸显，即使成为众矢之的的“第三者”，她们想的是——干吗在乎别人怎么想？

黄色的勇敢，表现在对世俗的挑战。其他性格的女人会在压力面前败下阵来，而黄女则会为了她们的幸福坚强地行走。假如这个黄女财务状况不错，则会给男性的压力更大，尤其是自尊心超强却不善表露的蓝男。

温蒂家境优越，个人事业蒸蒸日上，每次去婚介所，都把自己的宝马车停在距离很远的车场，就是为了避开那些别有用心的男人。在婚介所潜伏几个月后，她终于选上一个自己喜欢的男人，后来把他发展成了老公。

男人在认识温蒂时，算是有点实权的小官，交往个把月后，温蒂准备结婚，遭到了家里强烈反对，理由有三：第一，男方离婚过；第二，男方带个娃；第三，两个人恋爱后没多久，男人做了领导的替罪羊，被调离官场。意欲转型的他原以为凭借自己的才气及多年官场上积累下来的人际关系，到了商场，总有大展拳脚之处，谁知现实和想象完全不同，在商场屡遭不顺不如意，相比温蒂在商业上无与伦比的能力，始终无法企及。

黄色性格的温蒂不顾巨大的家庭压力，婚礼照常举行，排场张扬，一切埋单的事则当然由实力雄厚的温蒂来完成。两个人当初谈恋爱时，有一次，这个男人提到自己预订的房子因为资金紧张要将其退掉，温蒂提出完全没必要，直接就把房钱出了。

婚礼上，朋友们纷纷对这个二婚的男人不仅能抱得美人归，还可不需奋斗就享受荣华富贵，无不表示出了羡慕。婚后，他到温蒂的公司帮忙做事，可惜生意上不开窍，始终不得法，在长期没有经济地位，又没有能力被认可的情况下，外界盛传他在吃软饭，这个男人开始日益沉沦，球场、赌场、酒吧成了每天必去的消闲场所。

后来发生了一件事，引发了这个家庭的强烈震荡。蓝色性格的老公在前次的婚姻中有个超级红色性格的女儿，小朋友注意力分散等很多性格上的问题让温蒂非常不满，她严格地教育起这个非亲生女儿，大概黄色性格的老婆批判的语言过于强悍，立马被蓝色性格的老公上升到一个高度，认为“你这么做就是因为不是你亲生的，搞心灵虐待”。这事让本已笼罩阴霾的婚姻更加摇摇欲坠。

假如黄色性格的温蒂对人的感受能像她对事业那样有同样的敏锐，就会立刻发现，在这个阶段，双方关系已严重失衡，老公的内心抑郁痛苦。可惜，黄色没那么敏感，她觉得没多大问题，老公自己该调整好，发愤图强，毕竟平台都已搭好了，在她自己的公司做事，应该会很容易建功立业。

而事实上，蓝男有极其复杂的内心世界，温蒂可能连皮毛都没窥探清楚。在两性关系中，蓝色性格把是否能有默契的沟通，放在最重要的位置，而默契的前提，就是能听懂他的话。当他说，自己的房子因为资金紧张而要退掉时，也许并不是要温蒂帮忙解决问题，而只是想和她一起商量讨论这个事情，但温蒂毫不犹豫地就把钱出了，反而令他陷入内心的抑郁，甚至会悲观地认为“她是不是认为我没用，连自己分内的责任都无力承担”。其后，朋友们看似恭喜，实则略带嘲讽的恭维，让这个男人的内心承担了难以想象的压力。出于理智的考虑，他去温蒂的公司上班，但这并不代表他内心可以做到无所谓。

直到婚姻结束，温蒂还是不明白，为何结婚前那么稳重、知性、有内涵的这个男人最后会变成一个小气、尖酸、刻薄的人。其实，这正好说明了性格的一体两面，婚前你看到的多是性格的优势，而婚后，因为尊严感的缺失，这个男人的思维和情绪都越来越走向负面，最终变成了她不愿见到的另一副样子。

温蒂的痛，有男人的问题，也有她的问题。像温蒂这样的女强人通常都会认为是对方伤透了自己的心，其实，在此之前，她可能已经无意识地多次伤害打击了对方的信心。之所以会遭受对方话语的刻薄和歹毒，也许是有时无意中自己流露出轻视或看不起对方的结果，但这些她自己并没有意识到。正如英国记者达琳・李・波特所说：“男人中的强者通常在妻子的帮助下取得成功，女人中的强者只有在不怕丈夫拖后腿的情况下，才能成功。”

对男人而言，只有心理上觉得你是一只小猫，
才能激发他们的占有欲；而当他觉得你陪伴左右
好比猛虎环伺，永远只会这里的黎明静悄悄，
一切你所期待的美妙都不会发生。

以上这两个故事，都是女强人情感生活中常见的问题模式。还有更常见的难以启齿的痛苦是，愤恨自己的男人夜夜不举，怀疑他是不是外面有人了，这种为了没有正常性生活而苦恼的女性也不在少数。

这种苦恼，理论上是所有情侣到最后都会遇到的瓶颈，性生活没有波澜起伏，彼此太熟悉对方的身体，有一种相战两相厌的无力感。撑过去，就彼此升华为亲人；撑不过去，就只能走向陌路。如果不是这种常见的左手拉右手的苦恼，当自己的男人有心无力时，多数女子的本能反应是归咎于男人头上，严厉指出这一定是因你无心，故而无力，男人之神器应该随时随地伸缩自如。若是有心，怎会无力？从来不会想到是否因为自己的强势才导致男人的雄风荡然无存。如若你真有这样的想法，那只能说明你此生与性福的缘分甚浅。你还不知，对男人而言，只有在心理上觉得你是只小猫，才能激发起他们的占有欲；而当他觉得你陪伴左右犹如猛虎环伺，永远只会这里的黎明静悄悄，一切你所期待的美妙，都不会发生。

（二）斗争模式

在所有性格的相处中，蓝色和黄色两种性格的碰撞虽然未必场面上最激烈，但冲突持续之久，必定拔得头筹。在所有性格的搭配碰撞中，这两种性格的相处最辛苦。

他们在冲突中的表达方式完全不同，黄色外刚内刚，蓝色外柔内刚；他们在内心的需要上完全背道而驰。

这两种性格都极具控制力，只是控制方式不同。蓝男不像黄男在气势上摧枯拉朽，不同于黄男的颐指气使，他们用规则和框架来保持对有序的控制。故此，黄女的不讲理、“红＋黄”女的蛮横都会让蓝男非常反感。在他们的互动中，他们必须满足双方彼此的控制需求，黄女应尽量给蓝男保留足够的余地；而蓝男应尽量和黄女说话时更为直接开放，而非总是期待别人能猜懂自己。

黄女不易动感情，而蓝男情感深刻，对黄女的不敏感和不解风情感到极其沮丧；黄女极其理性，很少为情感所打动，而蓝男极其感性，情绪化严重并藏于内心，这种情绪化在冲突过程中，伴随着蓝男的沉默和不主动沟通，更容易让黄女愤怒。当蓝男和黄女吵架时，蓝男的冷暴力远比红男的现场发飙更恐怖。

两者的强硬相比，蓝男是想听道理的，然而，很多黄女自以为是，她们觉得，这个世上只有自己最了解自己。遗憾的是，黄色是所有性格中最不愿审视自己内心的，也是最不愿意承认自己是有问题的性格。

如果这两种性格的关系长时间陷入僵局，他们都会把问题越来越严重化且负面化，两者相比，黄女比蓝男更容易走出痛苦。

关于不同性格碰撞的关系以及如何化解冲突，走向幸福，至少有十种搭配可以阐述分析，在未来我打算另写一本书《你们的性格合不合》专门说明。(如果你期望更多地了解每种性格的优点和局限，可先参阅《色眼识人》和《色眼再识人》)。

黄女斗黄男

现在，也许你已经对黄色性格一生都希望掌控和赢有所感觉，那么，请问，两黄相遇，谁更厉害?

黄男本身有强大控制欲，怎会允许一个女人控制他？当黄男发现，自己无法控制或影响这个黄女时，要么大家分道扬镳；要么大家为了利益继续在一起，各行其道，在外面各找花草，互不干涉。

两个都不肯相互迁就和包容的黄色性格的人，彼此会为了争取主导权而展开势均力敌的较量，表面是情侣，其实更像是对手；而黄男天性总是希望控制，让他感觉自己是一家之主，无比重要，这绝不仅是黄男需要对自己家庭贡献的肯定，还是满足自己君临天下感觉的要件。

两个黄色性格的人争斗，没有情感上的负累和拖泥带水，他们彼此欣赏对方的行动风格，却对对方的强硬都有不满，殊不知，他们自己也是强硬的。当黄男事业远远高于黄女时，经济基础决定上层建筑，黄女的声音会降低；但当双方势均力敌时，必有各式各样的明争暗斗；当黄女的事业远远高于黄男时，没啥说的，分裂不远矣。

当黄男发现黄女在情感上不依赖他，在事务决策上也完全自己拿主意时，当他在这个女人眼中完全看不到对自己的崇拜时，为了寻找被景仰的感觉，必然去外乡寻觅。

而黄女也是同样的心态，她们并不一定希望男性臣服于自己，但她们对男人尊重自己的需求极高，她们希望双方在家庭事务的决策中平等，只要对方流露出少许对自己意见的不尊重，内心就会不爽。

这就是为什么在性爱姿势中，有些黄女偏好女上位，却不知，这会让黄男感到愤怒。因为女上位在性爱中代表了可由自己来掌控做爱的节奏、速度及高潮来临的时机，对其他性格的男人而言，“反正都是她在运动，我乐得轻松和享受，不用咱那么辛苦运作，多好呀”；但黄男却会愤愤不平：“娘的，连做个爱都总想骑到我的头上。”对黄男而言，肉搏本身如果没有了驾驭感，即便高潮，也索然无味。有趣的是，人和人真的差别巨大，不少红女对这个问题的看法是：“不明白那些黄女想的是什么，干吗要掌控呢？怎么开心怎么来就好呀，在床上被主宰的感觉多好呀！如果真的想要控制，拿个玩具自己玩就好喽！”如是这般，两个黄色性格的人相遇，结局就是去寻找各自认为能控制的情感和人……

表面上看，一旦发生冲突，谁强，谁就更狠，应该是“两黄相遇，更黄者胜”；而在两性关系中，两黄相遇，一旦发生冲突，更容易“两黄相遇，两败俱伤”。

通常情况下，单身女性一旦事业上强大，往往既没时间经营感情，可选择的对象也更少。你的层次越高，就意味着你离嫦娥的生活越近，跟孤独为伴的机会越大。

女强人常见的婚姻形式是——女强男弱（比如绿男或红男，因为黄男和蓝男的内心都比较坚硬），但如果这个男人真的没啥本事，在女强人的眼里，又往往会一钱不值，常常流露出对男人无能的嫌弃和不屑，或每天时不时地拿其他男人和自家男人来对比，试图用这样的强力激发身边的男人。

在男人的世界里打天下，挤进男人圈里的女人越优秀，难免跟更多男人打交道。而如果你的男人事业上不如你，你又不懂得认可男人对你生命的意义，两个人的差距势必只会越拉越大。如果女强人愿意对自己的男人发自内心地臣服和尊崇，两性关系必将无比美好，可问题是，很多优秀的女强人都觉得自己很强，很难从心底认为那个赚钱比她少、事业没她成功的男人有啥比自己强的。

黄色性格越多的女强人，越强烈期待男人超过她，比她自己要厉害，因为所有女强人的爱情产生于尊重，如果这个男人不比她强，她又如何能产生尊重呢？（请对照本书的“无情”章。）

她们拼命找比自己强的，于是也找了个男强人，但遗憾的是，这并不是最合适的婚姻选择，像《纸牌屋》中这样的政治婚姻只是不常见的一种选择罢了。一般情况下，如果没有相同的利益追求目标，事业型的丈夫很难长期忍受妻子是事业狂，如果女强人不从事业中抽出时间来照顾家庭，女强人最终面临的只会是——家庭控制权的冲突以及男人的背叛。所以，这就最终取决于你的选择是什么。

对女强人而言，你依旧可以保持平日里的自信和优秀，只是需要多关注些身边人的感受，当红男萎靡时，多些鼓励和赞美，而非施压和刺激；当蓝男抑郁时，多些陪伴和理解，而非指责和批判；而当你与同样强势的黄男相处时，切记，你太喜欢随时随地争胜负了，要求自己事事占上风，事事我有理，冲突和分歧中，永远我是对的，你是错的，这对另一个和你有同样需求的黄男是不能接受的。

对很多男人而言，和黄女相处最大的痛苦，就是黄女给男人的压力让人不堪重负。黄女永远也不会理解，自己随时都在散发的无处不在的

你的层次越高，
就意味着你离嫦娥的生活越近，
跟孤独为伴的机会越大。

压力是多么恐怖，即使到了婚姻解体的那天，她们仍旧不能看明白这点。

我回忆年轻时和黄女的爱情，必须得承认，那时的自己不够坚强，不能像黄色性格那样具备超强的抗压力，也没有绿色性格那样以柔克刚的功夫。当压力来临时，我无法忍受，发现以后自己要永远在巨大压力中生活时，即使我知道和黄女依旧相爱，最终依旧选择了退缩和逃跑。

天下强势女子的修身大法 ——学会示弱

我对强势单身女子在两性关系相处上的建议，不是让你假装很弱小、很没用，也不是让你装穷、装笨，而是学会示弱！

除了自信，能让自己从毛孔中散发出一些宽容和体谅的气息，是吸引男人愿意长久拜倒在你的石榴裙下的法宝。须知，女人的风情是留住男人的最好手段，而风情是一种软绵绵的东西，可让男人神魂颠倒欲罢不能，而既不解风情又不善调情，始终是两个人情感互动的障碍。搞笑电影《情癫大圣》中，蔡卓妍扮演的美女嗲声嗲气问谢霆锋扮演的唐僧“你爱我吗？”唐僧狠声吼道“不爱，就是不爱”，这时若是太自尊或太倔强的丫头，必然翻脸，起身离开，“不爱拉倒，老娘还不稀罕呢！”谁知小美女只是气馁地一眨眼，瞬间又放下身段，眉目传情，娇声细语地黏了上去，说道：“不要啦，夫妻俩床头吵架床尾和啦，你爱啦。”——这就是示弱，这就是功夫，对有黄色性格的女子，怕是要一生修炼的功课。

在《围城》中，方鸿渐婚后才发现孙柔嘉的真面目，当初被蒙蔽，可惜已经晚了，他并没有选择更早相识的苏文纨的其中一个原因就是，交往时，苏文纨在方鸿渐面前始终表现得像个强者，学问好，人精明，令人敬畏。而孙小姐一出现，在方鸿渐眼里，就是个弱者扮相。她刚毕业，孤身跟随一群自私冷漠的男人远行，历尽艰辛磨难，到了目的地，还受到帮派势力的欺辱与排挤。女孩的无助，引起方鸿渐的同情，唤起他济弱扶困的天性，面对孤弱如猫一样的孙柔嘉，方鸿渐义无反顾地担当了保护人的角色。方鸿渐可以拒绝强势，但却难以拒绝弱女子的求助，可以说，是女人的弱击中了他，使他屈服。孙小姐柔弱天真温顺的外表，扮演得楚楚可怜，实际上，正是她为了达到目的，伪装出驯服男人的手腕。正是因为并非发自肺腑，故此不会长久，但毕竟示弱比示强更能触动男性的内心。如果你的性格与苏文纨的性格一样，此刻，你可能会有一种想法，活该方鸿渐这样的男人，看走眼了吧?！活该被女人骗吧?！虽然我这样的女子脾气上有点倔有点硬，可是人好啊，谁让你不选择的……我完全理解你这样的想法，因为我也是这样的人，可你终究有一天会明白，人性的法则是——人们还是愿意和那个让自己相处舒服的人在一起。

同样的手法，在古龙的《七种武器之长生剑》中再次出现。袁紫霞将“示弱”之道玩弄于股掌之间，可谓个中绝世高手。青龙会丢了孔雀翎的图纸，袁紫霞奉命追查叛徒找到图纸，可她武功很低，搞不定对手，不过，她有自己的武器。她先用弱不禁风的外表迷惑了白玉京，并让他产生一种错觉，江湖人士是来找自己麻烦的，这极大地激发起白大侠的保护欲。然而，白玉京没想到，这位弱不禁风的女子竟是青龙会的堂主，之后精明的白先生在糊里糊涂中就成了姑娘的棋子。整个过程中，姑娘的示弱天分，让人过目不忘。

聪明的女人在男人面前总会装出弱不禁风的样子，将吃苦受气的事儿都留给男人去做。在感情的问题上，示弱永远是女人最好的武器，原因很简单，因为看似无所作为的示弱，事实上却足以触及男人最脆弱的神经。男人在女人面前，本来就喜欢以保护人和强者的姿态出现，有时，他们嘴里虽然在抱怨女人没用，其实心底却沾沾自喜，女人如果能够抓住男人的这种心理，那么影响男人又有何难？这也正是“欲取先予”道法的精髓所在。

姑娘，你强了这么久，那么多难事都被你搞定了，如果能得到幸福，示个弱算个啥？不妨试试噢。

>>> 下　部

下　部

写给享受

单身的你

第一章

谁说单身不快乐

CHAPTER ONE

第一节 单身的苦恼

很多单身女性的苦恼，往往并不是单身这事本身，而是单身需要面对的三座大山。

第一座大山：逼婚

有条新闻如是说，单身姑娘徐小妹哭诉自己“被催婚”，在网上晒了份保证书，白纸黑字曰：“本人定于 26 岁生日之前嫁出徐府，如届时未嫁，将自卷铺盖，露宿街头，特此为证！”而此事的导火索乃是老妈给她安排了一场相亲，她爽约自己跑出去玩，老妈很生气，后果很严重，为安抚老妈的情绪，姑娘就写下这份人神共震的保证书。

姑娘这种无厘头的做法真是世所罕见，但其中酸涩，离不开被逼婚的无奈。在浩浩荡荡的逼婚大军中，最凶悍的无疑是单身女性的家人，而给单身女性带来最大压力的“罪魁祸首”，也正是他们。

不少女性单身朋友最常说的就是，每天跟老妈通电话，不管聊什么，话题最后，老人家总能兜着“结婚”这事翻来覆去地绕，而最新流行的回应老妈的句型已普遍采取了大数据进行对抗：“国内离婚率不断上升，

2014 年已经达到 23.4%，北上广已经接近 30%，你是希望我保持单身，还是希望我结了再离呢？”

而逢年过节，网上最流行的生意之一，众所周知，是租个男友或女友。对大龄单身女性而言，每年最担心的就是过年回家怎样面对亲友，经常从亲戚那边听到的叽叽喳喳都集中在“女人过了 30 岁就只能嫁离过婚的了”“再拖下去，给你介绍的人都没了”等让人感到无比烦躁的话。你如果没有结婚，就好像欠了亲戚一屁股债似的。然后，很多人就莫名其妙地，为了父母结婚，为了自己离婚。结果，嘿嘿，结婚后再离婚，就没人催了。

第二座大山：相亲

大部分单身女性并不排斥婚姻，看看相亲网站每年剧增的注册人数便可证明。但相亲这个过程，其实并不爽。

很多女性对相亲开始充满期许，但随着一次次相亲，越来越发现自己不适合这种快餐文化。每个人都揣着明确的目的，人人都是福尔摩斯，瞬间通过长相、言语、行为像做生意一样快速衡量利益与得失，这些都让那些追求感觉的人对相亲变得越来越没兴趣。

一个 24 岁的姑娘跟我哭丧着脸说：“俺不想结婚啊，俺娘天天跟俺说俺已经是一个老姑娘了。还有，那介绍人是不是有病啊？随便找个男的都可以介绍给我，俺不喜欢，就说俺眼光高，看不上别人，这都是什么人啊?！”

对性格软弱、不会拒绝的女性来讲，当心里对相亲产生强烈排斥后，有时碍于朋友的面子又不得不去，所以，一面疲于应付，一面又担忧个人问题，同时又不愿意承认并非所有人都可通过相亲找到爱情。而她们没意识到的是，自己被文艺作品早已熏陶出一套唯美的爱情观，当在现实的相亲中遭遇激烈碰撞后，随之而来的是自我怀疑和对婚姻的失望。

第三座大山：舆论

将超过一定年龄未嫁的女性归入“剩女”，打入另册，与中国社会根深蒂固的“男大当婚，女大当嫁”的文化观依旧霸占思想上的主要地盘不无关系。而众人的潜意识里，也总要求人人都按照趋同的社会价值观来生活，谁如果不这么做，谁就违背了规律，人们就得评头论足这人有什么问题！

什么叫舆论的压力？就是你去翻朋友圈，到处都是晒幸福的晒娃的，你像屏蔽卖货的一样屏蔽掉她们？那你会发现，你只能跟比你小五岁、十岁，甚至更多的单身妹做朋友，当然你尽可跟男的做哥们儿，然后会发现，人家女友会仇视你。你去跟同龄人聚会，人家都一家，总不能为了你，老是搞不带家属的聚会吧！然后你发现，人家叫你的次数越来越少，因为人家也觉得不该刺激你。你去参加个婚礼，出了钱还受刺激，旁边年长的同事总是问：“啥时喝你的喜酒啊？红包都备好了。”你只能急中生智说“改天”，要不你会招来很多的说教，如果你还顽固不化，那么人家背后会谈论：“会不会这姑娘是拉拉啊？”如果你厚着脸皮说“我嫁不掉啊”，除了被评价为眼光太高外，还会有一群人让你去相亲，永无休止地进入恶性循环。

以上压力，很难影响到我行我素的黄色性格。在本书的中部，已经通过“写给不想单身的你”详细分析过，能够被以上这些压力干扰到的，多数都是红色性格或蓝色性格的女性。她们内心渴望婚姻，不愿以别人的眼光和方式来完成自己的大事，而骨子里有自己的一些追求，希望能够坚守。

在这三个问题上，对比中国和西方的文化差异，你会发现，在西方，大龄单身女性既没有像国内这样被关注，也少有人背后说三道四，更没有“剩女”的提法和集体焦虑。这种与中国社会鲜明的对比，还是根源于不同社会文化背后的婚恋观：

1. 没有按时结婚的观念，不必过符合大多数人价值观的生活

西方崇尚个人自由，人人有选择自己生活方式的权利和自由，结婚、受法律保护的同居、恋爱式同居，甚至在某些国家同性也可合法结婚。所以，当一个人年龄很大了，还单身着，周围人不会觉得有问题，更不会有为何还不结婚的猜测，甚至好些人到老，都没找到中意的，就选择独身，大家一样见多不怪。

2. 在伴侣选择上，更重视性格、爱好、价值观，而非身高、相貌、年龄

老外征婚，多介绍自己的兴趣爱好、性格、年龄要求，上下浮动十岁皆可，对方是否有小孩也不重要。他们喜欢的女性是有内容的、知识面广的、有趣的、成熟的。而国内，江湖上流传着一种传说，中年成功男人的理想，就是先离婚，再找个和女儿年龄差不多的！西方男人对独立熟女的兴趣和喜好，远超过国内的男人。和国内带着孩子的单身女性相比，在国外，一个人带着孩子、坚强积极生活的女性，反而更受他们的尊重和爱慕。

3. 老外崇尚独立，反对婚姻是女人的第二次投胎

老外无论男人还是女人，从小到大被要求独立，而独立又包括经济独立、精神独立、思考独立、人格独立，人人以凡事靠自己为荣。而在国内，很多家庭从小给女孩潜移默化灌输的就是你要琴棋书画啊，你要知书达理啊，将来才可嫁个好老公啊。媒体自己一边号称要引导正确价值观，一边也不自知地沦为大众观点的附庸，为这股恶习推波助澜，趋之若鹜地讨论明星的婚姻是否惹人羡慕，并且总有办法在最后将核心标准落在看谁的老公更有钱。而国外教育则倡导独立，不愿让女人变成小鸟依人，他们认为，人生最重要的使命是清楚自己要什么，并靠自己努力去获得，绝不是把自己人生的希望寄托在另一半的身上。

第二节 人一定要结婚吗

过去这些年，我所见的很多婚姻悲剧，与人们准备进入婚姻时，脑袋的糨糊状态不无关系，换句话说，很多人决定进入婚姻时，并不清楚自己为何选择婚姻，也不明白婚姻意味着什么。

在这些稀里糊涂的理由中，为了结婚而结婚，算得上是最正常的。更奇葩的要结婚的想法，譬如，恋爱了就必须结婚，这种想法，就像亲嘴了就一定会怀孕，纯洁得令人惊讶；还有的，是为了想要当新娘的感觉，结果，多数都只做了一天的公主梦就 game over 了，可怜小时候过家家没玩够；再有，害怕寂寞和孤单啊；不小心中招，必须奉子成婚啊；爹娘说不可以和那人在一起，为了表示抗争，必须得结啊……

还有些理由，让人们掉入了自己挖的坑。比如：

脱离苦海。为了脱离并不快乐的家庭或父母的管束，向往自己要的自由，结婚后，必定可让自己换种生活方式，展开崭新的生活。结果，新生活还不如旧生活舒心，所谓“刚出虎穴，又入狼窝”，为了跳出一个不快乐，慌忙不迭，饥不择食，让自己掉进一种更大的不快乐里。

找安全感。安全感这东西，完全是自己给自己的，但世上不少人都觉得安全感要靠别人给。别人不保护，怎么安全啊？别人不在身边，怎么安心啊？别人不爱自己，怎么能有依赖啊？别人不和我结婚，怎么能踏实啊？结了婚，就套牢了，就是我的人了，这样就安全了。把自己的幸福完全建立在与别人的联结之上，最后联结断了，只能责怪是别人偷走了自己的幸福。

摆脱单身。多数人还不敢相信晚婚或不婚可成为一种成熟的选择。眼角皱纹的催促、社会舆论的压力、对高龄产妇的恐惧等，都会让人们为了打破单身而结婚。人们嘴上虽说真正的爱与年龄无关，但一想到自己的年龄，好多人还是会恐慌，没心思找一个可以吃得好（生活匹配）、睡得好（性和谐）、聊得好（精神共鸣）的另一半，宁愿早搭巢穴。

类似这些五花八门的理由，说白了，都是属于对婚姻没想明白，看见人家入市，自己也稀里糊涂地跟进。

所幸，在一个逐渐开始多元化的时代，我们的选择也逐渐增多。今天，对婚姻，越来越多的人开始敬而远之。在发达国家，不少女性到了四十岁，依旧没有结婚的打算，她们生活舒适、职业体面、衣食无忧，意识到结婚生子和服侍男人将对这一切构成严重威胁，选择结婚，无异于选择某种形式的坐牢和牺牲。有不少女性很希望得到一位灵魂深处的伴侣，但假如没有这样一个人走进自己的生活，这些女性也并不打算退而求其次。

在我们爹娘的年代，只要彼此人品 OK，即便婚姻不爽，大家也能互相忍耐，彼此搀扶过活；而现代人对婚姻质量的要求更高，不像上一代，不愿忍辱负重凑合的人越来越多。对有些人来说，婚姻已不是一个非经历不可的过程，更多人开始认同“不婚也可幸福”。

目前，全球发达国家选择不婚的人口已占总人口的 1/4，在那些国家，大家非常尊重个人的婚姻选择，很少有人会因自己选择单身而受到外界和社会的指责。曾有香港媒体评论，随着人类寿命的增加，人们已越来越难将古典情怀中的“天长地久”和“白头偕老”进行到底。一位理论家曾说：“我不相信人们再能保持 100 年的一夫一妻制婚姻生活。我想也许在未来，我们会找到某种并非一夫一妻制，但大家都能接纳的生活方式。”

我和当年曾参加过《非诚勿扰》的女孩芊墨交流，她现在经营着自己的护肤品企业，对现代婚姻制度，她持强烈的个人保留观点。她和我说，婚姻的本质是人类生存条件有限时，为便于管理及生存，人们将这种制度变成“结婚 = 保障”的观念植入大脑。历代女性总觉得婚姻 = 幸福，无论中外童话，都要写男女主角历经千辛万苦，终以“结婚”为完满收尾。可人类起初是没有婚姻的，而且经历了各种婚姻和家庭制度，“一夫一妻制”是否适合当下这个社会，值得重新考虑。任何制度都应跟随人类社会变迁而发展，说不定，有一天，婚姻制度可以成为“期限婚”，也就是，每段婚姻都是“有限合同”，有五年一签、十年一签、二十年一签、一生一签等多种选择，那出轨的现象就不存在了。她的这个说法，与我先前听到的一位资深社会学家的观点一样，那个观点只有一句话：人类最合理的家庭结构，可能是摩梭人的走婚制。

以上所述，也许你此刻未必认同，但至少代表了一部分人的想法。也许在未来，会有一种现代人意想不到的新的生活方式，新的人际关系形态，给传统的观念带来更大影响。

第三节 谁是享受单身的人

你是真享受单身还是假享受单身？

网友深寒谷，写信给我，表达了她自己对不婚主义的想法，来信如下：

> 乐嘉老师，我是个不婚主义者，今年31岁，对不婚这事，我很坦然，曾经对很多人说过：我也许这辈子都不会结婚，当有一天孤单吞噬掉我所有坚强的时候，我会考虑做试管婴儿，要个小孩。
>
> 我为何不想结婚呢？因为我不相信男人，一直认为男人只分两种：一种是有色心无色胆的，一种是有色心有色胆的。小时候，成长的阴影让我完全不能接受男人的一点背叛，哪怕是思想上的。我结婚，就不会让自己离婚，但眼睛里又容不得一粒沙子，一旦发现肯定离婚，很矛盾，所以索性不结婚。我相信这辈子都找不到也遇不到那个我爱的，并永远忠心的人。我不想将就，卑微地过难得的只有一次机会的一生，来到这个世上，只有一次机会，没法重新来过，但每每看到母亲对我这个问题的无奈和期盼时，我心特别特别疼，她是

> 我生命中最软的一块肋骨。所以，有时候又很矛盾。我想请问，有时我会羡慕别人，有时我会觉得自己可悲，是不是永远也不会有一个这样的人出现在生命之中了？尘世间纯真的爱情还有吗？不背叛的婚姻还存在吗？如果我真是一直眼睛里容不得一粒沙子的人，是不是更适合不结婚？

对这位姑娘的圣斗士想法，我最想对她说的是，如果她准备进入婚姻的话，也许应该调整对婚姻的期待。天下水至清则无鱼，这个道理，先贤早有交代。

事实上，明眼人都看得出来，深寒谷潜意识里对婚姻是那么向往。她口中的“不婚主义”，只是给自己打气的幌子。一方面，对婚姻不忠的恐惧，让她无法走入婚姻；另一方面，她必须给自己包裹一层，将自己武装起来给外界看，而这个包裹必须足够扎实而堂皇，于是就找了一个说法“男人不可相信”，这样，无论未来发生什么，都是男人的问题，自己就不会有问题了。

事实上，有很多朋友为了让自己感觉自己对婚姻无比忠诚，在婚前都要发个狠誓，那就是，如果我结婚了，就坚决不离婚。这样的心理暗示，是基于一个重要前提——两性之爱必定亘古不变，而这个前提多数情况下并不成立，是文艺作品为了满足人们内心的需求而极力构建的，古希腊哲学家赫拉克利特早就说过，这个世界上唯一不变的就是变化。

那么，主动选择不结婚并且还能享受自己单身生活的人，到底是怎么想的呢？

可以说，想法零零散散，五花八门。比如：看不出婚姻跟幸福有任何联结，也看不出单身和孤独有任何关系；对目前的单身状况很满意，不愿为婚姻做出取舍，认为婚后会比婚前不理想；享受自己成长中的改变，一直在变，找不到跟自己相同频道可以沟通的人；坚信自己活到80岁的时候，还会有男人迷恋，那为何要赶着去嫁一个没感觉的男人呢？缘分未到，就一生随缘，何必逆缘；觉得自己搞不定婆媳关系，不如各回各家，各找各妈，千万别结婚；恋爱是两个人的事情，婚姻是两家的事，宁可长期同居，不结婚就不会有两家之间的纠纷；找男人还不如养条狗牢靠，一根按摩棒可解决生理需求，养宠物就能宣泄所有爱意，又不会发生情感背叛，日常生活自己可以搞定，通往结婚登记的路荆棘密布；婚姻是爱情的坟墓，婚后，双方都会改变，无法再享有自己想要的浪漫爱情，如果因为结婚而失去爱，宁可不要婚姻的名分……

在以上飞舞的各种原因中，综合总结，有两种最主要的形态。

享受自己单身生活的主要形态

1. 等待婚姻

理想主义的守望者，渴望爱情和家庭，但她们不愿凑合过日子，认为婚姻只是生活方式的一种，并非唯一的生活方式，所以选择等待。在等待理想爱人的过程中，她们已经习惯了一个人的生活。她们普遍的原则是宁缺毋滥，但当遇见时，就会寻求一个结果。

对这些女性而言，先发展事业，再谈感情，是她们认为最明智的选择。在经济各方面稳定时，更容易获得男性的尊重，建立家庭也更容易找到平衡点。她们认为一个刚出道的年轻女孩身无长物，凭颜值尽早为自己找个好归宿，就算能实现，也未必长久，因为人不会永远年轻。而婚姻又会占用成长和学习的时间和精力，到时难保不后悔。

典型的守望者，多数拥有本科学历，在大学里摸爬滚打过四年，有过凄美快乐的感情，知道本我自我超我，能看懂《TIME》里的八卦新闻，有稳定的职业和收入，奔三的人偶尔装嫩换个休闲装，混迹在学校里也能滥竽充数，喜欢没事感慨自己“人老珠黄”，但真被人说略显“老态”时，会板下小脸据理力争。

她们对爱情充满期待，只是对爱情的话题谈太久后，周遭朋友不顺的婚姻经历让每个人对婚姻又会有排斥。姐妹们在一起笑谈时，总会高谈阔论“结婚是瞬间的天堂，一辈子的地狱”，可同时，自己还时不时游走于一场场相亲中，等待着或许发生的爱情。

对这部分“三高”的独立女性群体而言，暂时不婚是她们生活的态度与选择，而非片面与偏激的冲动，也不是环境逼迫的无奈，不婚不等于没有伴侣，因为她们寻求更多的是身心的契合，两个人在一起可以共同享受生活和人生，她们有自己的事业和理想，不需要依靠另一个人来满足自己基本的生活需求。

2. 不想婚姻

一个不婚女为了去常春藤进修的机会，和谈了多年情投意合的男友分手，此后投入工作，节节高升，屡屡让追求者知难而退，她的认知是“一个男人和全世界，我当然选择后者”。她觉得工作的成就，比当某某人的太太要大得多，她不缺男人，但总是没男人能锁定她。

还有更生猛的想法，网上有份赵小姐的自白，不知是何方神圣，阐述她自己为何不想结婚生子，摘要如下：

> 说女人非要结婚生子，否则人生就不完整的话，就像“不能让孩子输在起跑线上”是屁话。而且我现在也没有强烈的生殖欲望。如果有了强烈的生殖愿望而又没有足够的金钱与精力和法律的允许，一个人，还不如不生。不盲目跟风生孩子，是对自己和他人负责。
>
> 如果不要孩子，老年孤独怎么办？年轻时多培养广泛的爱好，老年应该不会孤独。找个生活起居可相互照顾的伴。如果多次大小便失禁不能自理，我希望那时可以选择安乐死。年轻时，多存点钱，以后请个保姆或进个上档次的养老院。何况，久病床前无孝子，多保养好自己的身体，才是正道。
>
> 人生还有很多风景很多兴趣，何必局限了自己的人生？

我还有小时候吹过的牛皮要去实现呢！那些环游世界的梦想、成为艺术家的梦想、到老都不放弃滑板的梦想、沉浸在书屋的梦想，因为孩子一个都不能实现。别说我不爱孩子。我想说爱孩子就去领养吧！爱别人的孩子，才是真正地爱孩子，爱自己的孩子是爱基因。农村妇女一个接一个生育，都是随大流被逼的和养儿防老的观念罢了。

以前传统意义的婚内所有东西，如今在婚前和婚外也能得到。不结婚，不等于没有爱情和性，以及相互承诺的一段关系。在没有爱人的情况下，一个人也可以有美好的性爱，在这样的时代，如果连性生活都不能自理，那指望谁来解救呢？

结婚是交易、契约和无尽的家庭纠纷谈判，跟爱情和性没半点关系。好在我从小就很清楚这点。而我妈那辈的人还糊里糊涂将爱情、性、结婚、生子，杂糅到一起。我反对婚姻，我认为那是女人的枷锁（也是男人的枷锁）。那些火热的相亲节目和亲子节目不是正在造成这样的恐慌吗？似乎大龄未婚就真的那么不齿。那些终生未婚的女同胞，我向你们致敬。

我们每个人，都有权选择单身或结婚。我们都是独立的个体，最该听从的是自己内心深处的声音，最该尊重的首先是自己。重要的是，无论你的选择是什么，你都可以享受这个过程。

对恐惧单身的朋友而言，她们很难理解那些真正单身过得精彩的女性，到底是怎样的状态。所以，在下面一章，我找了十位从容自在的单身女性，虽然她们背景完全不同，婚姻观和爱情观不尽相同，但几乎都逃脱不了上述两类，并且都以自己的方式享受着生活。

这十位单身女性，包括了红、蓝、黄、绿四种性格色彩。在你看过本书的中部，已对性格色彩有所了解之后，你应该知道，在四种性格中，红色性格最乐意分享自己内心的感受和情感，而另外三种性格都不愿意。黄色性格不愿意，是因为她们不愿让任何人知道自己的脆弱和软肋；蓝色性格不愿意，是因为她们不愿成为众人瞩目的焦点，她们只愿意和最亲密的极个别人交流；绿色性格不愿意，只是因为其故事过于平淡，其实也没啥好讲的。

在你看这十位不同性格的女性的分享时，你会强烈感受到，每个人的性格是如何驱动她们一生的命运和左右她们的选择；你也可借此了解到，和你完全不同的另外一个人是怎样和你有一模一样的想法；你更可以看到，人家是怎么安然处理正让你头疼的这个问题。这段阅读将是一个无比神奇美妙的旅程。

所以，如果你并不享受你的单身生活，想赶紧脱单，那你此刻立即回到本书中部，再去读一遍“写给不想单身的你”；如果你正享受你的单身生活，祝你在她们的故事里找到你自己。

第二章

乐活单身女子自白

CHAPTER TWO

一个随心而行的自白——我过得很好，不必担心

独立影评人　小爱

从小生长在一个简单的三口之家，据说爸妈当年通过相亲认识，彼此一眼定终身。

儿时印象中，爸妈在饭桌上的交流甚少，最常看到的画面就是爸爸囫囵吞下一口米饭，很霸道地把红烧肉夹到妈妈碗里，然后妈妈再把肉夹出来，放进爸爸碗里，嘴里嘟囔着太腻了不爱吃。妈妈不仅不爱吃肉，也不爱吃鱼，更少给自己添衣物，经常会去上海出差的爸爸总会从旅行袋里掏出些什么让妈妈收着，有时是一双皮鞋，有时是一把梳子。记得有一次爸爸亮起嗓门儿对妈妈说“别人有的你也得有，快收起来”，然后表情严厉地把一条金光闪闪的项链塞到妈妈手上，妈妈温顺地在一边嘟囔“又浪费钱，干吗又浪费钱”。多年以后，当我看到电影《卡萨布兰卡》中 Rick 对 Elsa 说“He’s looking at you. kid”，明白那是羞涩的 Rick 在对 Elsa 说“我爱你”时，突然意识到原来那时爸爸的严厉与妈妈的嘟囔其实都是在说“我爱你”。

就这样，在听不到“我爱你”的柴米油盐里，我的父母给我构建的是一个平实健康的幸福世界，也正因为如此，我对“执子之手，与子偕老”的美好始终怀抱着憧憬，我相信爱情，也相信爱情和婚姻可以并存。

当然，有这个信仰，并不代表我就顺理成章早早地为人妻母，因为一直没遇到想要结婚的那个人，所以，目前我选择的生活方式是享受单身。我觉得这是一种严谨、一种保守、一种负责任，可是在国内，很多人将它称为前卫，好吧，随便他们怎么说。

相信爱情，但保持单身，我知道在中国会有很多人不理解这个逻辑，

一如我不理解为什么那些二十出头的女孩子一出校门就迫不及待去相亲一样。Grace 和我见面不多，但是这么多年来每一次她见到我，都会回到最初她追问我的那个问题：不结婚，你图什么呀？

图什么呢？为什么我会有禁不住想要笑出声的欲望？单身的幸福，也许真的不是已婚女性可以想象得到的。当然了，大部分人会忽略这个想象，又或者，她们根本就不会去想。

我从没告诉过 Grace，不结婚的理由之一，是为了不像她那样暗中盯梢去查看老公究竟是去了网球馆还是三里屯。在 Grace 辞职当全职太太以前，她和我一样酷爱旅行，自打孩子出生后，她每天的生活就是查老公手机，给保姆列菜谱，上网打麻将，然后到点叫司机开车去幼儿园接孩子。Grace 是 Burberry 控，以前舍不得买风衣，去香港买条打折围巾会高兴两个星期，现在，她的衣帽间里挂满了 Burberry 的风衣，可我再没见她穿过。那年在毛里求斯天堂岛上吹着印度洋海风时，我有一种想要给 Grace 打电话的冲动，我们曾经讨论过要不要一起来这里看印度洋。那个电话我最终还是没有打，因为我知道 Grace 的老公不喜欢她出门，而且也不喜欢她和以前的朋友走得太近。于是，我和 Grace 的关系变成了每隔一年半载她会发个短信，运气好赶上她老公出差，我们还能去喝个下午茶，每次 Grace 都抢着埋单，每次 Grace 都会不厌其烦地对我说“亲爱的，你赶紧找个有钱人嫁了吧”。

我希望 Grace 替我担心，让她担心我比让她担心自己更好。

事实上，担心我的除了 Grace，还有很多别的人，认识或不认识的、相干或不相干的。我也不知道为什么自己单身这个事儿，能聚集这么多的关注。

其实，在我目前的生活选项中，人们往往只看到了“单身”两个字，却忽略了“单身”的前后其实还有“选择”和“享受”这两个动词。

刚看到一篇八卦“赵薇嫁对老公，坐拥 36 亿身家，成为人生赢家”，“人生赢家”，我怎么这么不喜欢这个说法？如果一定要讨论“人生赢家”的话，我觉得真正的赢家一定是那些能够随心而行的人。美国人把“Follow your heart”挂在嘴边。一个女人，无论她是穿Burberry风衣还是在淘宝上买30元包邮的外套，如果她能在大事儿小事儿上都可以做到不违背自己的心愿，也就是不伤害他人的任性，那么她就是人生赢家。

从这个意义看，其实婚姻并不一定能成为“人生赢家”的助力。当然，这个理论有时候也会被男人们利用，比如，我的前任男友猪大肠。

猪大肠颜值高、身材棒，从小在家属院长大，一不小心叛逆成了摇滚少年，之后一直泡在诗歌与绘画中。我们在一起的时候，我就是个听众，每次约会他都滔滔不绝地给我讲所有文青喜欢的各种正史和外传，而且每次不重样儿。很久以后我才明白，我喜欢的猪大肠骨子里的文艺与叛逆，恰恰也是我们不适合在一起结婚生子的原因。

猪大肠恋家，于是他的住所便是我们约会的主要场所。每次去他家，他都会泡茶，每次泡的时候他都会顺嘴说一句“这茶贵着呢”。到了饭点，通常我会说不饿不饿，有两次的确饿了，猪大肠下了几根面条，说这面可好吃了，那次以后，他经常唠叨“瞧我对你多好，还下面给你吃”。其实，我也不是为了吃面去的，日子久了，这样的唠叨会令人心中产生小别扭，女生们懂的。

我们最终分手，不是因为面条，而是我发现猪大肠开始给我洗脑、灌输婚姻是爱情的坟墓这样的价值观。他说让我把爱情给他，把结婚和过日子给别人。他会给我列举身边诸多朋友悲惨的婚姻生活，试图让我理解结婚不是一个符合人类本性的设定。其实，以我和他的交往，我还没考虑到结婚那么深刻的层面，只是，他这么一分析，反被我直接在心里拉黑了。

我和猪大肠分手后，日子过得轻松快乐，有更多的人追求，也去了更多的海岛。半年后的某天，猪大肠突然出现在我的面前，用他的话来说“完了，这辈子咱们是分不开了”。猪大肠最后一次来找我的时候，他说爱我，我很感激他爱我，但我没有再和他在一起。我并非全盘否定猪大肠，也不是全盘否定婚姻，只不过，我和猪大肠不是上帝手中的那两只鞋子。如果有一天我结婚了，那一定是因为我找到了想要结婚、适合结婚的那个人，而不是“年龄差不多了，该考虑有个家生个娃了”。

Barbara刚生娃不久，那天我被她抓住，看了半天她儿子在家吐口水的无聊视频，之后，她拍着我的肩，对我说“赶紧吧，女人只有生了孩子，人生才会完整”。我只能尽量从感恩的角度去接受这样的关爱，尽管，我认为没人有权利去判断别人的人生是否完整。

其实，在很多情况下，对单身女性持有偏见和歧视的都是女性，从青年妇女到中年妇女再到老年妇女，男人们才没工夫搭理你是不是单身，为什么要单身，是不是性格有问题，要不要去韩国开眼角。曾经有心理医生分析说，部分已婚女性对未婚女性莫名敌对和反感的真实原因是源于骨子里的不自信。我不想和已婚已育的姐妹们成为阶级敌人，所以这里没有定论，也不要辩论，我觉得一个人选择什么样的生活方式都不是问题，重点是，她不害别人，而且乐享其中。

上帝创造了亚当，又马上给了他夏娃，所以人生本该就是用来挥霍谈恋爱的。如果可以，我希望我的人生可以一直恋爱恋爱再恋爱，失败也没关系，因为上帝还给了我们一个解决方案叫“Restart”。

不过我的Restart曾经让丹瞠目结舌。有一次，我失恋，她半夜坐在我车里，陪我哭陪我骂还给我讲人生，结果，两周后，在她作为旁观者还不能释怀的时候，身为女主的我，竟已忘记了男主的姓名。这并不是说我当初不爱那个男人，只是，在决定放弃的那一瞬间，他已经从我的记忆中自动删除。很奇怪对不对？真的不是刻意的。丹说我“能爱，能自我修复，能再度全情投入”，我觉得这听起来太棒了，在我遇到那一只鞋以前不是吗？

好莱坞最成功也是最著名的独立导演之一理查德·林克莱特，早年曾艳遇过一个女生，可惜二人没走到一起。多年后，对这段艳遇无法释怀的理查德决定把这段经历拍成电影。于是，他花了18年的时间拍摄了《爱在》三部曲，理查德在影片中用朴素、自然、安静却又灵动的画面给爱情和婚姻写了一封音画并茂的情书。同样是讨论爱情，金基德的电影《时间》却是在残酷与混乱中对爱情之于时光的关系产生怀疑，伍迪·艾伦的电影《赛末点》则是以纽约知识分子的机智告诉我们原来爱情也会是有阴谋的，而萨姆·门德斯的影片《革命之路》则是从中年危机的角度探讨爱情与婚姻的保鲜关系。

你们看，这么多的电影大师从各个角度来探讨爱情，可见，爱情本身就是我们人生中必不可少的日用品（而不是奢侈品）。不要再说什么爱情与婚姻是两回事了，至少，在我这里，没有爱情的婚姻我宁愿不要。

我是单身，我过得很好，不必担心。

我是单身，我期待爱情，请理解我。

我是单身，我不拒绝婚姻，要祝福我。

一个未婚妈妈的自白——遇见最好的自己

 导演　周可

我一直在想，如果我们从小不是被“王子和公主从此幸福地生活在一起”的童话故事所“毒害”，如果有人从小就告诉我们“人生最重要的事情不是遇见一个王子或公主，而是遇见最好的自己”，或许很多人的价值观和幸福观都会发生改变。

和很多女孩不一样，我的生活没有童话，只有“残酷”的现实。小时候，我常看见父母吵架甚至动武，我逃到山上，期待他们的“战争”能早点结束。我甚至幻想，离家出走时，我坐的那辆大巴掉到了悬崖底下，一车人都死了，除了我，我活着，就是为了悄悄潜回家看看父母知道我“死”的消息之后，会不会内疚，会不会停止他们之间的“战争”，或者说我只是想知道他们是不是爱我和在乎我。

带着对婚姻的恶劣印象，我进了大学。正值青春期，旺盛的荷尔蒙支配了大脑，于是我陷入了一场场“恋爱游戏”。在恋爱关系中，为了获得对方的爱和肯定，我一次次地为对方改变自己，尝试委曲求全，我以为这就是“爱”。直到有一天，看着镜子里的自己，我几乎要认不出“她”来。那不是我想成为的自己，那不是一个最好的自己，那是一个以“爱”的名义被改造了的残缺不全的自己。我告诉镜中的“她”：我不要成为你，我要做我自己。

30 岁那年，有一天，我坐在公园的草地上晒太阳。忽然，感觉到了喜悦和自由。我在想，即使是生命明天就走到了尽头，我也不会觉得恐惧。因为自从和镜中的“自己”谈判以后，我做的都是自己想做的事情，没什么后悔和遗憾。那一刻起，我知道：我也许还没有成为最好的自己，但我已经成了我喜欢的自己。

我26岁的时候排过一个话剧叫《单身公寓》，那也是我真正做导演排的第一部话剧。这部话剧对我的意义还不仅如此，记得30岁的女主人公静佳在经历了一场失败的感情后，趁着醉酒向“男闺密”庄大青提出“借精生子”当个单身妈妈。大青极力反对，静佳说出了下面这段台词：我现在嫁不出去，并不代表着我永远嫁不出去。可是我50岁的时候嫁出去，我50岁的时候就生不出孩子了。为什么要让你们男人来决定我们女人什么时候生孩子？你们男人说“我娶你”，女人就心甘情愿地去生孩子？这不公平。有的女人，结了婚，也有了孩子，可是她没有心情，不想要孩子，就可以去打掉。这都可以。我现在有这个心情，我想要一个孩子，一个只属于我自己的孩子，这有什么不可以呢？

33岁的时候，我决定像静佳一样，做个单身妈妈。如我所愿，我怀孕了！当朋友们知道我要做单身妈妈的消息后，纷纷请我吃饭。话题只有一个：不能这么任性。多数人担心的问题是：孩子长大了，怎么跟孩子讲父亲的事？会有爱的缺失，会心理不健康？还有，怎么报户口？父母知道会怎么想？别人会怎么想？如此等等。

我不是一个女权主义者，我也相信世间存在着美好的爱情，两个人患难与共，相扶相依，让人好生羡慕。但多数的婚姻关系，不是相互征服和改造，就是相互欺骗和放弃；美其名曰“为了孩子”，但殊不知，孩子在这样的氛围里成长，少不了对婚姻感到失望。

孩子在成长过程中，需要的是什么呢？是真正的“爱”。所谓爱的缺失，不是因为父母不全。哪怕是在父母双全的家庭中也常常会有孩子觉得没有安全感，没有爱。国外的文艺作品不会过度渲染单亲家庭多么不幸，恰恰相反，他们会表现即使是在只有父亲或只有母亲的家庭中，家长和孩子仍会努力去寻找幸福。比如《我是山姆》《当幸福来敲门》《西雅图夜未眠》。

而我们首先会对单亲家庭的孩子情不自禁地给予同情的目光，还常常有人别有用心地拉着孩子偷偷打听：你知道你爸爸是谁吗？为什么别人都有爸爸，你没有爸爸？原本在孩子的世界里，这不是一件多么重要的事情。可禁不起周围人的挑逗和同情，于是这开始成为一件不正常的事情。孩子开始觉得自己与别人是不同的，自己是可怜的。这些“好心人”的行为，恰恰是对孩子最大的伤害。

孩子要的很简单——坦诚的态度，美好而善意的指引。而父母呢？他们要的是什么呢？他们要自己的子女真正快乐幸福地生活。就像我的父亲，在知道我怀孕的消息后，我们站在广场上看焰火。我一直开心地看着天空，一回头发现父亲在乐呵呵地看着我。我说：“你笑什么？”父亲只说了一句话：“只要你高兴！”在那一刻，我知道我的父亲是真正爱我的。因为他尊重了我的选择。

儿子三岁时，生过一场大病，在医院里做手术。手术前，医生把我叫到办公室，向我详细解释手术的结果。医生说，回去和家人商量一下吧。我镇定地对医生说：不用了，我们家就我说了算，给我 5 分钟的时间，我需要考虑一下。我走到一个角落，静静地问了自己一个问题：你能承受失去这个孩子的痛苦吗？泪水顺着眼角滑落，但思绪很清晰：是他自己要来到这个世界上的。我只是提供了一个通道，这是他的人生，他的命运。如果我们的缘分就是这么短短的三年，我应该感激和接受吧。其实能否活下去是他的选择，不是我。所以我擦干了眼泪，回到办公室，告诉医生：手术吧。

我渐渐明白，因为当初是我自己做的选择，所以，我承受这选择的一切结果。没有埋怨，没有愤怒。每一个给过我帮助的人，我都会深深感激。怀着这样感恩的心，生活中的苦也变得充满了快乐。

作为单身妈妈，是不是应该把希望寄托在孩子身上呢？答案是“不”。我遇见过一个全职妈妈，她女儿在剧组演出。有一天，她对我说：“我真羡慕你。”我不解地问：“为什么？”她说：“你有自己的事业。有了孩子，也没放弃自己的工作。”我说：“你也可以啊！”她说：“不可能。我已经离开职场二十年了。”这个小姑娘是她的第二个孩子。她继续说：“其实孩子转眼就长大了。然后他们就不再需要你了。可是你发现你离开社会太长时间了，已经回不去了。”

所以，成为最好的自己，是一个完全独立的个体。既不属于父母，也不属于另一个异性，更不属于自己的孩子。我希望我儿子长大以后，也能明白这个道理：成为最好的自己，并且接受这个自己，是多么重要的一件事。我希望他不要为了我，放弃他的梦想。也不希望他一辈子在做自己不喜欢的事情，到离开地球的那一天，他后悔地说：“我还没有来得及做自己喜欢的事，生命就走到了尽头。”不要把希望寄托在遇见一个什么人——似乎有个救世主，就会让自己的生活发生彻底的改变。改变来自自身。我们只有成为一个完整的人，才有机会遇见另一个完整的人。在有生之年，遇见最好的自己，这是我认为此生最浪漫的一件事！

一个离婚女子的自白——你可以欣赏我的不一样吗

职业经理人　林聪

我 44 岁，我离婚，我健康，我美丽，我爱运动，我还单身。

说到恋爱受伤，我想不会比你少。22 岁，某个冬夜走回家，遇见自己的朋友和他，衣衫凌乱地从房间走出来，打破了我所有对爱情的美梦；25 岁，早上刚答应他未来的承诺，下午就鬼使神差般巧合地当着他的面打开了一封来自好朋友的 E-mail：自从你走了以后，我和他……我惊愕地转过头看着他，惊愕历史是这样惊人地相似；30 岁，一条刺眼的短信从他的手机上蹦出，横在我面前，从来不看别人手机，我想躲都来不及，那时我才刚结婚一年；37 岁，以为终于找到幸福，结果他后悔了，我们解除婚约，一个人回国面对所有的家人朋友的疑问：怎么你一个人回来了？……那期间，在一次激烈的争吵过后，我失掉了怀孕两个月的 baby，要知道从小就决定不要小孩的我，第一次决定要生一个小孩……

我哭得撕心裂肺，想过自杀，每分每秒都那么痛，不能呼吸，我得过忧郁症，我曾以为自己的世界永远都是灰色的了……但我好了，我活着，无比灿烂。

我曾经问自己：你喜欢自己现在的生活吗？答案非常肯定：我很喜欢！没有那些过去的经历，怎么会有今天的我？所以，我原谅了所有那些伤害过我的人。其实回过头来看，我发现每一次感情的不顺，都把我的人生推到了另一个更高更美好的阶段，因为我从来不会坐以待毙，不干点什么，就去学点什么，没有什么可以马上复原你，唯有时间可以！但你得动起来。

这些年，每一次的感情受伤之后，我就去学一个新的东西：形象设计、服装设计、艺术和媒体硕士课程……每次蜕变之后，我都开始自己新的工作新的旅程，做自己想做的事，变成更好的自己。最近一次，也是伤得最重的一次，好朋友跟我说：“你不可以这样成天在家里哭，你必须干点什么：搬家找个新地方、找个新男朋友、找个新工作，这三样你选一样吧。”我选了找工作，那是三年前，也就是为什么现在我会在一个外企做着自己喜欢的工作。

但这一切都得不到一个人的欣赏，也不能减低她对我的担忧——我妈。这些年不管我工作做得多好、健康美丽、开心积极……她完全看不见，她总是觉得我的人生不完美，就只是因为我单身！凭什么我单身我的人生就不完美了？凭什么说我那些在婚姻里吵架纠结打着骂着过着日子的朋友她们的人生就完美了？这些年我总是觉得背负着无形的压力，我和我妈一说就吵，一吵她就哭，她一哭我就更气了：心想明明是你要来干预我的人生，我才是被歧视被压抑的受害者，怎么我就没道理了……

前天，在某电视演讲的节目中，一个来自台湾的女人说多么爱自己的女儿，希望将来找个人照顾她……我听得心里直发冷！我看到她是从自己婚姻不幸的怪圈，陷入了另一个对女儿溺恋的怪圈。我妈也总担心我，希望找个人来照顾我……但是回过头来看，几乎每一次恋爱都是我在照顾别人，从精神上、日常生活上都是我在照顾别人，甚至在经济上，也是越恋爱我越穷。找个人来照顾女儿这种想法在现代社会越来越不靠谱，这样想多半只会让自己失望，甚至影响女儿找到幸福。

一段好的恋爱关系，不是谁来照顾谁，我认为至少该有以下三点：一是两个人的价值观类似，怎么看待钱、怎么看待朋友、怎么看待世界；二是两个人的人生目标要基本一致，否则不往同一个终点走，只会有很多矛盾和争吵，越走越远；三是要有和谐的性生活，两个人多少要有生理上的吸引。我想，让女儿明白这些，要比让她老是想着找个人来照顾她，更容易让女儿走进幸福。

悟到这个道理，我花了二十年的时间，太辛苦了。老妈你那时候就不能告诉我一点有用的东西吗？除了“万般皆下品，唯有读书高”这样的教条和老爸的打骂教育，作为一个医生，您从来就没有教过我任何一点性知识，中学上生理卫生课时“生殖系统”那一章直接跳过，不讲也不考试，可怜我到了十九岁，还根本不知道男女之间究竟是怎么一回事，我所有关于爱情的知识与幻想，几乎全部来自琼瑶小说（这也就是现在我不看韩剧的原因，我实在中毒太深，不能再中毒了）。十八岁，稀里糊涂地恋爱，被人拉过去 kiss 了就想：“完了，完了，我一定要做他女朋友……”十九岁第一次稀里糊涂地被人连哄带骗上了床，就想：“完了，完了，我一定要非他不嫁……”

好朋友 32 岁，说她略估了一下，她的情商是我的两倍半。可怜我情商低，老是选错，那是因为从来没人教过我呀！在恋爱择偶上，我们是被数字教育大的：他多高？他多大？比你大多少？（关键是不能小，六冲也不好。）他读几类的大学？月收入多少？有多少银行存款？他有几套房子？他的车值多少钱？……仅仅从这些数字里，他们觉得已经可以判断出这个人是否可以嫁了。至于，他是否喜欢看电影、听音乐？他是否热爱运动、喜欢旅行？他喜欢看什么样的书籍、看什么类型的电视节目？他是否热爱动物、关注自然？他的这些兴趣爱好和你是不是吻合？……像这样一些关键的看两个人能否长久走下去的方面，一点儿也不重要，因为我们从来就不是被教育要找到适合自己的那一个，而是找到“会照顾你”的那一个。可是试想一个男人凭什么要照顾你，维系这种“照顾”的到底是什么？我们真的需要照顾吗？还是在恋爱婚姻里面女人更多的是那个照顾别人的角色？

市面上太多“教你脱单”或者“给大龄剩女的忠告”之类的文章，首先“大龄”“剩女”这些字眼本身就充满了歧视。有些人很奇怪，对一些本该义愤填膺的事情视之理所当然习以为常；对一些本该平常对待的事情却有诸多歧视横加非议，我们缺少那种对不一样的人、事、态度等的尊重与包容。34 岁我出国留学时，就差没被人视为怪物，大家觉得我作，这么大年纪了还要出国读研?！这种根深蒂固的歧视：女人过了30岁就老了，就该好好结婚生孩子。好像除此无他。可我才34岁啊！我那么年轻，即便暂时没有了爱情与婚姻，我还有梦想，还有很多想做可以做的事。

去年6月出山前，我给爸妈写了一封信，以此结尾："我非常开心，这种开心是任何一种恋爱不能比拟的。人家在忙事业的时候，我忙着恋爱结婚；人家结婚生孩子的时候，我开始忙事业。命运好像注定我的人生轨迹跟人家不一样，人生并没有一个既定的标准模式，我很喜欢这种不一样。我知道将要面对的挑战和压力，我的内心非常坚定和有勇气，充满了对未来的期待。请为我即将开始的新的人生阶段开心吧！"

一个完美主义的自白——相比孤独，美好更值得等待

公务员　琪琪

在38岁还单身的女人，恐怕难免会被冠以“剩女”这个听起来带点怜悯的头衔。连我的双亲，在小心劝说几年后，也已于我的沉默之下弃甲投降。我想，我是有点让他们操心的。可我该怎么让他们明白，婚姻对我来说，并不只是一种形式上的完整或生活上的照顾，如果人不对，那样的婚姻，要来又有什么意义呢？

我需要怎样的伴侣呢？也许就和我在下班回家路上，遇到那对散步夫妇一样的吧。先生的头发已经花白，眼角有不少鱼尾纹，但体态挺拔，太太发福，但神态平和从容，看起来并不臃肿，反而显出富态，两个人穿着整洁，先生牵着太太的手，在中心花园一圈圈逛着，周围孩子的喧闹和家长的呵斥似乎也干扰不到他们的“交流”。有一次，太太被顽皮的孩子不小心重重撞了一下，先生略带紧张地看了太太一眼，满是疼爱与呵护。比起现在许多人过于直白张扬的情感，我想我更期待自己的婚姻像老夫妇这样的吧。

我是否一直没能遇见合适的另一半呢？严格说来，心动的人遇见过，但最后都差了那么点。

J是我第一任男友，是我在工作中认识的，稳重、得体，每次出现在我面前，基本都是素色衬衣加卡其裤，从不迟到，聊完工作，就默默离开，不会故意攀谈空洞的话题，因此很有好感。我们的第一次约会，是在认识大半年后，某次加班结束，发现他在公司门外等我，问可不可以请我去家新开的咖啡馆坐坐。于是一起去了那儿，听他聊了三个小时的村上春树（恰好是我最喜欢的作家）。

约会大半年后，我们确认了男女朋友关系，他带我去他家参观。房

子将近200平方米，除了收藏很多他喜欢的雕塑作品，其他布置一切从简，非常雅致。也是这时，我才知道他家世很好，父母做生意，他自己也在创业中。

我犹豫过选择这样的家庭，是否会有攀附之嫌，但和他之间的感情确实等待已久，在可能的非议和他之间，我还是选择了感情。可惜，当我们感情逐渐稳定，我示意他是否应该安排我拜访父母时，他才支支吾吾对我说，父母早为他安排了一桩门当户对的婚姻，可他不喜欢那个女孩，但他从小习惯了顺从父母，连创业也是父母的命令，“独立”两字对他来说，只是个遥不可及的梦想。最令我诧异的是，他接下去和我说：“我父母说过，只要我和那个女孩结婚，其他事他们不管，如果你愿意，我们还是可以继续在一起，甚至有我们自己的孩子。”

继续在一起？有我们自己的孩子？难道感情是可以三人分享的吗？难道感情不该是彼此忠诚的吗？难道感情是可以生活在一个巨大的谎言之下的吗？

半年后，我们分手了。闺密问我关于男友的事情，我告诉了她原因，她建议我如果真的爱，大可叫那个男的退婚。可是，我有什么权利去逼迫一个人选择另一种人生呢？况且，得不到父母认可的婚姻，会幸福吗？难道不该是他自己主动这么去做的吗？如果要我去说的话，那还有什么意思呢？

继他之后，朋友担心我陷在过去无法自拔，不断拉我出去，有意无意介绍各类男孩给我认识。有阳光帅气的，可是过于鲁莽；有事业有成的，可是太过张扬……

只有H，是个离异带着一个女儿过的男人，同样斯文整洁，有不俗的品位，不嗜烟酒，进退得体。我和他喝咖啡、看各种艺术展、散步。在见了那么多过分“活泼”的“男孩”之后，他给我一种久违的沉稳与妥帖，而那种只有在中年男人身上才比较容易看到的细腻和体贴，终于让我不必再在公共场合遭遇尴尬的场景，比如大声叫服务员来处理落在碗边的一只小虫子，接过一个正在融化中的冰激凌……

可最后，我们也没走入婚姻的殿堂，因为他要移民。H 邀我一起移民，我答应考虑一下。

我毕业后就在现在的单位，工作 16 年，从基层员工做到现在，买了房子，拥有了稳定的生活和熟悉的朋友圈，把父母也接到了身边。选择和一个认识不过一年多的男人去一个陌生的国家，如果找不到工作怎么办？找到工作，但收入不理想，要靠他养吗？一起生活后，发现彼此不合适怎么办？就算没有磨合问题，如果他的女儿排斥，怎么应对？父母就我一个女儿，我要把他们一起接去国外吗？以他们这个年纪这么爱热闹，去那儿融不进当地的社交圈怎么办？如果他们留在国内，生病了谁照顾？

这个决定，要牵扯到太多人和面对太多未知，而我找不到一个妥善的解决方案。难道要因为我，而让父母的晚年颠沛流离或孤单寂寞吗？

H 并没催促我，先带着女儿去了国外，在那边等我的消息，说随时可替我办妥一切过去的手续。3 个月之后，我给他写了封邮件，祝他在那里生活幸福。

我父母并不知道这一切，大概以为我交往了一个男朋友不合适，所以分手了，我也并不打算让他们知道实情，何必让他们为此而心生内疚呢？

就这样，我，38 岁，依然单身，每天工作、陪父母、散步，周末时会去常去的那几家咖啡店坐坐，读本小说，如果太阳不太烈的话，在户外等着看日落，或受朋友的邀约去给她们家小女儿讲故事。

我有时看见牵手走在路上的情侣们也会想，如果一切重来一遍，我会做出另外的选择吗？做影子情人？逼迫 J 为了我和父母翻脸？跟 H 远走异乡？可能每个人对爱情的理解有所不同，至少对我来说，爱情就该是纯粹的，任何污点，无论是违背我的内心还是造成他人的痛苦，都可能在日后的生活中像一滴滴落在清水里的墨汁那样，慢慢晕开，最终让整池水变得混浊，这不是我想要的生活。

闺密劝过我，再过 5 年、10 年，我的 Mr.Right 还是不出现，难道我要孤独终老吗？嗯，也许吧，但比起孤独，这种漫长的等待，至少并不会污染我心目中最美好的存在。而我始终相信，在世界某一处，一定有个人，和我一样，愿意在现实中给美留块纯洁的土壤，静待撒下的希望发芽、生长，然后在某个不经意的午后，像小王子和他的玫瑰花一样，终于相见！

一个寻找自我的自白——只有找到自己，才能找到另一半

心理咨询师　杨玲

我常想，会不会有一天不婚的人成了多数，而结婚的却成了古怪的少数？这群人常被好奇者追问："你为什么结婚呢？完全不同环境和性格的两个人凑合到一起，相处多难呀？如果遇上个难缠的婆婆，日子不就是'熬'了吗？离婚时，孩子受伤怎么办？这么麻烦，干吗还要走这一步呢？……"

我常被这样追问，只是问题刚好相反。其实选择单身，应该是选择了一种更容易的生活。你不需要强迫自己适应别人，什么时候睡，什么时候吃；选择继续工作，还是突发奇想地辞职读美术史；想更多时间做喜欢的事还是被家事所累……如果你还是单身，可以尽情选择。因为没有太多束缚，只要经济独立，也有想法，就可以实现。心灵鸡汤里描述的"一场说走就走的旅行，和一场奋不顾身的爱情"好像多么难得，在单身族眼里，那就是生活方式嘛，因为真的可以说走就走，想爱就爱。

别人问，这么多年，难道没遇到一个合适的？我答：不是没有，但合适的时间、状态、人同时发生非常有限，这就是缘分。第二个问题，你是不是要求太挑剔了呢？我答：只想找个有感觉的，和他待在一起很舒服，聊得来，可以一起牵手漫步……朋友们笑了：你这是最高要求啦，能实际点儿吗？屡屡被数落完毕，我都陷入沉思，难道我错了？可想了又想，觉得不对呀，我要找个共度一生，还要共同养孩子的人，却不能要求和他有感觉，和他聊得来，却要看他收入几何，是否有房有车。

于是，单身的我怎么办？上相亲网站，看相亲节目，亲朋好友也忙着张罗相亲……一场场相亲从20多岁上演到现在，几次恋爱下来，也都无疾而终。为什么都没成呢？难道那么多人就挑不出一个？我认真回

溯了一下这十几年的记忆，可以划分几个年龄段：30 岁之前，30~35 岁，35 岁之后，感觉这三个时段“遭遇”不太一样。

30 岁前，经历过两场差点结婚的爱情。一次是因为父母反对，3 年的感情被强制结束，那时听从父母，是因为自己也不确定，年轻女孩的懵懂与不知所措使我选择了听从。还有一次，是深陷的爱情，这场恋爱是辛苦持久的。四五年里，有甜蜜无间，也有闹翻分手，最后他向我求婚时，我却觉得太累了，在一起好辛苦。

到了 30~35 岁，恨嫁模式开启。能成家的朋友都结了，还生了宝宝，自己开始落单。于是积极配合亲友安排，踏上了“鸡血式”的相亲路。从那一刻开始，我突然发现所有的见面几乎进入了统一模式，相亲变成了一场场咨询，非但没有任何愉悦感，还搞得身心疲惫。形式主义的恋爱总是短暂而乏味，不知所起，不知所终，更加对爱情和婚姻失去了信心。

35 岁后，进入平静期。不着急相亲，也不着急结果，反而可凭刹那的感动谈场有趣浪漫的恋爱。这时，年轻男孩反而更容易走进自己的世界，他们充满朝气，拥有乐趣，不会像暮气沉沉而又精明世俗的中年男人，让你觉得生活索然乏味。而这样的感情，也许很难走进婚姻。

回头来看，婚姻选择的逻辑是不是一悖论。在 20 多岁还不知道自己要什么的时候，却一定要做选择，否则，等你知道自己要什么的时候，你的年龄却已让你没的选了（至少我生活的圈子就是这个现状）。而在糊涂时刻做了糊涂选择的人，就需要在清楚的时候为当时的错误，付出离婚或继续凑合的代价。

十多年一晃而过，工作占据了我绝大部分时间。虽然有那么几场恋爱把我的心魂夺走，但最终还是回到工作。因为职业可以规划，而爱情无法预计……可我不是工作狂，也不是女强人，我需要爱情、需要家庭，可我怎样才能获得幸福？怎样才能找到那个属于我的他呢？

两年前，我辞职了，想开始一种全新的生活。快 40 岁了，才开始寻找自己的人生。是啊，过去的路都是这个社会主流价值把你推上了车，人生过半，才发现拥有了很多，却迷失了自己，或者说根本就没拥有过自己。所以，辞职后，我开始旅行、画画、学心理学……生命开始鲜活。

我只想更多地了解自己，找到自己。也许只有我真正明白了自己，才能找对另一半吧。

而我，不想再刻意地按照社会标准去完成任务，这不该是个任务，而该是段美妙的旅程，在你追求美好生活的路上，他出现了，你也准备好了，那么就牵手，两个人觉得可以进入婚姻，那么就结婚，两个人也愿意要孩子，那么就生个可爱的宝宝。如果他没出现，也不要硬凑一个伴侣吧，那对双方都是一种负担。

万一找不到，只能一个人，能快乐地生活下去吗？要不要借精生子？或者领养一个孩子？至少今天的我还没仔细去想这些问题，因为我觉得没有必要。

我们为什么一定要把明天的焦虑用今天来消化？生活是变化的，际遇会变，想法随着人格成熟也会变，我们能不能就活在当下？好好地享受现在的每一天？而不是为了那个未知可变的未来错过了今天的风景呢 ?!

我想说，这些未来的问题都统统交托给上帝吧。你敢说你能比上帝有更好的安排吗？

一个顺其自然的自白——不选择也是一种选择

室内设计师　何岚

我觉得简单点挺好的

我想我没踏入婚姻，只是因为时机未到而已。我不留恋过去，也不担心未来。该来的，总会来。

大学时，寝室里五个室友一致给我个外号——“鸵鸟”。她们觉得我特温顺，遇到冲突时，不对抗也不逃跑，假装什么都没发生。大二时，异地读书的男友给我寄来分手信，告诉我，他有了新女友，正式与我分手。这封信被室友无意中看到，她们试图从我的脸上看出悲伤，但没找到。后来的一个月，只要一有时间，她们就问我还想不想他，我知道她们是好心，希望我能倒心中的苦水，但我真的感觉其实还好，没啥可说的，可她们还是觉得我在逃避。我觉得前男友说得对，高中时我们在一起，只是因为两家住得近，上学次数多了，渐渐亲近起来，周围都拿我们开玩笑，最后他表白，我就答应了。大学时，我在上海，他在南京，一周通一次信，汇报各自近况，感觉还在联系，我是满足的，但他需要的比我多，当他身边出现一个能和他朝夕相伴的女生时，他选择了那个人。我的初恋，就此结束。

大四时，同班男生向我表白，晚自习他突然坐到我身边，用英语说：“I like you.”之前我和他没说过话，我有点不知所措，愣了几秒，他突然又说：“你不接受我，我会很丢脸。”我仍然不知怎么反应。他站起来走了。这是我第一次被人面对面表白，之前最多接过情书，不回复，对方也就明白意思了，但这次我感到他受伤了。之后一个礼拜，我听说他很难过，我在犹豫要不要给他写封信说明我无意伤他，但又怕他误会我接受了他，以后更失望。还在犹豫时，他申请就读的德国大学寄来通知，他不再悲伤，出国了，我解脱了。

我觉得爸妈比爱情重要

我学过性格色彩的课程后，觉得自己是绿色性格，比较被动，这在我大学毕业后的几次恋爱中均有体现。每次都是对方主动，我看着还顺眼，加上家人希望我走入婚姻，就开始了。也很巧，每次跟我恋爱的都热情似火但都没常性，不到半年，要么就说我对他们不够热烈，对我失望，但我很难做到那种热烈，就分手了；要么是被别的女生吸引，但我不会抢，只要你自己选择就好，而另一个女生却会强烈表达好感，就被抢走了。

最近的一次恋爱。这男孩开始见面，就说很喜欢我，而我没那么喜欢他，但想到爸妈等我结婚已经很急了，就答应了做他女朋友，以结婚为目的开始交往。相处大半年，正好年底，我俩一个地方，一起坐火车回家。他买了年货，跟我回家见我爸妈，这是他们彼此第一次见面。妈妈一见到他，立刻把脸拉了下来，一言不发，就去剥毛豆了。爸爸问了他几个问题，诸如父母在干什么，有几个兄弟姐妹，本人工作情况如何等，问完后便不说什么了，气氛尴尬。我知道爸妈对他不满意，但不知是什么原因，他也很敏感，把东西留下，坐了会儿就走了，也没留下吃饭。我把他送出门以后，回来一看，爸妈目光呆滞，记忆中他们从没这样过，我有些惊讶。他们说，一想到我要和这么配不上我的一个男人结婚，他们就受不了。原来，他们介意我男友家里条件差，长相不帅。虽然这些我不介意，但看到父母这么介意，我内心很不安。

爸妈问我是否已生米煮成熟饭，我说没有，爸妈释然了，说既然没落定，赶紧分手就好。我当时很为难，跟男友已谈了大半年，说好了回家见过父母就结婚，现在反悔，说不过去。但看到父母从呆滞到欣慰的转变，我知道他们无法接受这个男人做女婿，想了想，我觉得我也没到非他不嫁的地步，就答应了爸妈的要求。过年期间，他和我通过一个电话，问我什么时候去他家，我说走不开，就这么拖到年过完。回上海时，我没约他同行，他也没联系我。回到上海，过了半个月，他打电话给我，说很想我，问我是不是变心了，我没正面回答，只说工作忙，等过了这段时间再看能否见面，他似乎很失望，说不勉强你了。在那以后，他联系了我两三次，我都说忙，最后他彻底不联系了。

从那时到现在，我一直没遇到合适的对象，爸妈和亲戚们还是不断给我介绍对象，每次我都会去，但见了一面之后，我不主动联系对方，对方联系我时，我也不热情，就渐渐不了了之了。爸妈抓狂，会问我是不是还在想那个被他们否掉的男友，我说不是。平心而论，我真的没特别喜欢那个人，只是每次想到他离去的样子，有点愧疚，但不管怎么说，即使时光倒流，我还是只能这样选择，因为父母对我而言，比那个男人重要得多。

我觉得不选择也是种选择

朋友小虹好像是红色性格，喜欢逛街，我在周末也陪她逛，她总劝我买很多衣服，我犹犹豫豫，最后没买，她就不高兴了。但她的不高兴很快就会过去，因为她需要有人看她试衣服，告诉她好不好看，而像我俩这样单身的同龄人已经很难遇到了，所以她还是会不断地约我出去，渐渐地，我们总是形影不离。她总抱怨世上没有好男人，经常恨嫁，她说：“万一到了六十岁我们都还没嫁掉，就一起住进养老院吧，也可以做个伴。”我说：“好啊。”她很奇怪，为何我能那么平静地面对这件事，没一点波澜。

朋友们经常好奇，我平时都在做什么，三十多岁了，一个人生活，除了上下班、回家做饭、看书以外，我没有其他的欲求，她们都觉得我是个怪人。到底想不想要婚姻？这是朋友们问我最多的问题。

其实，我是想要的，但假如没有，也可以。小虹是个想法非常多的人，有一次她畅想了自己的未来生活之后，转而问我，我未来的目标是什么。我想了半天，也没想出来，忽然想到妈妈一直要我嫁人生子，我说：“当个好妻子、好母亲，算是一个目标吗？”她说算啊。当她说“算”的那一瞬间，我想我有了我的目标，也许这个目标是为了满足爸妈的期望，但毕竟也是我想要的。从那以后，我脑海中有时会浮现出一个画面：我已经九十多岁了，头发雪白，坐在一个满是花花草草的院子里，安静地看着书，孙子、孙女们在我膝下欢乐地玩耍。这应该就是我要的幸福生活了吧。

一个不婚主义的自白——享受没有婚姻的束缚

健身产业推广　古悦

现代社会，是契约社会，结婚证也是契约，只要双方不提出异议，合同就终身有效。法律只保障行为层面，不保障精神层面和道德层面。情感在婚姻的契约中，真能得到保障吗？

对我来说，理想状态的感情应该是单纯的，不夹杂任何利益，不会因为婚姻而必须捆绑，没有婚姻的契约关系，感情会更简单和纯粹。

身边有很多婚姻不幸却勉强维持的例子，为了父母为了孩子为了经济利益为了避免麻烦而不得不维持双方关系，感情就失去了原有的味道。对我而言，感情就是感情，好聚好散；来时，尽情享受好好经营爱得坦诚吵得酣畅独一无二没有遗憾积攒美好刻骨铭心；走时，挥手告别不拖泥带水没有伤害没有交恶留下友情留下美好互道珍重再见亦是朋友。这才是纯粹的感情，是我想要的，没有婚姻的束缚和牵绊。

从小就喜欢张爱玲的小说，印象最深的一句话是："女人励志要早。"这话对我的影响和意义非常大，从小到大一直想让自己成为一个有思想的独立女性，有自己的职业发展，不断学习成长，经济独立，自我依赖。

而这些都需要有更多独立的时间和空间，当工作时，不必担心家里有人等我而草草结束；当需要加班时，不必担心家里是否需要我，会否对我不信任；当学习时，不必担心家人会否没人陪伴而孤单；当每天沉溺于自己的追求时，不必解释为什么我那么没有生活情趣和不浪漫。

有人会问，那你没有孤独寂寞需要人陪伴的时候吗？当然有，不过对我这样的黄色性格而言，这样的时候非常少，没时间去感受孤独和寂寞，只有还没完成的目标和还没学完的课在等着我。遇到挫折时怎么办？需要亲密的人来陪伴吗？对我来讲，我需要找到如何让自己从挫折中走出来的方法。我更喜欢向前看，向前追逐；回头看的是总结，而不是留恋和后悔。

大学20年同学聚会，大家聊到天南海北，同学不禁惊讶我怎么能同时做那么多事和学那么多东西：创立了三家不同领域的企业，业绩都令人满意；创业之余，还完成了不少学习，比如JAVA编程、应用心理学研究、人体解剖学、营养学、神经语言学、国际认证私人健身教练等等。看起来完全没有相关性的领域，我做得津津有味，乐此不疲。仔细想想，哪儿来那么多的时间和精力，恐怕就是省下了同学们照顾老公子女的时间吧。虽然遗憾生活中有缺失的部分，但我更高兴得到了我想要的部分，那些对我来说更重要更有价值的部分。人生不能完美，总有缺失，我选择不要缺失我的理想和独立。

享受单身生活，我乐在其中。如果你也想感受单身生活的话，请准备好三件事情。

一是生活的部分：有一个自己的宠物，有一个可靠信任的阿姨和一个稳定时间段内固定安全的性伴侣。

如果你希望有更多爱的付出，领养一只宠物，它会无怨无悔地陪伴在你的身边。无论你多晚回家，开门后满心欢喜迎接你的一定是它，从不会埋怨责怪你为什么那么晚回来为什么不陪它；你伤心苦恼的时候，它会默默陪伴着你安慰你给你带来平静和愉悦。你的付出远远小于它给你带来的快乐！

一个可靠信任的阿姨，可以照顾你的衣食住行，让你在舒适的环境中学习工作生活娱乐，不必有后顾之忧。一个固定安全的sexual partner或情感交流者，可以满足身心的健康，缓解心理压力。

二是职场部分：有自己的事业和为之努力的目标。

三是晚年的安排：充足的经济储备，一到两个闺密以及晚年生活状态生活模式的准备。

也许周围会有很多压力让你结婚，而当他们看到你如此自由自在生活富足独立能干的时候，随着时间的推移，这些声音会越来越小。所以，先让自己健康快乐独立起来，当你内心足够强大时，压力会逐渐消失。单身是种生活状态，享受是种生活态度，选择你的生活状态和生活态度吧。

一个女权主义的自白——剩女的三观

职业女子摩托车队创始人　李鹤

性别观——雌雄同体

总有人问：“鹤姐，你们跟男车手比赛，是不是为了证明女人可以打败男人？”很遗憾，他想多了，我们跟男生比赛是因为没有女子组。我从未把男人看成敌人或对手，但也不会成为男人的陪衬或附属品。

我从小接受的性别教育中，听得最多的是“女人要独立”，因为我的父母都是双职工，他们对我的要求就是经济独立，所以，我从未学习过如何对男性撒娇卖萌，也从没对男性产生理所应当的依赖。

从我离家开始独自生活的那一天，除了经济独立，我学到的更多是生活独立。第一次换灯泡、推电闸，无论是搬家、装修、换轮胎……我都在尽我所能地学习着新技能。我从不认为这些事情女人天生做不来，也从不觉得可以做这些事情的女人就了不起，因为这些，都是生活中必备的基本技能，作为独立个体的“人”来说，如果不是太懒或依赖性太强，基本都能掌握。

在我认识的男生中，烧得一手好菜，自己会缝补，家里收拾得干净的，不在少数，他们也不觉得做这些事会让自己丢了“爷们儿”的尊严。相信大部分独立生活的年轻人和我有着类似的经历。早已不是男耕女织的时代，面对现代都市生活，怎么还能按照性别来划分生活责任呢？

如果说到经济独立，就离不开职场上的锤炼。女性的细腻、耐心、包容与男性的果断、直接、理性都是职场必备素质。作为车队的管理者，我集保姆、司机、经理、会计于一身。无论是车手的伤痛还是财务周转的危机，我都要冷静处理，而团队的管理和与队员间的沟通交流，又要具备敏感和包容。如果不兼具男女的性格特点，又怎能应对得了工作中的困境呢?

所以，从我自己的成长经历来讲，我认为真正的成熟，应该是“雌雄同体”的，无论是生活、工作还是思维模式。女人的独立也不仅限于经济方面，更应包括生活独立和人格独立。

爱情观——爱，不是依赖

我相信爱情，但不会为爱声嘶力竭，死去活来。从情窦初开到现在，也有过几段刻骨铭心的爱情，都曾尽力走向美好结果，但随着成长，彼此价值观的差距逐渐拉大，感情破裂必然。

我把爱情比喻成酒。小时候好奇，总琢磨着快点长大，好偷喝。年轻时没酒量，有酒胆儿，往死里喝，觉得酒就是这么喝的，不喝醉了不爽。长大了慢慢知道自己的量，可偶尔也会过量，第二天的头痛总是让我后悔不已。再成熟一点，就懂得了适可而止。也许，没有过喝多的经历，是学不会品酒的。没有过痛，自然也不会懂爱情。年轻时的轰轰烈烈，慢慢变成了成熟后的适可而止。爱情是酒，不是水。没了水，人会死。没了酒，有时候不仅死不了，还会更健康。

如果要说爱情在人生中的比例，我主张二八定律。爱情二，其他八。幸福比例是同样的。你负担起自己幸福的 80%，留下 20% 让爱人来完成。没他的时候，你八成幸福，有他的时候是 100% 幸福。他的存在，让你圆满，他的离开，不会让你的幸福崩塌。那种让别人为自己的幸福负责的人，多半都幸福不了。

对爱情，我只有一个标准，那就是两个人在相处过程中，一定是共同成长。如果那人没把你变得更好，那绝对不是优质的爱情。在最需要奋斗的岁月里，你该爱一个能带给你动力的人，而不是让你精疲力竭的人！依赖，不是爱，而是以爱的名义强加给别人的负担。

婚姻观——盟友

我觉得爱情和婚姻就是两件事，爱到深处，大部分脑热闪婚的都离了。爱情，本质上是一种感情投资；婚姻，就是在此基础上认可双方的投资，决定建立联盟。在建立之前，首先要确定的是双方对婚姻的理解和预期。

我对婚姻有自己的理解和预期，如果遇到有同样价值观、婚姻观的人，并且有必要“结盟”，为什么不呢？如果没有必要，为什么一定要结婚呢？那不就是个合同和形式吗？（主要作用是用来证明财产归属和给孩子上户口的。）婚姻不是爱情的保障，虽然离婚会比情侣分手程序复杂点儿，但也没起到保护感情的作用。单身，婚姻，都只是生活方式的一种。

新修订的婚姻法，让更多的女人觉醒。除了学会独立外，结婚了还要冒着身体走形的风险，为老公生儿育女，你所有的付出都理所应当，因为这是中华民族的传统美德，如果有一天日子过不下去了，财产的归属还不一定有你的份儿。这让那些抱着“干得好不如嫁得好”观点的女性，彻底破灭了靠嫁人改变命运的美梦。中国的传统观念也是让女性包揽家里大小活，伺候老人教育孩子，而当今时代的改变，使得她们还要像男人一样出去工作。但凡明白点的女人都算得出这是个赔本“买卖”。要不是有个“奋不顾身”的爱情或值得的盟友，谁往坑里跳啊？这也许是剩女越来越多的原因吧。对一个单身女性来说，如果婚姻降低了自己的生活质量，那她为何要选择婚姻呢？

我认为的婚姻是高于爱情的盟友形式，相互信任与托付，我不行的时候有你，你不行的时候有我，奋斗与维护共同的利益，才是婚姻，才是家庭。

最后，我想说：我们从小就被灌输了一种“美德”——取悦别人，我们特别在乎别人眼里的自己。尤其我们爱的那个人，但是，真正的幸福，是你学会了取悦自己。真正的爱，是爱自己。

一个爱情至上的自白——我依然相信爱情

管理顾问　董一鸣

对婚姻，我自己一直没想清楚——从进化论的角度讲，婚姻制度其实是“反爱情”的，因为爱情可能在一颦一笑、一汤一饭中随时发生，而且对象可能还不止一个。初见时内心那么荡漾，爱情的化学过程那么美妙，为何我们要被束缚在某一桩无趣的婚姻之中暗暗忍让、默默终老呢?

年轻时，选择范围的广度很重要。我从中学到大学都是学外语专业，男女比例 1 ∶ 3。女生们普遍早熟，但可供实战演练的对象稀缺。我的初恋小我一级，被爱情不美满的政教主任和练过侦查的老妈联合出手横刀斩断，让我花季的情感惨死在未绽放之前。

大四时，在某个酒吧里，我邂逅了一位画家。儿时希望成为一名女画家的情结加上一见钟情的荷尔蒙催促着我，在拿到毕业证后就带个行李箱和 2000 块钱，私奔到画家的城市。那时的我，有爱就有了全世界。之后整整 13 年，我生活在一个艺术和谎言织就的男人身边，用他一个接一个的空头承诺支撑着自己的精神世界，加班、升职、继续教育，把自己成功地培养成了一名独立而有趣的女性，甚至说服自己，下半辈子，就这么凑合过吧，哪个优秀男人没有些难言之隐呢？何况，他的女友全家在他辉煌艺术之路的早期给了他那么多资助。

一直以来，老妈的态度坚决：艺术家绝对不行！所以，和什么人恋爱这事，我和她抗争了多年，博士、理工科、在某机关担任个一官半职，能给我和她提供体面的生活才是她的理想，她从没给我介绍过任何人，只是对我的各种尝试报以嘲笑。突然某天，她指着电视说某演员很像她初恋时，我顿悟，其实我当年抗争的是一个虚幻的假想敌，这人和我喜欢的男生的外表及专业，南辕北辙。这种关系决定了我的画家男友永远不符合老妈对未来女婿的要求，更不用说我准备以一个不明晰的身份终老这种荒唐的想法了。于是，我和老妈多年的捉迷藏和拉锯战，以我最终放出狠话“我找的，你全部否定，那么，今后你帮我找，找到我就嫁，不幸福你负责”而宣告结束。因为聚少离多，我很庆幸家人的干扰并未太多影响到我，而且归根结底，老妈还是爱我的。

渐渐地，我疯狂地开会、写报告、加班、出差、搬家、读书、运动……职位越来越高，事业中结交的朋友越来越多，他们对我的生活状况却知之甚少，偶尔有人得知我依然单身，会有不怀好意的大叔同事语重心长地说：“你太挑了，要求太高。青春易逝啊妹妹，赶紧找个人嫁了吧，要不，你考虑考虑我？”还会有人试探地问：“你会否偶尔感到孤独和寂寞呢？你如何解决陪伴问题呢？”我一开始采取绕路的方法躲，后来干脆直接揭穿虚伪。慢慢地，同事也不再过问我的感情。“我先生是个画家，我们丁克，没要小孩，他出差了，没能来接我。”——这是打车赶往机场的路上，出租车司机问的时候我早就练熟的脱口秀。

24 岁那年，我和老板聊起未来职业生涯，我认真地问，如果我决定成为单亲妈妈，公司会提供 3 个月的长期事假吗？他用复杂的眼神看着我，劝我“你还年轻，不要这么早放弃自己”。

意淫归意淫，始终没能勇敢踏出这一步。画家男友在艺术领域崭露头角后开始暗示我，他的完美生活不容闪失。一次绝望的谈话后，我在两周内卖掉房子、找好工作，搬离了这个让自己绝望的城市，回到北方。

35 岁那年，我开始郑重为自己盘算下半生一个人的生活，并为此积极做准备。不再奢望“解甲归田、面朝大海，一步踏入新生，生三个孩子，养两条狗，从此过上幸福无忧的生活”。不如找个优质 DNA，生个亲人给自己，生活中有那么多比爱情重要的东西可做，为何要再花很多时间精力去讨好谁呢？在单亲家庭中长大的我，本来就不知道男人在家中会以何种形式存在和游走啊！况且心灵自由的我，一定能给小朋友一片自由驰骋的空间。

我还真碰到了一个 DNA“最接近”的男生，他小我 7 岁，理科生，左撇子，183cm，小麦色皮肤，脸部轮廓清晰，苹果形下巴，喜欢运动。没有任何经济的瓜葛，工作中也能偶尔被帮到，还会安排时间小浪漫一下。这种纯粹的身体交融和精神的悦纳让我沉迷，但又可以让我迅速抽离回到现实。他曾经对我说过：“你是我生命中的一部分，我从来没想过你不存在的世界。”在他的眼睛中，我虽然看不到炙热，但读懂了踏实。最终，他要结婚了，事业也处于上升期，我也无法再接受对未来有期待但又充满惶恐的男生，于是我放弃了“获取一枚种子”的想法。因为我终于懂得，如果不是因为父母对彼此的爱，那么孩子也没法遗传到爱的 DNA。

风暴终于平息了。去年大年三十晚上，我为自己进行了一个简短但神圣的仪式，对着空椅子，向过去的那段感情郑重道谢。爱情这事，就此放下。之后，是旷日持久的断舍离，整理、扔掉 20 年来跟我南征北战的旧物，减掉多余体重。

忙碌之余，仔细端详镜中的自己，还看不出暮气，又俨然被生活磨砺得整齐而圆融。一切还来得及，一切还充满希望。未来如果有一天，我结婚了，我想大家也都会理解的，那一定是我找到了爱情。如果我还是一个人，也千万别觉得奇怪。毕竟，我依然相信爱情。

一个终身恋爱的自白——谈一辈子恋爱不结婚

+ 电影发行人 忻燕

如果可以的话，能谈一辈子恋爱该有多好。也就是说，这个爱完了，难过，伤心，分手，然后，再期盼下一个，永远不会因为财产、婚外恋、性格不合等借口闹离婚。

单身的原因，就是自己一个人过日子的利益远远大过有人在旁边的利益。你可能会说，有个人在身边关心你、疼你不好吗？好是好，但我还得同时等价交换这些吧？可能我付出的时间精力远超得到的关心呢！如果走向婚姻，还得付出更大的牺牲，比如结婚的得与失。没办法，黄色性格，注定理性多过激情。我也尝试很爱过，一片痴心，又怎样？最终，这份感情会因各种原因，会不记得这个人。对我而言，维持感情的一个重要原因就是还需要吗？如果对方不能同时进步，没需要了，为何还要在一起，那恐怕彼此真的不合适。

在美国时，我曾住在一个老人家五年。老人一生赚尽财富，可五次婚姻，都以离婚收场。分出去的离婚财产，可以在曼哈顿和比弗利山庄买几个楼。他告诉我，他只是在寻找真爱。爱，谁不要呢？这是个多么奢侈、多么具有保质期的东西。爱一个人，正好那个人也爱你，很难。排除追求对方的时间和精力，你还得祈求对方的爱和你的爱维持差不多时间，谁先结束了，另一个人就失爱了。这难道不是世界上最珍贵奢侈的吗？

曾受中国传统思想影响的我，在 25 岁时，觉得是不是要找个人安定下来，特别是趁年轻，有那么两年，我也活在找结婚目标的状态下。那时因为年轻，根本不了解自己，幸亏后来醒悟，不然今天的我就在家带孩子了。哈哈，其实也不一定。有的人注定要过不一样的人生，就算当时结婚了，也不排除离婚的可能性。不就是多签一次名吗？

其实，是否选择单身，最重要的是真正了解自己，了解自己比了解别人更难。有的人适合早点成家，特别适合家带来的安全感比其他一切都重要的女性。比如我表姐，和我同年同月生，已有一个大胖小子了，像我这种，在她眼里是人生不靠谱的表现，虽然我们彼此爱对方，也无法让她不一见到我就数落我。如今的我，比当时茫然的我，更了解自己。不会因为在35岁没一个男人一个家而紧张，只要我有创造美好生活的能力，我觉得谈一辈子恋爱很好啊。这样就可以永远沉醉在爱里，永远拥有这种奢侈品。

按照性格色彩的分析，黄色性格有明确的想今生达到的成就，未达到目标前为了家庭放弃自己的目标，内心不甘，因为成就一个家庭所做的牺牲，特别是为对方改变前途，转变事业方向，将就对方等一切付出的代价，都是自我牺牲的一种。如果到头来，婚姻还不如意，甚至感情出轨，更是心疼，觉得是亏本买卖。当然，要排除因婚姻本身而得益的一部分人。

这些想法，你可能觉得是因为我在美国生活过才有的。这个问题我思考过，迄今为止，我在美国和中国生活的时间大致相同，目前的工作，需要我两地跑，我认为有这些想法，更多是由于性格。

从小，我就知道长大后要以事业为重，那时的人说25岁好老，如果还不结婚，就有问题。现在看来，过35岁没结婚，也还好吧。最关键的，为什么我要在乎陌生人对我的包容程度呢？为什么人们都喜欢对别人的生活评头论足，或那么在乎别人如何看我呢？我不在乎别人如何评价我的生活，说我好，当然好；说我不好，我也不会因为你说了就过得不好。

伴侣是个很大的课题，我不想将就，所以，一辈子谈恋爱很适合我。如果某天，某人真正让我为他心甘情愿，以他为主，那我只能和他讲：你太厉害了，我服了，以后我就是你的人了。但是，如果在一起之后，并没我想象得那么好，我也会勇敢面对自己选择的失误。无论当时的情况是有孩子，还是外界的压力。对我来讲，只有把自己照顾好，才有可能照顾别人。如果生活没有热情，就只会越活越没劲，我不要那种没劲的生活。

说了这么多，就是想说，了解自己比什么都重要。与其花那么多心思争取赶紧嫁出去，不如花时间和自己对话，来更多了解自己。爱情和配偶只是我们有限人生中的一个部分，不是全部课题。

有人爱你，你也享受这个过程，很好。没人爱你，就爱自己，或爱对方，也很好。我认为爱是单方面的，并不会因为我爱你，而你不爱我，所以我就不爱你了，我还是会对这个人好，只是大家以另一种关系进行交流。不一定只有夫妻和恋人，人类能形成的关系还有很多种，我们暂时无法用一个词语表达时，就多花些心思在自己身上。在追求爱情的途中，只有了解自己，才能知道什么是自己想要的。当碰到对方的时候，也不会由外界原因主导和控制自己的人生。

还是让自己来控制自己的人生吧。

跋

通往自己想要的幸福的关键是真正认识你自己

CHAPTER POSTSCRIPT

亲爱的，我脑海中转了无数遍，会看本书的你到底是怎样的人？最终的结论是，你若从头读到这儿，你现在有没有结婚我不知道，你以后要不要结婚我也不知道，但至少，可以肯定，你想拥有一段两情相悦的爱情。

你看，我在这儿的用词多么小心翼翼，原本写的是“你想拥有一个两情相悦的伴侣”，仔细一想，不妥，也许“你想拥有至少一个两情相悦的伴侣”，可我这么说，显得不够周全。那些看着琼瑶阿姨的小说长大还没谈过恋爱的姑娘，可能要的是一生只和一个男人谈恋爱的唯美画面，相爱到死，矢志不渝；那些没有爱情滋润就活不下去的姑娘，可能要的是自己随时都沉浸在爱的雨露里，无缝衔接，不可断档；那些遍尝爱情冷暖的姑娘，曾经沧海，早已折腾得筋疲力尽，可能要的只是一个相陪踏实的伴，不求激情，只求安静……鉴于此，我得学点狡猾术，谁都不得罪，我确定“一段两情相悦的爱情”是人人都想要的，当然，你也可以要几段，至于“一段”的长度是昙花一现抑或花开不谢，各人理解不同，那就只能各取所需了。

这个世界上，人各不同，不同人对同一个问题就有完全不同的观点，很多时候，我们的分歧是由于性格的差异，并没有绝对的对错。关于“单身”二字的定义，也是如此。有人觉得不在婚姻状态中的就算单身，有人觉得没有男女朋友的才算单身，有人觉得即便有了婚姻之名而无婚姻之实的也可算单身。所以，按照前者的标准，不管你是未婚还是曾经离婚，你此刻的单身状态，只有两种——名花有主和孤家寡人。我只想说，无论你是哪种，都和本书有关。

如果你已名花有主，并且打算在不久的将来迈入婚姻，你关心的是，怎样能和你现在的这位同修和谐相处，天长地久。我希望本书能帮你更多地看懂你自己和你所爱的人，认识到你自己在两性相处中可能摔的跟头和存在的陷阱，防患于未然。

如果你目前正享受着二人世界，未来你也不想结婚，也许你唯一要面对的是外界压力。本书中很多单身者的故事，会让你面对外压时，保持足够清醒。在我此刻写这个结尾时，刚刚传来美国最高法允许同性婚姻的消息，这说明任何规则都有变革的可能，不过有些规则和观念需要漫长时间的验证和等待。在这个过程里，如果我们的某些想法和主流价值观有差异，可能会承受很多压力，如何积极面对，是一生的功课。

如果你想赶紧告别孤家寡人的状态，可暂时还没找到那个人，那么恭喜你，你单身的真相几乎都在“写给 18 个你”里。有人可能会说，我看了那 18 篇，可那些好像不是我的问题啊，我觉得原因是：我圈子太小，认识的男人太少，所以没机会见男人；我工作太忙，爱情太奢侈，所以没时间谈男人；我色相一般，男人好色，所以没办法吸引男人。这三种说法，每个听上去都是浩然正气，掷地有声，可惜，这些女施主凡所有相，皆是虚妄，已经着相，还不自知。

强调自己圈子太小，不认识很多人的姑娘，既然知道自己太宅，整天窝在电脑前看网剧，活在梦幻中，见不到什么男人，就应立刻停止做宅女，走出房门，认识更多的人。若是职业所限，平时抬头闭眼就那么几号人，就该去参加各类社会团体，在如今这样一个连做专车司机都是为了认识妹子的年代，认识个人算啥难事？就看你自己是否想去做。如果你还说自己不会认识新朋友，那就是你守株待兔，性格被动的问题，请再去看一遍本书中那篇“写给情感被动的你”，记住，这是你的性格问题，别拿圈子做挡箭牌。假设你连这个都做不到，你的命运将与古代笑话中的某人相连。传说某人的老娘出远门，走前给他烙了一张可够吃几天的大饼挂在脖子上，回来发现某人活活饿死，因为他只吃嘴边的，离嘴稍远一点的，他都不愿伸个脖子去咬。若真是如此，姑娘，我也只能说，天作孽犹可恕，自作孽不可活。

强调自己工作太忙，没时间谈情说爱的姑娘，用本书“写给转移情感的你”和“写给追逐事业的你”这两篇可自救。第一篇写给因怕受情伤就用工作把自己搞成日理万机的姑娘，第二篇写给从工作中得到的快感远超爱情中得到的快感的姑娘。这两种姑娘看上去一样，但实际完全不同，她们各自的内因和修炼之道，是逍遥派和峨眉派的差别，可叹，世人居然混为一谈，如果在错误的认知下用错方法，问题不仅无法解决，更会恶性循环，变成死结。这个道理就像嗓子疼发热，既可能是病毒感染，也可能是细菌感染，要知道怎样治疗，必先验血，搞清病因。如果是病毒感染，用抗生素有害无益，不如多喝水，好好休息；如果是细菌感染，则要用抗生素，如果耽误，可能会发展为肺炎。现在，你都读到本书结尾，居然一面不停地哭喊着自己要找男人，另一面还说自己工作太忙，没时间恋爱这样的鬼话，那就只有唯一的一种可能——你内心压根儿没意愿。好比朋友约见，常说“这礼拜真的很忙，等过段时间空了再约”，其实大家心知肚明，礼节托词而已，真心想见，半夜爬起，兴起而至，拿出雪夜访戴的劲头有何不可？说到底，姑娘，是你自己找男人的动力还不强。

强调自己色相一般，吸引不到男人的姑娘，须知，中国古代，四大美女的人生结局多数凄惨凋零，无一善终，而四大丑女则个个家庭幸福，人生圆满，她们的人生信条是“重美貌不重德者，非真美也”，而她们找的老公个个信奉“重德轻色者，才是真贤”，这些都有史为证。可你认为我这话有鸡汤之嫌，即便是丑女比美女人生幸福，你还是打死也想做个美女，让很多男人追。那好，你色相一般，咱可走傲娇身材的路线，天下男人在魔鬼身材和天使面孔中二选一，是半对半的比例，可你又不肯下苦功去锻炼；你姿色一般身材一般，咱就用气质摄人，好好读书，让自己腹有诗书气自华，可你又不肯花时间慢修内功；你姿色一般身材一般气质一般，还想让自己色相诱人的最偷懒的方法就只能去整容了，可你又怕疼，怕被人说自己只是个胸大无脑的锥子脸。这些道理好像你都很明白呦，可你口口声声说男人好色，却不知其实女人也好色，喜欢美好的事物乃人性的本质。你完全可以去吸引那些不好色的男人，可你为何却总想吸引好色的男人？如果你不好色，为何你自己整天脑子里想找的都是都敏俊，而不是卡西莫多？中国男女比例严重失调，剩女只是一个语言陷阱，剩男才是真正的社会危机，适婚男人比适婚女人至少多了 4000 万，随便怎么挑，你都有得找，可你就是不愿意。所以，归根结底，姑娘，是你要什么的问题，不是你找不到的问题。

现在你明白了吧，这本书，表面在谈你该如何找到自己的另一半，其实，你上当了，我真正想谈的是，你到底应该如何正确地认识你自己！

我家小区保安每天问的都是哲学家的三大命题：“你是谁？你从哪儿来？你要去哪儿？”从他那儿，我学会了问你三个问题：你知道你是谁吗？你知道你的问题是什么吗？你知道你到底想要的是什么吗？

在我过去 15 年性格色彩研究和培训的职业生涯中，无论是工作还是生活，我所见天下众生的苦恼根源只有一个——无法认清真正的自己。

因为认不清自己，根本不知道自己想过怎样的生活，想找个怎样的人，在该做出选择时总是犹豫彷徨，总是与幸福擦肩而过，流下后悔的眼泪噢。

因为认不清自己，天天痴心妄想，自我感觉良好，活在自己营造的感情的海市蜃楼中，用打鸡血的成功学天天鼓舞自己，只要努力，一切皆有可能！而且反复告诉自己，有梦就有希望，即便梦幻破灭，我爱过了，也无怨无悔！还以为这种爱情哲学是人间真理噢。

因为认不清自己，以为自己什么都知道，也不理解别人真实的想法，其实根本并不明白为何自己的爱情总是无疾而终，总是习惯于发生问题时，将罪责都指向他人，认为自己在关系冲突中没啥问题，自己才是最大的受害者噢。

因为认不清自己，被鸡汤读物洗脑多了，所以才会喜滋滋地说出：我太了解自己啦，我就是这样的人，我这辈子肯定没法改，我也不想改，我只要找个能真爱我的人就可以了，只要对方是真爱，必定就可全盘接纳包容我的所有噢。

因为认不清自己，以为激情就是一切，闪婚闪离，我走我的路，多酷噢；更悲剧的是，屈从于外界压力，即便在结婚时早有不祥的预感，可心里还是觉得自己是个悲壮的英雄，觉得自己是个有担当的好女人，为了责任在驱动，为了家人而付出，最后，搞得自己和家人统统抑郁寡欢噢。

……

以上这些，都是认不清自己的人们在感情世界中出现的心理常态，可惜人们还未意识到问题的严重性。

我希望通过本书的阅读，能帮你在认清真正的自己这条道路上，略尽绵薄之力。事实上，我并不确认这本书能起多少作用，我不奢求你现在突然觉醒，发现认清真正的自己是重要而紧急的事。但你读完本书，你开始感觉花点时间走进自己内心深处是值得的，你突然发现多年来其实你并不认识真正的自己，那么，我为本书所付出的一切努力和代价就值得了。

亲爱的，本书我已尽力，坦率地说，这本书已经够厚的了，你有耐心看完，说明你对幸福的渴求是真切真实真挚的。是的，我见过很多人，想追求幸福，可的确只是嘴巴说说而已，她们对幸福的全部理解就是在朋友圈中布满幸福语录和图片提醒自己，哇，好有正能量噢。她们并不明白，永远温暖是无法发现真相的，因为无论你多么强大，你必须承认人人皆有脆弱和软肋。即便买了本书在看的人，也未必人人都会认真地看到这并不起眼的尾声，而事实上，本书我所强调的核心中的核心，就在这篇跋中。其实只有一句话，那就是：通往自己想要的幸福的关键是真正认识你自己。

假若开始你对性格色彩还一无所知，那么，现在你已经入门了，阅读过程中，有心的你难免会萌生更多好奇。

我似乎每种颜色性格都有一点，那我到底算是哪种性格呢？性格可以随着人的成长和经历变色吗？改掉自己性格中的缺点，就不是真正的自己了，不是大家总说要做自己吗，那该怎么办？关于男人的部分，读的不过瘾，到底如何判断他是真情还是假意，男人心海底针，如何才能看透男人到底在想什么呢？我需要判断彼此是否合适，不同性格色彩的男女匹配还有没有更多的规律？两种性格的组合和单色性格在面对情感的处理上有什么不一样？我现在开始逐渐明白为何我们总是吵架，可我还想知道更多可以搞定他的方法，该怎么学？……

真实的答案特别像广告，你若想了解更多，看其他性格色彩学的相关书籍；参加性格色彩课程的系统学习，在人与人的对比和交流中，真正地认识你自己。通往自己想要的幸福，最大的忌讳是每天除了看爱情肥皂剧，活在白日梦中，其他啥都不干，那只是别人的生活而已，和你无关，你把痴迷献给剧中的角色，并不能使你改变自己的生活。既然意淫无法让我们达到生命的极乐体验，还不如把这书再看一遍，然后去做点什么。亲爱的，你想对现在的状态有所改变，总要做点什么的。

愿我们下次相遇时，你已有了自己想要的幸福。

乐嘉

2015年6月29日凌晨

致　谢

感谢我课堂中的学员和素不相识的网友，没有这些朋友的信任，本书不可能成型。在长期被提问的过程中，我得以有特权被允许进入他人内心，聆听各种生命不同的体验和困惑，有机会感知世间那么多痛苦，这强有力地激发了我写本书的责任。

本书写作，除了多年来我在培训课堂和日常研究所积累的素材，还榨干了我周围身边熟识的单身女性朋友，我很担心她们被自己娘逼婚时都没觉得有那么烦。幸好本书出世之前，她们没有弃我而去。我相信当她们拿到本书时，会怀念我经常就为了书中的一句话反复和她们磋商的时光。

感谢王西西、海燕、梓茜、孙怡，她们以超级小白鼠的身份介入，以身验书，不求回报，勤勤恳恳，时刻准备着两肋插刀，快速回馈我的探讨。

感谢牛玄、瓜瓜、胡月、诺星，她们以自己宽广且独特的爱情传奇为模板，扔出无数哥德巴赫猜想一样的猜想，反复质问，激发我坚定地相信，两性之爱是人类关注的永恒命题，我可就这个话题再写上五百年，虽然我那时肯定已死过几个来回了。

感谢沈博、宋玥、顾理、芊墨、李蕾、胡雁，她们提出了大量有建设性的建议，丰富了观点的种类，让本书吃百家饭，穿百家衣，并非一家之词。

感谢冯凯、赵琳、王玲、温迪、吴颖，她们偶尔会告诉我，我比女人还懂女人，虽然我知道她们说的是卫生巾，可她们那么真诚的面孔让我觉得似乎不像是一时兴起的谄媚之词，她们的吹捧让我心如止水，明白了读人的这门学问艺无止境，是下辈子投胎可继续钻研的。

感谢所有分享内心自白的朋友，不是所有人都愿意将内心深处的声音分享给别人，既麻烦，又不实惠。我鼓动她们参与的时候，说得最多的就是，这个社会需要不同的声音存在，即便大家理念不同，也不妨碍和平共处，为了天下无数不相识的单身姊妹内心更有力量，能否请你出手。结果，她们二话没说，慨然应允，我扭头眼眶红肿的样子没让她们看到。

感谢小卷在本书创作之始的强力推动，她总是提醒我，追求完美是没有尽头的，再不写，好东西在仓库里就活生生烂掉了。

感谢色友黄彪，在本书接近尾声我需要清修时，提供德清翠域木竹坞的空楼任我恣意使用，竹林滋生写作灵感，乡间催生创作激情，山中静谧处，效果斐然。

感谢漫画手锅一菌，她的图画创意增添了本书许多的阅读快感，让本书在实用工具书和人性哲理书这两个功能之外，令眼光挑剔、唯美的文艺女青年们也乐意当成艺术书籍长期持有收藏品鉴。

感谢桃子，为封面提笔画猫数版，最终背影尽显我要的那只猫的孤傲神秘，惹人怜惜，安静独立，妩媚优雅。

感谢编辑小耿，从《本色》开始起，我们就配合愉快，他执行，是我最大的放心。

谨以本书纪念那只已逝的自小就流浪在家中后院的单身猫妈——多多。

中国性格色彩培训中心课程介绍

中国性格色彩培训中心，在乐嘉老师的带领下，一直致力于研究、培训和推广“FPA 性格色彩学”这一风靡国内的实用心理学工具。中心面向喜爱和立志传播性格色彩的朋友开展两类课程：一类是专业课程，包括基础和进阶；一类是认证课程，包括认证演讲师和认证咨询师。

性格色彩基础研讨会——看谁看懂，想谁想通（2 天）

这门在企业和个人中已经流行了 15 年的课程，是性格色彩课程的基础，让你便捷地读懂自己、看懂他人。

认清自我——通过洞见，使你更看清自己是谁，深知自己的长处和短处，做自己的镜子。

读懂他人——通过洞察，学会读心术，不仅分辨出他人性格，更可知道行为背后的动机。

性格色彩进阶研讨会——修炼自我，影响他人（3 天）

区分其他性格分析系统与性格色彩最大差别的奥秘全部在这个课程中。

洞见和洞察——当几种性格色彩混淆时，如何分析和判断真实的性格还是伪装的性格、个性的成因，以及最重要的，学习读懂任何行为背后内心真正的动机。

做最好的自己——真实的自己未必美好，在真实的前提下，如何修炼达到个性平衡。

影响和搞定——学会用适合别人性格的方式对待别人，搞定一切难搞的人。

性格色彩认证演讲师——跟乐嘉学演讲（5 天 5 夜）

无论你是演讲菜鸟还是演讲达人，这门课程化腐朽为神奇，让你在舞台上有超凡魅力，走上超级演说家之路，成为即兴说话的高手。这也是目前唯一乐嘉老师亲自传授的课。

突破自身演讲局限——你所有演讲的优势和局限都与你自身的性格有关，洞悉性格奥秘，可以帮助你成为更好的演讲者。

塑造你的演讲风格——不同性格的演讲者适合的演讲方式及套路不同，唯有这门课程，可以根据你的性格为你量身打造属于你的演讲风格。

性格色彩认证咨询师——助你成为最懂性格的助人者（4 天 4 夜）

这是一个培训那些愿意成为“FPA® 性格色彩”咨询师的人的课程——你将拥有与所有人内心对话的奇妙能力。你将成为熟练运用性格色彩工具解答他人困惑的指引者和助人者，通过一对一的咨询，走入对方内心，消除其痛苦。

图书在版编目（CIP）数据

写给单身的你：如何通往自己想要的幸福 / 乐嘉著.
—武汉：长江文艺出版社，2015.8
ISBN 978-7-5354-7963-1

Ⅰ.①写… Ⅱ.①乐… Ⅲ.①女性-恋爱心理学-通俗读物
Ⅳ.①C913.1-49

中国版本图书馆 CIP 数据核字（2015）第075691号

图书策划：耿璟宗　　图书监制：郎世溟
责任编辑：吴　双　李晓丽　　文字编辑：李晓丽　赵　娜
营销编辑：林沫言　卢　琛　　责任校对：赵　娜
装帧设计：嫁衣工舍　　责任印制：张炜明

出版：长江出版传媒 长江文艺出版社
地址：武汉市雄楚大街 268 号　　邮编：430070
发行：长江文艺出版社
北京时代华语图书股份有限公司　（电话：010-83670231）
http：//www.cjlap.com
印刷：北京盛源印刷有限公司

开本：660毫米 × 980 毫米　1/16　　印张：24
版次：2015 年 8 月第 1 版　　2015 年8月第 1 次印刷
字数：321千字

定价：39.80 元